教得智慧
研得幸福

小学数学课例研究

徐铭侃　罗引娣　潘锦嫦　周尔翔　著

·广州·

图书在版编目（CIP）数据

教得智慧　研得幸福：小学数学课例研究／徐铭侃等著. ――广州：华南理工大学出版社，2024.10. ――ISBN 978－7－5623－7551－7

Ⅰ．G623.502

中国国家版本馆 CIP 数据核字第 2024LY2382 号

Jiao De Zhihui Yan De Xingfu：Xiaoxue Shuxue Keli Yanjiu

教得智慧　研得幸福：小学数学课例研究

徐铭侃　罗引娣　潘锦嫦　周尔翔　著

出 版 人：房俊东
出版发行：华南理工大学出版社
　　　　　（广州五山华南理工大学 17 号楼，邮编 510640）
　　　　　http://hg.cb.scut.edu.cn　E-mail：scutc13@scut.edu.cn
　　　　　营销部电话：020－87113487　87111048（传真）
责任编辑：黄冰莹
责任校对：龙祈君
印 刷 者：广东虎彩云印刷有限公司
开　　本：787mm×960mm　1/16　印张：14.75　字数：297 千
版　　次：2024 年 10 月第 1 版　印次：2024 年 10 月第 1 次印刷
定　　价：59.80 元

版权所有　盗版必究　印装差错　负责调换

目 录

第一部分　小学数学精准教学模式构建

一、小学数学教学中的失准现象 ……………………………………… 2
二、小学数学精准教学的关键要素 …………………………………… 5
三、小学数学精准教学的实践模式 …………………………………… 7

第二部分　小学数学精准教学实践案例

第一章　数与代数领域 ……………………………………………… 14
　　案例1　亿以内数的认识 ………………………………………… 14
　　案例2　分数的意义 ……………………………………………… 26
　　案例3　三位数乘两位数的笔算 ………………………………… 40
　　案例4　乘法分配律 ……………………………………………… 53
　　案例5　归一问题 ………………………………………………… 67
　　案例6　估算与精算 ……………………………………………… 81
　　案例7　求比一个数多（或少）几分之几的数 ………………… 93
　　案例8　田忌赛马 ………………………………………………… 107

第二章　图形与几何领域 …………………………………………… 121
　　案例9　线段　直线　射线 ……………………………………… 121
　　案例10　平行四边形的面积 ……………………………………… 134

案例 11　图形的旋转 ·· 150

案例 12　根据方向和距离确定位置 ································ 163

案例 13　条形统计图 ·· 177

案例 14　确定性和不确定性 ··· 190

案例 15　数字编码 ··· 203

案例 16　打电话 ·· 216

后记 ··· 229

第一部分
小学数学精准教学模式构建

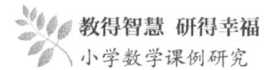

《义务教育数学课程标准（2022年版）》确立核心素养导向的课程目标，明确数学课程要培养的学生核心素养主要包括三个方面：会用数学的眼光观察现实世界、会用数学的思维思考现实世界、会用数学的语言表达现实世界（简称"三会"）。课程目标以学生发展为本，以核心素养为导向，进一步强调学生获得数学基础知识、基本技能、基本思想和基本活动经验（简称"四基"），发展运用数学知识与方法发现、提出、分析和解决问题的能力（简称"四能"），形成正确的情感、态度和价值观。新课标描绘了义务教育数学课程未来发展的美好蓝图，也对数学教师的育人理念和教学实践提出了更高的要求。

小学数学精准教学模式研究针对数学教师在教学活动中容易出现的"内容理解失准、目标设定失准、学习评价失准、教学实施失准"问题，立足课堂实践，聚集关键要素，提炼改进策略，总结操作模式，意在帮助数学教师全面、准确、系统地把握课程理念，优化教学实践，有效实现数学课程的育人目标。

一、小学数学教学中的失准现象

在教学方法运用与具体的教学活动中，师生互动的方式和措施、教学方法的优劣及其运用水平将对教与学的效果产生最直接、最敏感的影响。不断深化发展的新课程改革，推动了中小学各学科课程理念、课程目标、课程内容，以及教学方式和学习方式等发生深刻变革。选择教学方法的诸多依据如教学目标、教学内容特点、学生实际特点、教师自身素质、教学环境条件等，正在发生着快速且持续的变化。但是，相当比例的教师在教学方法改良和优化上却存在一定的被动性、迟滞性。因为教学方法的保守和缺陷，导致新课程的理念和要求不能在课堂教学中得到有效落实，被阻滞于"最后一公里"。

基于长期对小学数学课堂教学的观察发现，小学数学教师教学中存在内容理解失准、目标定位失准、学习评价失准、教学实施失准等现象。

（一）四种失准表现

1. 内容理解失准

教师对教学内容的理解主要体现在三个维度：准确度、深度与联系度。对教学内容缺乏深刻理解的教师在将数学内容转化为教学语言时，往往会出现失准的现象，这种对内容理解的失准主要表现为准确表述的偏差、深度的不足以及联系度的缺失。

准确表述的偏差表现为：教学语言不规范、概念表述不严谨，课堂教学中出现一些知识性错误等。由于教材与教学参考书中并未对一些概念、原理以及操作步骤做详细表述，因此，部分教师对小学阶段的概念、原理等缺乏准确的把握，教学时往往凭自己的经验去讲授，使得教学语言比较随意，缺乏科学性和严谨性。

深度的不足表现为：教学时触及不到知识本质、挖掘不出数学思想等，学生的学习停留在对知识的识记和复述的浅层学习上。承载知识的情境是多变的，由知识衍生的问题是多样的，要减轻学生学习负担，实现高效学习，需要以精讲、精练取代"题海战术"，抓住知识的本质，学会以不变应万变。如果抓不住知识的本质，教学就会停留在知识表面，学生需要后期进行大量的练习来深化对知识的理解。

联系度的缺失表现为：模糊了知识发展的纵向衔接，忽视了学法迁移的横向联系。对教材知识缺乏整体认识，不了解知识的前后联系，把握不住学生学习的起点与生长点，使得知识点教学孤立化。

教师出现上述内容理解失准的原因主要在于：教师对"教材首先是学材"的价值认识不够，心中只有眼前的教材；对"知识结构化"的必要性认识不足，忽略教材知识结构对学生认知结构的影响，忽略对学生认知结构建构的引领。

2. 目标设定失准

教师对教学目标设定的失准主要体现在忽略了对教学目标的思考，教学目标设定流于形式。表现为：照搬教学参考书或他人教学设计中的目标表述，忽略目标的主体是当下所教的学生；孤立看待课时教学目标，忽视目标体系中各层次目标的价值与地位；割裂目标与教学活动、学习评价的联系，忽视目标对教学整体的方向作用。

教师对目标设定的失准突出表现在缺乏目标体系的整体认识上。近几年，大家关注人的全面发展，从教育结果层面对教育提出需求——核心素养。新的提法是对前面提法的继承与发展：从双基到三维目标，强调学生的发展是三维目标整合的结果；从三维目标到核心素养，是将知识技能、过程方法提炼为关键能力，将情感态度价值观提炼为必备品格。然而部分教师并未意识到上位目标对教学目标的指引作用，教学时仍只囿于教材中的知识与技能。

教师对目标设定失准的另一个突出表现为割裂目标与教学活动、学习评价的联系。对于缺乏目标意识的教师来说，教学好似"脚踩西瓜皮"——滑到哪儿就算哪儿，这样的学习评价只能围绕知识技能的浅层目标识记来设计。

教师出现目标设定失准的原因主要在于：教学设计时往往只关注教学环节与资源设计，缺乏对教学目标的关注；理论知识不足，对教学目标的地位与作用缺乏深入认识；对课程标准的理解与应用不足，忽视课程标准对教学目标设定的价值。

3. 学习评价失准

教师对学习评价的失准主要体现为三个"依赖"。一是依赖纸质作业反馈，窄化信息渠道，学习评价简单化。纸质作业主要用于了解学生在知识技能方面的习得情况，或是部分问题解决能力的表现，却难以了解学生数学思考方面的习得。因此，单纯依赖纸质作业获取学生学习情况所作出的教学决策，偏重关注数学学习中的知识技能而忽略学生数学思考的真实情况，并往往因不能及时批改与反馈而滞后于下一次讲授，使作业评价失去应有的价值。二是依赖测试成绩，弱化过程评价，学习评价表层化。无论是过程性评价还是终结性评价，均受评价工具的影响，目前绝大多数学校仍然是以一份测试题的成绩来评价教学质量或是学生的学习质量。这种依赖测试成绩而弱化过程评价的方式，使学习评价表层化，弱化了教师后续教学决策的针对性。三是依赖整体观察，忽视个体差异，学习评价孤立化。教师主要依赖班级学生学情整体情况判断课堂教学目标的达成情况，忽略学生个体差异，致使需要教师给与帮助的学生因教学进度"齐步走"而留下学习的残缺点，残缺点逐渐积累而成为"学困生"。

教师出现上述学习评价失准的原因在于：过于依赖实践经验，缺乏理论指导；过于依赖单一评价方式，缺乏系统整合；以纸质作业为主的学习评价较为滞后，未能及时提供反馈信息，缺乏对教学目标与活动设计的及时调整；评价手段单一，评价数据获取困难。

4. 教学实施失准

由于教师对教学内容理解不够深刻、对教学目标价值的认识不足，以及学习评价的单一、片面、孤立，致使教学方法单一、逢新必讲、一讲到底，挤占学生自主学习空间；学生群体以听讲为主，学习方式单一，缺乏合作交流动力，忽视学生个体差异；课堂结构保守，先讲后练，忽视学生认知特征；教学手段守旧，技术能力不足。

综上所述，小学数学教师在内容理解、学习评价、目标设定和教学实施方面的失准，影响了教学活动，知识传授的科学性、目标定位的准确性、过程设计的适切性、方法手段的灵活性得不到保障，最终使得学生的自主学习、互动交流、学法积累、认知发展等受到限制，教学效果不佳。

（二）精准教学的提出

我们针对教师教学中的四种失准现象，以高质量教学特征为追求，提出小学数学"精·准"教学概念：尊重小学数学学科课程与学生认知特点，在教学准备与实施的过程中，对影响教学的内容、目标、评价、流程四个关键要素进行结构化、精细化分析——"精"；在此基础上，以技术为介导实现四要素的有机联动，准确定位教学实施——"准"；从而提高教学准确度、流畅度的小学数学教学范式。

精准教学是指对影响教学的教学内容、教学目标、学习评价、教学流程等四个关键环节进行精准分析与有机联系，形成"四元联动"：内容分析、目标设定、学习评价三个要素之间互相制约、互相成就，是设计精准教学流程的基础；教学实施过程中，根据学习评价数据及时调整教学内容、目标，优化教学流程。小学数学精准教学的研究旨在通过提升认知理论水平，提高教学内容、教学目标设定以及学习评价的精准度，改进信息技术环境下教学流程的设计与实施，促进小学数学教师主动优化教学方法，以精准教学为学生深度学习创造机会和条件、提供指导与帮助，从而有效提高教学质量水平。

二、小学数学精准教学的关键要素

针对小学数学教学中广泛存在内容理解、目标设定、学习评价、教学实施等方面的失准现象，以教师如何在信息技术环境下有效开展精准教学为逻辑问题起点开展理论研究和实践探索，分析与提炼精准教学的关键要素，为构建小学数学精准教学理论模型奠定基础。"精准"是针对"失准"而言，因此，将内容分析、目标设计、学习评价、教学流程的精准把握作为小学数学精准教学的四个关键要素。

1. 精准解读教学内容

深度教学是指超越表层的符号教学，由符号教学走向逻辑教学和意义教学的统一。如果期望学生的学习是基于理解的、联系的以及有效迁移与应用的深层学习，那么教师首先应对所教学科知识有着深刻的理解。有研究者提出：数学教师对教学内容的深刻理解是指理解基础数学领域的深度、宽度和完整度。[①] 对一个专题理解的深度是指将这个专题与该学科更多的概念上很强大的思想联系起来；宽度是指与那些相似的或概念性较弱的专题相联系；完整度则是指贯穿某一领域的所有部分的能力，通过完整度将数学知识"粘连"成一个融会贯通的整体。[②]

针对小学数学教师对教学内容理解失准中的主要表现，我们在深度、宽度和完整度基础上进行补充与整合，将准确度、深度、联系度作为小学数学精准教学中精准解读教学内容的三个维度。

准确度：指正确理解数学概念、原理、命题等，将理解后的数学内容转化为准确的教学语言，并能用多种表征方式呈现这些内容，帮助学生正确理解数学概念、原理、命题等。

深度：是指相关题材与更为基本、更为深刻的数学思想的联系，触及知识本质，对教学内容达到意义层面的理解。

联系度：是指知识之间横向联系的广泛程度，具有对所包括的各种成分间迅速转换的能力，具体表现为能基于教材知识结构整体分析知识的发展路径，把握教学起点、生长点与后续发展点。

---

① 马立平. 小学数学的掌握和教学 [M]. 上海：华东师范大学出版社，2011：115.
② 同①，116.

因此，精准解读内容是指能通过多种方式表征并准确表述教学内容；以意义层面的理解触及知识本质深度，把握教学内容与相关知识的联系，使学生获得的数学内容是正确的、通达知识本质的、强联系结构的。

2. 精准设定教学目标

教学目标统领教学设计的整个过程，目标本身还是评价教学质量和效果的准则。[①] 精准设定目标是指在构建教学目标时要有课程意识、教材整体意识、学生发展的整体意识，能对影响教学目标构建的因素进行整体分析，深刻理解和把握教学目标。精准设定教学目标首先是精准定位，即自上而下分析目标体系，基于对学科育人价值的理解，把握课程目标、核心素养，以此定位教学目标基本方向；分析课程标准中的课程内容标准，确定教学目标核心内容，基于知识结构，确定教学重点目标；根据学情预判，依据学生实际情况将课程目标转化为教学目标，并确定教学难点目标。

其次是对目标进行精准表述。教学目标表述的应该是教学活动引导学生行为变化的结果，通常由行为主体、行为动作、行为条件与行为标准四部分组成。[②] 教学目标的表述应以课程标准为基础，结合特定内容进行具体阐述。教学重点与难点是对教学目标的深入分析，表述时应说明教学重难点的由来。

最后将目标与学习评价相结合，把目标具化为具体、可操作、可检测的行为表现。

3. 精准评价学生学习

学习评价贯穿整个教学过程，帮助教师全面了解学生数学学习的过程和结果，激励学生学习和改进教师教学，是教学准备和实施过程中不可或缺的关键要素。精准评价学习是指围绕培养学生数学学科核心素养的教学目标，针对课前学情预判、课上评价、课后评价的地位与价值，采取丰富、有针对性的评价方式，将精准的学习评价作为教学设计与实施的主线贯穿整个教学过程。精准评价学习是动态调控教学实施的重要参考，是精准教学得以落实的核心要素。

为了对学生学习进行更加精准、全面的分析，我们整合课堂观察、对话交流等表现性评价方式与作业分析的结果性评价方式，充分利用信息技术手段将线上评价与线下评价相结合。通过对学生在课堂学习过程中的听讲、表达、操作等真实表现来评价学生在实现教学目标过程中的认知水平；通过学生作业表现分析学生教学目标达成情况的认知水平；通过对话交流观察学生的表达情况，分析学生在理解性问题和思考性问题的表达中所表现出来的认知水平。

课前预判可以是其他学生学习新知识的评价数据，也可以是对所教学生学习

[①] 王琛. 论教学目标的实现 [J]. 当代教育科学，2004（5）.
[②] 李光树. 小学数学教学论 [M]. 北京：人民教育出版社，2003：90.

的前测。课上评价是对学生学习新知识的过程性表现、结果性表现进行整体了解，包括课堂观察、作业分析和对话交流。课后评价是对学生学习新知识的结果性表现进行整体了解，包括学生实际知识理解、思考情况和情感态度的分析。课上评价与课后评价数据将作为下一次教学的课前预判数据，影响着教学目标的制定。

4. 精准设计教学流程

目标是灵魂，评价是判断目标是否落实的手段，学习活动是落实学习目标的载体。[1] 在明确了教学目标和学习评价后，我们就要考虑设计怎样的学习活动才能促使目标达成。教学流程是指一节课所有教学活动的内容与结构的总和。精准设计教学流程是基于对教学内容、教学目标、学习评价的精准把握，根据内容与目标层次设计促进学生深度学习的教学流程。

在设计教学活动时选择什么教学方式或学习方式，需要综合考虑学生的认知特征、学习目标以及学习内容等。不同的知识属性、不同的学习目标所采取的教学方式或学习方式应有所不同，这样的针对性教学活动设计才能更有效地促进学生的学习。例如本项目研究中提出的"自主—共学"翻转学习流程，就是根据安德森目标分类学，针对不同目标层次选择相应属性的知识设计了"自主型"和"共同解决问题型"的学习方式。根据小学生的认知特征，记忆、理解与基础应用层次的目标可以通过学生自主学习而达成，而综合应用、分析、评价与创造目标属于高层次目标，学生独立学习存在困难，需要外部的学习支持。因此，我们将认知维度分为两个层次：在浅层认知阶段采用"个别化"自主探究学习，每个学生基于教师提供的资源自主学习；在高层次认知阶段采用师生面对面互动交流的方式共同学习，教师针对学生的"学"合理组织师生互动、生生互动等丰富的学习形式，帮助学生内化、提升。从知识种类的维度来分析：对于学生力所能及的事实性、程序性知识的学习，采用"个别化"自主探究是可行的；而对于需要深度思维参与的概念性知识学习，则要采用教师主导下的共同学习方式。教师依据学生自主学习评价数据，调整教学目标和内容，设计"共同学习"环节和学习评价内容。

三、小学数学精准教学的实践模式

学科育人目标越来越明晰，为解决小学数学教学困惑，创新教学模式带来了新机会。学科教学的发展是一个不断发现问题、解决问题的创新过程，创新常常源自对教学的改进或目标深化的追求。教师如何在课堂上促进学生深度学习，发展学生的高阶数学思维能力，提升学生数学学科核心素养，是小学数学课堂教学改革的重要任务。如何创新教学模式以实现学科育人目标的深化呢？

---

[1] 崔允漷. 有效教学 [M]. 上海：华东师范大学出版社，2009：120.

我们剖析面向深度学习的小学数学精准教学实施过程，探索创新学科教学模式的有效方法，构建教学模式，通过"课前夯基启思→课中建联深思→课后促学反思"的路径促进学生深度学习。

（一）理解学科课程理念，明确教学模式构建的目标

融合创新关键在于教学设计，而好的教学设计往往源自先进的学科课程理念。

1. 理解课程标准中的基本理念

《义务教育数学课程标准（2022年版）》提出了"核心素养导向的目标、结构化的课程内容、促进学生发展的教学活动、激励学习和改进教学的评价、促进信息技术与数学课程融合"的课程理念，并指出数学课程要培养的学生核心素养主要包括会用数学的眼光观察现实世界、会用数学的思维思考现实世界、会用数学的语言表达现实世界。[①] 其中"数学的思维"是培养学生科学态度与理性精神的关键，也是数学深度学习的重要体现。我们认为，培养学生数学高阶思维是教师教学决策的上位目标。数学课程应面向全体学生，以学生发展为本，以核心素养为导向，满足学生个性发展的需要；不仅包括数学的结果，而且包括数学结果的形成过程和蕴含的数学思想方法。学生应当有足够的时间和空间经历观察、实验、猜测、计算、推理、验证等活动过程。学习评价的主要目的是全面了解学生数学学习的过程和结果。教师应该坚持正确的课程理念，尊重学生差异，提高自主学习能力，创新评价方式，努力实现课程育人的目标。

2. 理解教学改革热点中的新理念

如何有效落实课程标准中的课程理念，实现学科育人目标？深度学习成为近年来教学研究的热点。相较于停留在识记层面的浅层学习来讲，深度学习是意义层面的理解、联系与有效迁移。理想的小学数学深度学习应以学科核心素养为目标，以数学思维发展为体现，强调学习内容与方法的理解、联系与有效迁移。

基于对数学课程理念的理解，我们将"尊重个体差异，强调自主学习，发展高阶思维，促进深度学习"确定为小学数学教学模式创新的目标。

（二）分析学科教学困惑，寻找教学新模式构建的突破口

构建新的教学模式，从何入手？我们对照创新目标，分析目前小学数学教学中悬而未决的问题，寻找教学创新的突破口。

根据皮亚杰的儿童认知发展阶段理论，小学生的认知主要处于具体运算阶段。小学生思维对象以直观、具体为主，这与数学抽象的学科特点相矛盾。教师利用信息技术对教学内容进行多元表征可以将其化解。学习是一种学生个体心理行为，个性化特征明显。学生在学习的风格、能力、基础等方面存在很大差异，学生

---

① 中华人民共和国教育部. 义务教育数学课程标准：2022年版 [S]. 北京师范大学出版社, 2022.

"学"与教师统一"教"的矛盾尤为突出,因此因材施教一直没有真正实现。因材施教是众多教学模式构建的关键。学习评价的主要功能是及时诊断学习、促进思考深入。

影响发挥评价功能的主要问题有两个:一是课堂上教师通常依据经验而非数据进行评价;二是依赖纸笔作业的评价结果滞后。缺乏及时、精准的学习评价,影响教师教学决策的精准性。培养高阶思维需要及时了解每个学生的思维现状并给出精准指导,然而一节课的时间有限,学生人数较多,教师只能抽出少数学生通过提问来粗略判断班里其他学生的思考情况。许多学生因欠缺表达与有效指导而错失思考的时机。

基于上述教学困惑分析,我们将"落实自主学习过程,给每个学生充分的思考与表达机会,开展基于数据的学习评价,提高课堂交流质量"作为发展学生高阶思维、促进深度学习的突破口。

(三)依据小学数学精准教学理念,确定教学模式构建的关键点

教学模式就是在某一教学思想和教学原理的指导下,围绕某一主题,为实现教学目标而形成的相对稳定的规范化教学程序和操作体系。[①]"落实自主学习过程,给每个学生充分的思考与表达机会",这在课堂上难以实施。如何有效设计学生自主学习活动与班级集体学习活动?如何有效处理两个学习空间的顺序优化教学流程?基于数据的评价又如何设计与实施?带着上述问题,我们应用先进的教育技术和数学教学理念,寻找解决方案。

1. 把脉"个体学习"与"群体学习"的认知、目标与内容层次

实现"尊重个体差异,强调自主学习,发展高阶思维,促进深度学习",关键在于每个学生先有充分独立思考,然后是教师精准把握后的集体智慧碰撞。现行班级授课方式的局限、学习评价功能性不足等影响了创新目标的达成。创新教学模式需要打破固有的教学结构,重构课堂教学。整体设计个体学习空间与群体学习空间的目标、内容,根据认知层次将传统课中"群体学习"与课前、课后"个体学习"的目标及内容进行翻转,为学生自主学习提供机会与时间(图1-1)。

个体学习空间以浅层认知为主,学生需达成记忆、理解、基础应用等认知目标。选择事实性知识、程序性知识以及贯穿学生学习过程且影响学生学习发展的元认知知识的学习作为自主学习的内容,让学生独立完成。群体学习空间以深层认知为主,学生需达成综合应用、分析、评价、创造等认知目标。选择概念性知识和元认知知识作为共同学习或教师教学讲授的内容。基于对个体学习精准的把握来推进群体学习,有利于促进学生深度学习。

---

① 黄甫全,王本陆. 现代教学论学程[M]. 北京:教育科学出版社,2003.

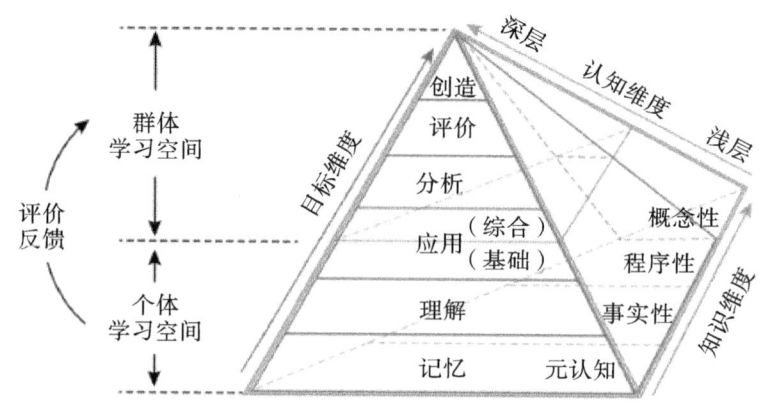

图 1-1 重构课堂教学学习层次设计

2. 应用"精准教学"理念实现面向深度学习的"教—学—评"

聚焦新课标中提出的"核心素养""结构化""'教—学—评'一致性"等理念来探索高质量教学实践。要促进学生数学深度学习,教师做教学设计时应充分利用课前、课中、课后不同学习空间和学习方式,精准设计内容、目标、流程以及评价,使学生在理解的基础上发展数学高阶思维能力。因此,教师需要提高教学设计的精准性。

"四元联动"精准教学指影响教学的教学内容、教学目标、学习评价、教学流程等4个关键环节之间的精准分析与有机联系。内容分析、目标设定、学习评价3个要素之间相互制约并相互成就,是设计精准教学流程的基础。在教学实施过程中,教师应根据学习评价数据及时调整教学内容、目标,优化教学流程(图1-2)。

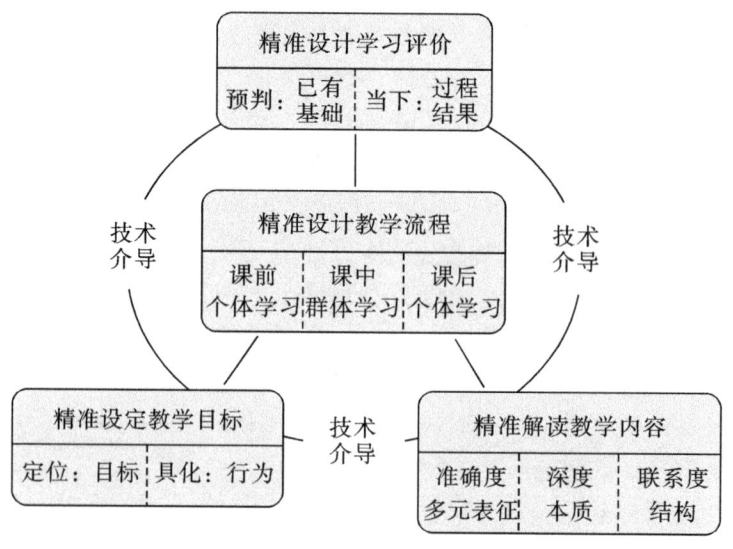

图 1-2 "四元联动"精准教学设计

"四元联动"4个关键环节之间的信息传递需要技术支持,即"技术介导"。提高内容理解、目标设定和学习评价的精准度,优化信息技术环境下教学流程设计与实施途径,让教师改进教学方法,实施精准教学为学生深度学习创造机会和条件,提供指导和帮助,可以有效提高教学质量。践行"四元联动"精准教学理念的关键是"技术介导",即运用网络技术实现内容、目标、评价、流程之间的有机联系,使得"教—学—评"一致,使课前、课中、课后的教与学成为一个整体,为学生提供创新学习的机会。

(四)面向深度学习的小学数学精准教学模式构建

改进教学的关键点是根据"个体学习"和"群体学习"的认知、目标与知识层次,整体设计课前、课中、课后的教、学、评内容,合理选择技术平台,实现"教—学—评"一致。为促进深度学习,培养学生的高阶思维,我们对课前、课中、课后进行了整体思考:课前学生自主学习夯实双基,开启思考,进行个性化学习;课中互动交流构建知识联系,深入思考,是深度学习的集中体现;课后分层练习,促进学习、反思,实现个性化发展。

教师如何设计促进学生思维提升的教学路径?我们通过10年的实践探索,构建了面向深度学习的小学数学精准教学模式,分为课前个体学习、课中群体学习、课后个体学习三个阶段。通过数据驱动的评价,建立课前、课中、课后教与学的有机联系,以"课前夯基启思→课中建联深思→课后促学反思"路径,实现理解、联系与有效迁移的深度学习,培养学生学科核心素养,提升数学思维品质(图1-3)。

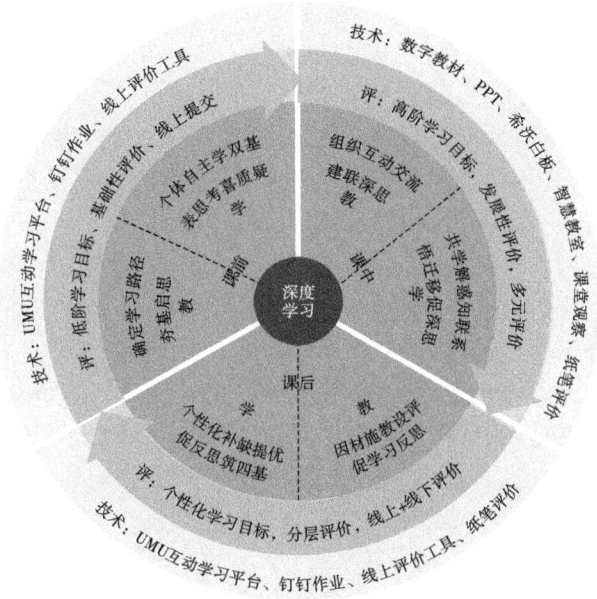

图1-3 面向深度学习的多技术融合教学模式

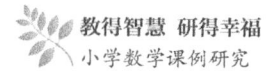

1. 课前的"教"主要为"夯基启思"

课前自主学习为学生提供了思考的"脚手架",使学生在有导向的思考中提升数学思维能力。教师设计学习路径,引导学生思考与表达,组织学习资源,利用线上学习平台或钉钉等交流协同工具搭建自主学习平台。教师的"教"是通过确定学习路径,为学生设计个性化学习流程。学生的"学"是通过个体学习的方式实现夯实双基,学生自主学习数学基础知识与基本技能,表达思考过程,提出学习困惑。由于前置的个性化学习,学生有了充分思考的时间和空间,也为教师定位教学目标,以及后续引发学生讨论交流积累了大量素材和资源。此阶段使用线上评价工具,以面向低阶学习目标的基础性评价为主。教师能及时获取学生课前的学习数据、思考情况与困惑问题,优化课中教学设计。

2. 课中的"教"主要为"建联深思"

课中是群体学习模式下的"教—学—评",教师的"教"主要是"建联深思",精心设计流程,组织互动交流,层层递进,以问题激发学生深度思考。利用PPT、电子白板、数字教材、智慧教学平台等组织全班学生针对课前的内容和问题进行互动交流,以质疑、启思、解惑等方式促进学生对所学知识和方法进行迁移,引导学生构建知识之间的联系,深入思考。学生的"学"体现在互动交流共同解决问题、深度学习、有效迁移上,在学习交流中优化解决问题方法,提升数学思维能力。学生此阶段主要通过课堂观察、作业分析等多元评价方式,以高阶学习目标的发展性评价为主。教师获取评价数据后,了解学生个体的学习情况,作为课后教学决策的依据。

3. 课后的"教"主要为"促学反思"

课后个体学习是对思维的进一步提升,针对学生个体存在的问题,教师的"教"主要是因材施教设计分层练习,促进学生学习、反思,学生的"学"主要是通过个体学习的方式进行个性化查漏补缺、提升能力,在反思学习中筑牢四基,转化思想的进阶表现。通过线上学习平台、钉钉等针对学生个体设计个性化学习评价;学生针对自己的学习情况补缺或提优,实现了个性化发展。此阶段线上线下评价相结合,以分层评价促进学生个性化发展。学生课中与课后评价数据将成为下一次学习或下一位教师教学的学情预判根据。

这就是面向深度学习的小学数学精准教学模式,通过数据驱动的评价,以教师的精准教学促进学生深度学习,实现课前、课中、课后三个阶段教—学—评的统一,突出思维的进阶路径。我们以发展学生的数学能力为导向,从解决教学困惑入手,融合信息技术和数学教学理念,构建了有效的教学模式,以期实现学科育人目标。

第二部分
小学数学精准教学实践案例

第一章 数与代数领域

案例 1　亿以内数的认识

（人教版小学数学四年级上册第 2-4 页）

深研

一、内容解读

（一）数学知识精解

数位是指各个不同的记数单位所占的位置。在记数时，按照一定的顺序把各个数字排列在固定的位置上，一个数字占一个位置以区别它们的单位，这些位置都称为数位。数位与计数单位一一对应，并决定着计数单位的大小。

十进制是当今世界各国通用的记数进位制。在计数时，每相邻两个单位之间的进率都是十，即逢十进一的法则称为十进制。在十进制数中，每个数字所表示的意义既取决于其自身的大小，也取决于其所在的数位。如 3025 中，3 表示 3 个千，2 表示 2 个十，5 表示 5 个 1，百位上的 0 起占位作用。

数级是人们为了方便读写数而使用的分级方法。我国读写数习惯四位分级，即从个位起，每四个数位分为一级，分别叫作个级、万级、亿级……

数位、数级、计数单位、进位制等都是最基础的数学知识。学习相关知识，是学生理解和运用数学规则、感悟数学表达方式及其特点的重要机会，也是形成和发展数感的重要过程。

（二）教学内容呈现

1. 知识结构

在小学数学教材中，"亿以内数的认识"与相关知识构成如下结构：

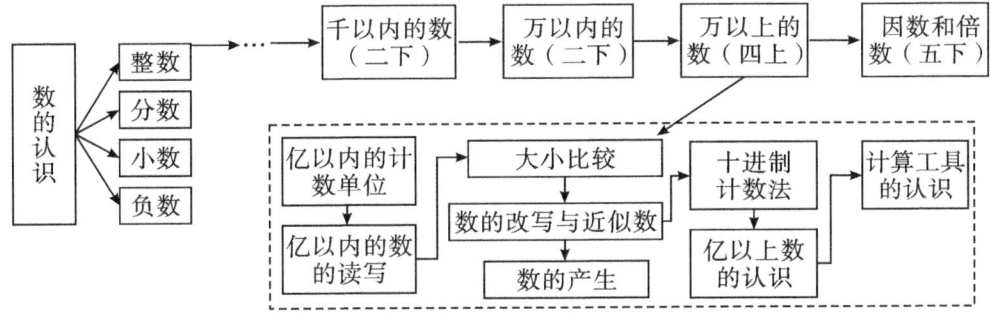

2. 教材编排

"亿以内数的认识"是人教版四年级上册第一单元"大数的认识"的第一课时，教材按以下 4 个层次编排教学内容。

（1）以主题图形式呈现 2020 年第七次全国人口普查的 6 个数据，提供认识大数的现实背景。

（2）以北京市的人口数为例，说明学习比万大的数的必要性；通过问题"你知道这个数中每个数字的含义吗"，激发学生学习动力。

（3）借助计数器数数，引出新的计数单位，揭示相邻计数单位之间的十进关系。

（4）介绍"数位"的意义，呈现亿以内的数位顺序表，并结合表格认识"数级"，理解数级、数位与计数单位之间的关系。说出数据中每个数字表示的含义，理解"位值"意义。

二、目标设定

（一）核心素养讨论

1. 数感的主要表现

一是利用大数的现实背景，突出学习大数知识的必要性。二是提出"计数单位""数位""数级"等概念和数位顺序表，强调计数规则的整体性和统一性。三是运用新概念说明具体数据的含义，体会数据的意义，理解"位值"的意义，感受十进制计数的科学性。

2. 推理意识的主要表现

类比推理是学生在本节内容的学习中需要多次应用的思维方法。如在借助计数器直观认识几个新的计数单位之后，鼓励学生类推万以内数的知识，逐步理解数的意义、计数单位间的进率关系、扩展后的数位顺序表、数的读写规则等。教材设置了不少探索机会和探索空间，引导学生积极探索、自主推理、发现新知。

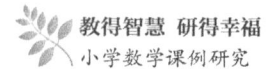

3. 模型意识的主要表现

教材呈现的包含三个数级的数位顺序表，是一个简洁、抽象且富于直观的数学模型，蕴涵了整数的意义、整数计数法、整数读写规则、整数大小比较等一系列关于整数的知识。同时，它还可以作为下阶段认识亿以上数的基础模型，为学生进一步扩展对数的概念打好基础。

（二）学情分析

1. 学生认知特征分析

本节内容知识点多，大致上可分为陈述性知识和程序性知识。陈述性知识以揭示事物"是什么"为主要内容，以概念为主要形式，如本节内容中的数位、数级、近似数等。学习陈述性知识重在理解意义，既要明确概念的内涵、外延，还要体会其作用和价值。程序性知识以阐述事情"怎么做"为主要内容，以"规则"法则为主要形式，如本节内容中每相邻两个计数单位间的进率是 10、亿以内数的读写规则、将整万数改写成用"万"作单位的数的规则、用"四舍五入"法求近似数的规则等。掌握程序性知识重在实践，从实践中总结、提炼规则，在实践中遵守、运用规则，在实践后还要对照规则检查程序和结果。

2. 学生生活经验分析

亿以内的数在日常生活中有着广泛的应用，学生在现实世界里接触这类知识对象的机会较多。这种生活经验可以有效地消除学生对新知识的陌生感。基于以前对万以内的数的认识，学生也能较自然地产生学习比万更大的数的动力。

3. 学生已有知识基础分析

二年级下册学习的"万以内数的认识"是与本节内容存在直接关联的基础性知识。关于"十进制""位值制"等整数记数法的基本原理，学生已经具备的较丰富的感性认识是学习本内容的认识基础。关于计数单位、数的组成、读写方法等方面的知识，将成为学生迁移类推、学习新知识的出发点。关于认识数的一些基本活动，包括理解数的意义、掌握读写规则、比较数的大小等，为学生学习本节内容建立了目标导向、提供了学法支持。

（三）目标设定（即让学生领悟的知识，下同）

1. 教学目标及重、难点

（1）认识计数单位"十万""百万""千万""亿"，知道相邻两个计数单位之间的关系。知道数级、数位，掌握数位顺序表。利用数位顺序表进一步体会"位值"的含义，进一步发展数感。

（2）合理迁移已有的知识和经验，经历数抽象的过程。了解多种现实背景中的数据，尝试表达自己的感受，能在真实的情境中运用认识数的相关知识，解决简单的实际问题。

(3) 体会和感受大数在日常生活中的应用，开阔数学视野，进一步认识数学的价值。

教学重点：理解并运用计数单位、数级和数位等概念，掌握数位顺序表。

教学难点：运用数学概念和规则，说明大数及其每个数字的含义。

2. 目标达成的行为表现

(1) "认识计数单位'万''十万''百万''千万''亿'，知道相邻两个计数单位之间的关系"行为表现：知道数位的概念，能在计数器上指认亿以内的各个数位，说出每个数位的计算单位。能在具体的数中说明每个数字所在数位的名称和该数位的计数单位，以及该数字表示的实际数值。知道相邻两个计数单位之间的关系。

(2) "知道数级、数位，掌握数位顺序表"行为表现：知道数位顺序表的基本结构，能将具体的数与数位顺序表进行对照，能说明数中各数字所在数位名称和该数位的计数单位，以及该数字表示的实际数值。

(3) "合理迁移已有的知识和经验，探索认识亿以内数的各种新知识"行为表现：能主动回顾并迁移已有的关于认识数的知识和经验，掌握主动探索新知识的方法。

(4) "进一步发展数感"行为表现：了解多种现实背景中的数据，参与关于这些数据的分析讨论活动，并尝试表达自己的感受。

(5) "体会和感受大数在日常生活中的应用，开阔数学视野，进一步认识数学的价值"行为表现：充分了解教材提供的丰富资源，感受用数据表达和说明问题的价值，进一步培养学习数学的兴趣和信心。

三、评价设计

1. 基础性评价设计

教材第4页"做一做"第1题：要求学生以"万""十万""百万""千万"为单位数数，并在计数器上拨数。考查学生对新的计算单位和相邻两个计数单位之间的十进关系的认识。

2. 重点内容评价设计

教材第4页"做一做"第2题：要求学生填写数位顺序表，并回答相关的问题。考查学生对数位顺序的熟悉和掌握情况。

3. 难点内容评价设计

教材第8页"练习一"第2题：要求学生照样子进行表述，说出每个数分别是由多少个万和多少个一组成。一方面考查学生对数位、计数单位以及位值的领悟程度，另一方面借考查数的组成加深学生对个级和万级含义的理解。

四、教学思路

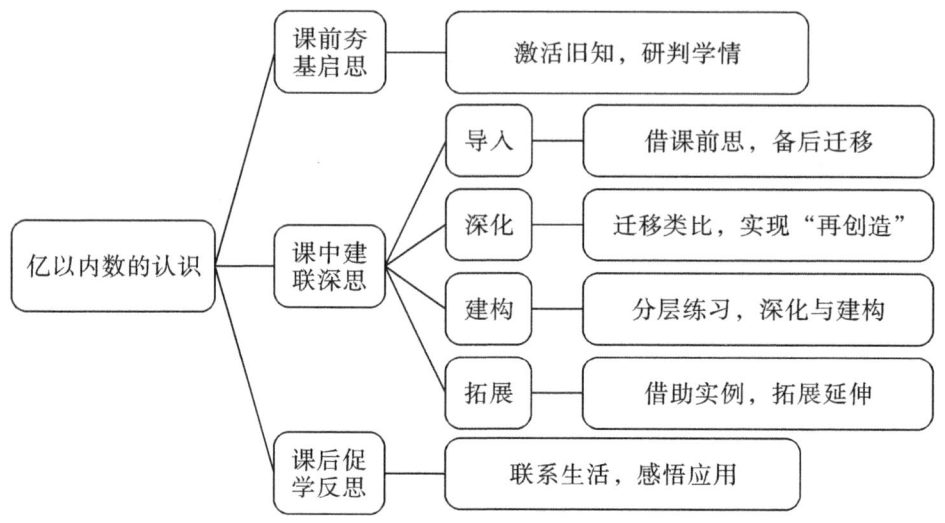

实践

"亿以内数的认识"教学实录

【课前夯基启思】

激活旧知，研判学情

（1）读出下面的数，并照样子画一画，填一填。

2458   9999   10000

（在计数器上画出算珠，并表述数的组成）

（2）用计数器数数练习。

十个十个地数，从 10 数到 350   一千一千地数，从 1000 数到 10000

（3）说一说：你知道这个数中每个数字的含义吗？

北京市人口：21893095 人

设计意图：第 1 题通过画出算珠、写数的组成以及用计数器数数进行对数位、计数单位、数值概念等知识的重温与唤醒；练习用计数器数数，是让学生重温"满十进一"的知识点。第 2 题尝试说出新的数的组成，学生有丰富的数认识经验，可实现知识和方法的迁移。

【课中建联深思】

环节一　导入——借课前思，备后迁移

师：课前同学们完成了这样的学习单，现在来看看大家是怎么做的。

2458　　　　　　　　9999　　　　　　　　10000

（展示汇报）

师：9999，同样是9为什么表示的含义不一样？

生：因为它们所在的数位不同。

生：每个数位有不同的计数单位。

师：计数器可真了不起，不仅帮助我们清楚每个数位所表示的含义，它还能帮助我们数数呢，一起来数数看。

十个十个地数，从10数到350　　一千一千地数，从1000数到10000

设计意图：对"大数"的认识，必定需要基于"小数"拓展生长。从万以内数的认识复习中，浸透了数位、数值、计数单位的再回忆；用计数器数数，让学生再体会"满十进一"的过程，为后续促进知识和方法的迁移做好准备。

环节二 深化——迁移类比，实现"再创造"。

1. 尝试——找突破点

展示主题

北京市人口：21893095人

师：课前大家已经尝试说出每个数字表示的含义，请在小组里交流后再汇报。

生：5在个位，表示5个一；9在十位，表示9个十；0在百位，表示0个百；3在千位，表示3个千；9在万位，表示9个万；8在十万位上，表示8个十万；1在百万位上，表示1个百万；2在千万位上，表示2个千万。

（生说的同时，师在相应计数器上拨珠子）

生：那个计数器（环节一的计数器）不够位了，要换一个。

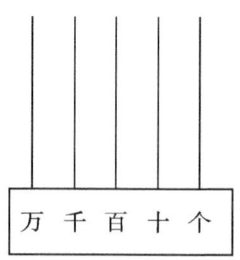 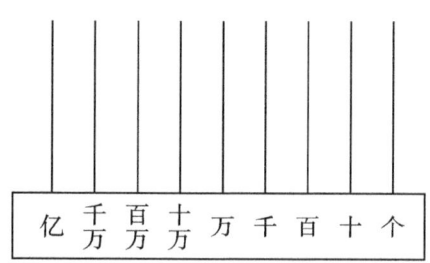

师：真聪明！刚才同学们通过课前的自主学习，知道了很多新的数位。咱们就换个计数器，一起再来数数。

师：新的计数器上有新的数位，它是怎么产生的？谁来说一说？

生：这是一万，一颗一颗拨下去，一万、二万、三万、四万……九万。

师：如果再拨一颗呢？是几万？（10万）再拨下去呢？怎么办？

生：万位满十了，向十万位"进一"。（边说边拨）

生：这时候就产生新的数位。

（跟着计数器再次经历从"一万"到"十万"的递进过程，师板书：10个一万是十万）

2．迁移——找链接点

（1）体验"十万"。

师："十万"到底有多大呢？

模型体验：想象小立方体由"千"到"万"，再到"十万"的过程。

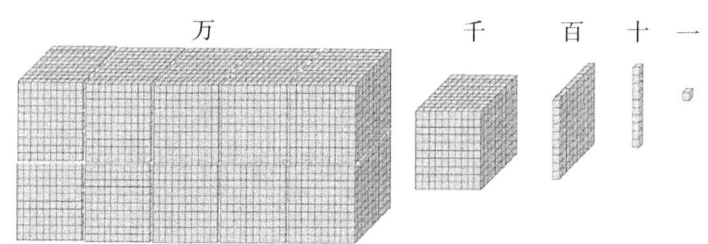

原型感受：①人民币由"百"到"万"，再到"十万"的过程。

(2)认识"百万""千万"及"亿"。

师：原来十万位是这么来的，那后面的数位呢？尝试拨一拨，同桌之间互相说一说。

学生先独立思考，后小组交流，再集体汇报。

师：刚才我们通过独立思考、自主探索、汇报交流，经历"十万"到"百万"、"百万"到"千万"、"千万"到"亿"的递进学习过程，从中得出：10个十万是一百万，10个一百万是一千万，10个一千万是一亿。（板书）

设计意图：本环节始发于"十万"的生成与体验。在"十万"的生成中，引导学生"一万一万地数"，引出了"万位满十怎么办"的数学思考。在"十万"的认识体验中，教师通过"小立方体""人民币"等素材，引导学生基于"小数"持续叠加，有力凸显了"万"到"十万"的提升过程。再通过独立思考、自主探索、汇报交流，经历"十万"到"百万"、"百万"到"千万"、"千万"到"亿"的递进学习过程。

3．归纳——找概念点

(1)"十进关系"。

师：大家请看，10个一万是十万，10个十万是一百万，10个百万是一千万，10个千万是一亿，你看出每相邻两个计数单位之间有什么关系了吗？

生：每相邻两个计数单位之间的进率都是10。

设计意图：利用类比迁移的规律，在认识了计数单位"十万"后，由学生自主探究，得出新的计数单位"百万""千万"和"亿"，并把它们纳入原有的认知结构中，归纳出每相邻两个计数单位间的关系。

(2)数位。

师：在本节课的开始，我们已经复习了学过的5个数位，从右边起第一位是个位，第二位是十位，第三位是百位，第四位是千位，第五位是万位。那么想一想，第六位是什么位？第七位、第八位、第九位呢？

同桌之间互相认一认，说一说，记一记。

师：你为什么这样排列它们的位置呢？

生：从右边起第一位是个位，它是最低位，然后慢慢地往高的数位开始排。

师：说一说每个计数单位所对应的数位是什么。

学生能很快说出每个计数单位所对应的数位。

小结：在用数字表示数的时候，这些计数单位要按照一定的顺序排列起来，它们所占的位置叫作数位。

设计意图：与"十万"的教学相比，"百万""千万""亿"的教学更显融合性、整体性与开放性。学生基于"十万"学习的活动体验，积极思考，充分交流，深入互动，最终实现了对三个新的计数单位的认识提升。

（3）数级。

师：仔细观察这些数位，你有什么发现？

生：它们的排列是有规律的。

生：它们都是一个数位和十位、百位、千位，然后又是一个数位和十万位、百万位、千万位这样重复排列的，只不过后面比前面多了个万字。（学生对每四位为一级有初步感知，但还无法准确描述）

小结：我国习惯从右边起，每四个数位分成一级，个位、十位、百位和千位就是个级，万位、十万位、百万位和千万位就是万级，亿位就在亿级……

师：这里为什么要加上省略号？

生：还有更多更大的数位。

（4）位值。

师：2020年第七次全国人口普查主要数据公报显示，北京市有21893095人。在这个数中有两个9，这两个9表示的意义是一样的吗？

生：左边的9表示9个万，右边的9表示9个十。

师：都是9，为什么表示的意义却不同？

设计意图：根据学生已有的知识经验，让学生自主整理数位顺序表，认识数位、数级，并结合现实情境，体会相同的数所在的数位不同，表示的意义就不同，即"位值"的含义。

环节三 建构——分层练习，深化与建构

1. 做一做第2题：先交流方法，再集体合作完成。

你能填出数位顺序表吗？试一试。

亿级				万级				个级			
……											

（1）从低位到高位，按顺序说出个级和万级的每一个数位。

（2）从个位起，第几位是万位？第几位是亿位？

（3）万位的右面一位是什么位？左面一位呢？

2. 做一做第1题：小组交流，同桌同学合作完成。

在计数器上拨数：

（1）一万一万地数，从九十六万数到一百零三万。

(2) 十万十万地数,从七十万数到一百万。

(3) 一千万一千万地数,从八千万数到一亿。

3. 自主完成,汇报交流。

照样子说一说。

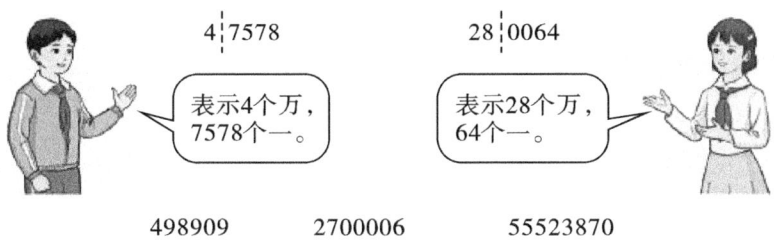

498909　　2700006　　55523870

4. 填一填:独立完成,小组批阅。

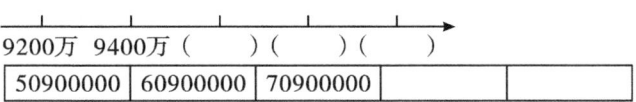

设计意图:分层设计练习,紧扣知识的基础点、拓展点和变式点,深化学习的同时促进知识建构。

环节四　拓展——借助实例,拓展延伸

师:"一亿"有多大呢?

(课件演示)

阅读体验:拓展阅读"你知道吗"。

"画点"体验:先独立画点半分钟,再交流引出"每秒画一个点,一刻不停地画,画一亿个点需要3年2个月"。

"叠纸"体验:珠穆朗玛峰海拔约8844米,一亿张纸叠起来与它相比,你觉得谁更高?随后,由100张打印纸入手,引导学生切身经历"一千张""一万张"……"一亿张"的叠加推算。

设计意图:在这里,"大数"知识被放置在了更为广阔的现实背景中。让数学生活情境化,易于让学生在接受的同时形成数感。通过欣赏图文信息,体会到"积少成多"的数感思想。

【课后促学反思】

联系生活,感悟应用

在生活中找找学过的大数,说说它的含义,并感受它的大小或多少。

设计意图:数学源于生活,用于生活。让学生用当天所学的知识进一步观察现实生活,感悟新知在现实中的广泛应用。

> 反思

抓统领性概念，彰显学习方式的改变

《义务教育数学课程标准（2022年版）》指出，数学课程内容的一大特点就是整体性。教材编写与教学设计应当突出核心内容，呈现不同数学知识之间的实质性关联，展现内容与观念之间的融合，体现课程内容的整体性。教学中，也要沟通数的概念与数的运算之间的关联，突出"数"与"运算"的一致性。明白了"数"与"运算"的一致性，抓住了统领性概念，就可以拨开笼罩在数及其运算表面的层层面纱，带领学生经历知识的发生发展过程，建立知识之间的联系，体会知识的本源性、一致性与整体性。基于以上的认识，本课的设计有以下几个特点。

1. 抓住统领性概念，经历数概念扩充的过程

学习亿以内数的认识，不仅是学生对数概念进一步扩充的过程，也是数学建模能力不断发展的过程。本课教学立足于计数单位，建立数之间的联系，感悟数的概念的一致性，培养数感和符号意识。具体来说，就是要带领学生体验计数单位在数的建构中的统领作用，理解数是计数单位多少的表达，感悟"十进位值制"的意义。在记数过程中，运算律被自然而然地使用着，计数单位发挥着统领作用，这些很容易迁移、推广到分数与小数，这就建立了整数、分数与小数的一致性。

本课教学通过制造认知冲突（一万一万地数，10个一万是多少？在计数器上怎么表示？），让学生在新（亿以内数的认识）、旧（万以内数的认识）知识的联系与区别中，通过类比进行知识迁移，找到知识的生长点（扩充新的计数单位），使学生自然而然地经历了数概念扩充的过程。这样，学生获得的知识也就不再是仅有的结果性知识，数学思想方法、动态研究方法、合情推理方法等观念的过程性知识悄然而生，扎根于学生的头脑之中。

2. 学会用整体、联系、发展的眼光看问题，培养数学核心素养

在感悟数的概念的一致性的过程中，培养学生的数感和符号意识，这两者均直接指向学生抽象素养的培养：数感是形成抽象能力的经验基础，符号意识是形成抽象能力和推理能力的经验基础。数感不是教师教给学生的，而是教师引导学生感悟到的。本课教学设计一方面以数学活动为载体，通过让学生把握十进制原理，从计数单位的扩充、数位整理、数级等数概念的多方面来全面认识数，融"数"于活动之中，帮助学生建立数感；另一方面通过两个活动，让学生体验"一亿有多大"，使学生在快乐活动、挑战思维、研究探索中不知不觉地培养数感。

从学生的实际出发，创设情境，符合学生感受大数的意义：从全国人口普查，到"小立方体"，到"人民币"，再到"纸张"，教师利用多种事物，引导学生由小及大充分经历从"万"到"十万"的叠加过程。在"亿"的体验中，教师先让

学生自主画点，积累真实的操作感受，并在思考"按我这样的速度画，画一亿个点需要多少时间"后，巧妙呈现课本"你知道吗"的内容，在强烈反差中有力凸显"一亿真大"的观念认识。在这里，"大数"知识被放置于现实的背景中，教师提供了极为生动的学习素材，让学生依托情境内容锻炼"数数"技能、促进数感养成。

数感是人的一种基本数学素养，是学生认知数学对象进而具备数学气质的心智技能，是学习数学的重要结构变量。数感来自数学活动实践，同时又指导数学实践活动。它的形成不是一蹴而就的，而是一个渐进的、沉淀的、积累的过程。精准教学的理念，让我们明确教材内容的来龙去脉，经过思考研究，加强基础知识、基本概念的教学，精心设计数学组织活动，让学生主动获取知识，经历"再创造"的过程。

3. 彰显学习方式的转变，形成科学的思维习惯

对数含义的理解是儿童形成数感的基础，"大数的认识"是万以内数的认、读、写等内容的延伸，其中计数单位、数位顺序表、十进制计数法、位值制等核心知识都是从万以内扩展到亿以内，但从数感培养的角度来看，三次"数的认识"是各有侧重的——"20以内数的认识"重在产生新的计数单位"十"，"万以内数的认识"在于突出十进制计数法，而"亿以内数的认识"的关键点是感受数级的发展。学生的潜能是不可低估的，教师要充分调动学生自主学习的积极性，只有主动参与的学习才是高效和快乐的，才能真正完成知识的迁移和拓展。学生应该成为学习的组织者、引导者、合作者。本课教学设计立足于学生的发展，从学生已有的数学知识和学习经验出发，创设有助于学生合情推理、自主探索、合作交流的学习情境，引导学生在探究活动中掌握新知，培养学生逻辑思维和解决问题的能力，真正体现了教师是主导、学生是主体的教学理念。教师重视对教学内容的整体分析，深化对数学知识本质的理解，提炼能建立数学知识间的结构与联系、发挥核心作用的数学概念，由此建构数学单元学习主题统整下脉络清晰、条理分明、相互联系的数学知识体系，进而引导学生体会不同数学知识之间数学学习方法的一致性和可迁移性，帮助学生学会用整体的、联系的、发展的眼光看问题，形成科学的思维习惯，发展数学核心素养。

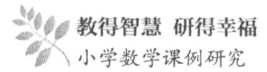

案例 2　分数的意义

（人教版小学数学五年级下册第 45－47 页）

深研

一、内容解读

（一）数学知识精解

分数的定义一般有四种：①把一个单位平均分之后的一份或几份；②两个数相除的商；③两数之比；④公理化定义。小学数学教材一般认为，一个物体、一个计量单位或是一些物体等都可以看作一个整体，可以用自然数1来表示，我们通常把它叫作单位"1"。把单位"1"平均分成若干份，表示这样的一份或几份的数叫作分数。把单位"1"平均分成若干份后，表示这样的一份的数叫作分数单位。

在小学数学里，认识分数是学生数概念的一次重要扩展，也是学生数感发展的关键阶段。主要体现在以下几个方面：

记数规则的扩展。整数和小数都是十进制数，记数规则的本质特征是"位值制"，即每个数字的实际含义由其自身大小和其所在数位共同决定。而分数的记数规则最突出特征是它由分母和分子两部分共同构成，其中分母表示单位"1"被平均分的份数，分子表示该分数所包含的分数单位的个数。

数的意义的扩展。特别表现于计数单位的扩展。自然数都可视为1的累加，1是所有自然数的计数单位。其他计数单位如"十""百""千"等，均由特定数量的1组成，遵循十进制的进率规则。分数则源自1的均分，"均分"决定了某个分数的计数单位（即分数单位），进而由分数单位的累加而形成特定的分数。小数实质上是十进分数的特殊表现形式。

数的应用的扩展。现实世界中普遍存在一些无法用自然数精确表示的量，分数的引入有效解决了生产和生活的现实需求。

数与运算间关系的扩展。在整数范围内，除法计算受到限制。利用分数和除法的关系，可以解决整数除法除不尽的问题。随着学习的延伸，学生通过对分数的性质与除法"商不变"的性质、比的性质等进行类比，可以更深刻地感悟分数在数学知识体系中的特殊价值。

（二）教学内容呈现

1. 知识结构

在小学数学教材中，"分数的意义"与相关知识构成如下结构：

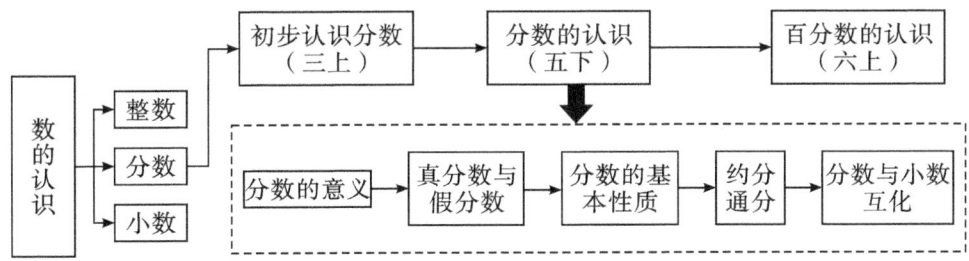

2. 教材编排

"分数的意义"是人教版五年级下册第四单元"分数的意义和性质"的第一课时，教材按以下3个层次编排教学内容。

（1）建立单位"1"的概念。教材呈现了分数$\frac{1}{4}$的多元表征，帮助学生逐次理解一张正方形纸、一张圆形纸、一条线段、一盒粽子（4个）、一盒月饼（8个）都可被看作是单位"1"，并对其进行四等分。

（2）概括分数的意义。结合实例理解分数，概括分数和单位"1"的意义。

（3）抽象分数单位的意义。通过"做一做"的几个问题，把同一组物体（12个）平均分成不同的份数，表示其中的一份或几份，形成多个不同的分数，巩固学生对分数意义的理解，同时为理解分数单位提供实例。

二、目标设定

（一）核心素养讨论

1. 数感的主要表现

首先，把一个物体、一个计量单位或者一些物体看作一个整体，并抽象成可以用自然数1来表示的单位"1"，这是一个对整数意义进行扩展的认识过程。其次，在不同形状的图形、不同数量的整体中表示出相同的分数，是由具体到抽象、由个别到一般的概念抽象过程。最后，从丰富多样的实物、图形和具体情境中，以语言表达为过渡形式，实现图形表征向符号表征的转化。

2. 几何直观的主要表现

利用图形、线段以及具体实物等创设直观教学情境，利用各种图形表示单位"1"，把平均分等抽象概念具体化为直观形象，建立形与数的联系，以促进学生形成表象。通过数形结合,由具体到抽象,由个别到一般,展开"单位1"概念的形成过程。

(二)学情分析

1. 学生认知特征分析

五年级的学生年龄在 11 岁左右,他们的认知发展处于具体运算阶段(7—11岁)和形式运算阶段(11—15 岁)之间。具体运算阶段的标志是守恒观念的形成,即能认识到客体在外形上发生了变化,但其特有的属性不变。形式运算阶段的儿童形成了解决各类问题的推理逻辑,由大小前提得出结论,不管有无具体事物,都可了解形式中的相互关系与内涵的意义。形式运算阶段的儿童能获得纯粹以命题形式呈现的概念和规则,但多数小学生并未达到这一发展水平,故在学习抽象概念和规则时,仍需要具体经验的支持。在"分数的意义"教学中,可以利用守恒观念,指导学生从不同情境中理解同一个分数的具体含义,并在此基础上抽象出分数的意义。

2. 学生生活经验分析

学生有较多的接触分数的现实生活经验,对分得的结果不能用整数表示这类生活现象也有充分的经验准备。相对来说,学生对把一个物体平均分后,其中的一部分用分数来表示的相关生活经验更为充分;而把一些物体视作一个整体,对其进行平均分的相关经验较少。

3. 学生已有知识基础分析

充分理解分数意义的内涵,在小学阶段大体要分成五个阶段:孕伏阶段(认识平均分)、明确阶段(初步认识)、再认识阶段(分数的意义)、沟通阶段(分数与除法关系)、综合应用阶段(分数的运算及解决问题)。二年级期间学生认识了平均分,初步形成了把一些物体视为一个整体的认识。三年级期间,借助操作活动和直观素材,初步认识了分数,知道了分数的各部分名称,会读、写简单的分数。

(三)目标设定

1. 教学目标及重、难点

(1)了解分数的产生,理解分数的意义,理解单位"1"、分数单位的意义。

(2)参与观察、操作、表达等数学活动,尝试发现并提出简单的数学问题,并运用知识解决与分数相关的简单实际问题。

(3)了解分数的来源,感受数学与生活的密切联系、数学知识内在的联系、感受数学发展的文化意蕴。

教学重点:理解分数的意义。

教学难点:理解单位"1"和分数单位的含义。

2. 目标达成的行为表现

（1）"理解分数的意义"行为表现：能结合具体情境，正确表述具体分数的单位"1"，以及这个分数的分母、分子的含义；能正确地说出、写出具体情境中的分数；能说出具体分数的分数单位，以及它包含多少个这样的分数单位。

（2）"参与观察、操作、表达等数学活动，理解单位'1'、分数、分数单位等概念"行为表现：能正确提取图形、情境中的数学信息，并能用单位"1"、分数单位等概念表述分数的具体含义。

（3）"解决与分数相关的简单实际问题"行为表现：能利用分数的具体含义分析问题；利用分数的意义、整数除法的知识解决简单的实际问题。

三、评价设计

1. 基础性评价设计

读出下面的分数，说说它们的具体含义。

①长江干流约 $\frac{3}{5}$ 的水体受到不同程度的污染。

②死海表层的水中含盐量达到 $\frac{3}{10}$。

答案：① $\frac{3}{5}$ 表示把长江干流的水平均分成 5 份，受污染的水占其中的 3 份；② $\frac{3}{10}$ 表示把死海表层的水的总量平均分成 10 份，盐的含量占其中的 3 份。

考查能力：拓展国情与世界地理的知识，体会分数的实际应用；要求学生正确读出分数；根据分数的意义说出各分数的具体含义，正确理解并规范描述具体分数的单位"1"、分母和分子的含义。

2. 重点内容评价设计

教材第 47 页"做一做"第 1 题：把下面每个图形看作单位"1"，用分数表示下面各图中涂色部分的大小。

考查能力：充分发挥直观图对理解分数抽象意义的促进作用，通过填一填考查学生对分数意义的理解与应用。

3. 难点内容评价设计

猜猜一共有几支？

$\frac{1}{6}$

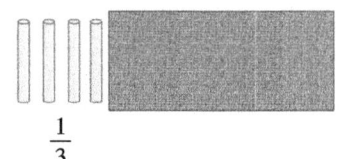
$\frac{1}{3}$

答案：6 支；12 支。

考查能力：从"看到的"和"看不到的"理解部分与整体的关系。在想象与推理中进一步深化对分数意义、分数单位、单位"1"的理解。

四、教学思路

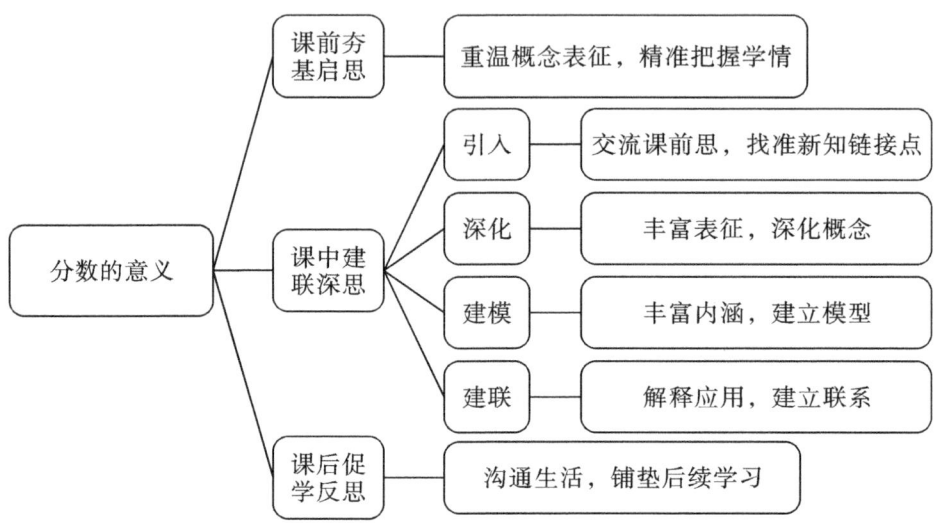

实践

"分数的意义"教学实录

【课前夯基启思】

重温概念表征，精准把握学情

1. 复习旧知

请在一张空白的纸用上，用"无声的语言"表示一个你喜欢的分数。注意：只作图，不写数。

2. 自主尝试

自主预习课本第 45－46 页，并在一张纸上多形式地尝试举例说明 $\frac{1}{4}$ 的含义。

设计意图：复习旧知激活了学生对分数的初步认识的相关知识；自主尝试则是在学生原有的知识和经验的基础上，对分数的意义的发散思维进行再加工，为丰富分数概念的认识做准备。

【课中建联深思】

环节一 引入——交流课前思，找准新知链接点

师：课前要求了大家在一张纸上，用"无声的语言"表示一个你喜欢的分数。现在请把纸拿出来都让大家猜猜究竟"无声的语言"中"暗藏"的是哪个分数？你是怎样猜到的？

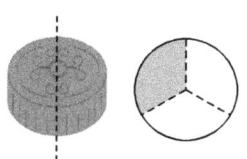 

设计意图：结合课前启思的"画"，再用"我画你猜"的游戏形式，再次在原有旧知的基础上重温概念的多元表征，为学习新知找准链接点。让学生说说他们是怎样猜到的，在表述中再次回忆分数的各部分的名称及含义，为学习新知做好铺垫。

环节二 深化——丰富表征，深化概念

1. 异中求同

师：课前让大家自主预习课本第45－46页，并在一张纸上尝试多形式举例说明 $\frac{1}{4}$ 的含义，请在小组内交流，然后汇报。

生：把一个正方形平均分成四份，涂色表示一份，就是正方形的 $\frac{1}{4}$。

生：把一个圆平均分成四份，涂色表示一份，就是圆的 $\frac{1}{4}$。

生：把一条线段平均分成四份，涂色表示一份，就是线段的 $\frac{1}{4}$。

生：一盒粽子有4个，每个是这盒粽子的 $\frac{1}{4}$。

生：把一盒月饼平均分成4份，每份是这盒月饼的 $\frac{1}{4}$。

师：老师这儿有三堆苹果，你能帮我尝试找出蕴藏其中的 $\frac{1}{4}$ 吗？

师：同样是苹果，同样是 $\frac{1}{4}$，为什么分出来的结果却不一样呢？它们都有什么异同点吗？

生：它们共同的特点是都要平均分成4份。

师：它们是把什么平均分了？

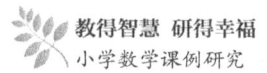

生： 有一个图形，有一条线段，有一个苹果，还有一些面包，一些苹果也行。

师： 回答得真好！在这里，我们把一个物体、一些物体或一个计量单位（手指课件）看作一个整体，把一个整体平均分成 4 份，其中的一份就用 $\frac{1}{4}$ 来表示。

师： 这个整体我们可以用自然数 1 来表示，通常把它叫作单位"1"。现在请同学们想想，还可以把哪些物体看成单位"1"？和你的同桌同学说一说。

生： 可以把一箱水果看成单位"1"。

生： 可以把全班同学看成单位"1"。

生： 也可以把全校同学看成单位"1"。

……

师： 总结得非常好！同学们刚才的操作与思考，与古人的智慧完全是异曲同工啊！我们一起去看看，古人在分物中是怎么产生分数的。

阅读、播放有关分数产生的相关资料。

2．丰富内涵

（1）说一说。

师： 请同学们任意写一个分数，再和同桌同学说说你写的这个分数表示的意思。

生： 我写的是 $\frac{5}{6}$。把一个整体也就是单位"1"平均分成 6 份，这样的 5 份就是 $\frac{5}{6}$。

生： 我写的是 $\frac{2}{3}$。把一个整体也就是单位"1"平均分成 3 份，这样的 2 份就是 $\frac{2}{3}$。

师： 老师这儿也有几个具体情境的分数，读一读，并解释一下其中的含义。

长江干流约 $\frac{3}{5}$ 的水体受到不同程度的污染。死海表层的水中含盐量达到 $\frac{3}{10}$。

（2）摆一摆。

师： 任选一个分数，利用小圆片学具分一分、找一找，并试着用下面的话来说说自己的理解。

学生以两人为一小组合作完成，完成后向全班同学汇报，教师指名选择不同分数的组别进行汇报与交流。

生： 把……看作单位"1"，平均分成……份，其中的一份有……个，……个就是这些圆片中的几分之一。

（3）填一填：用分数表示下面各图中涂色部分的大小。

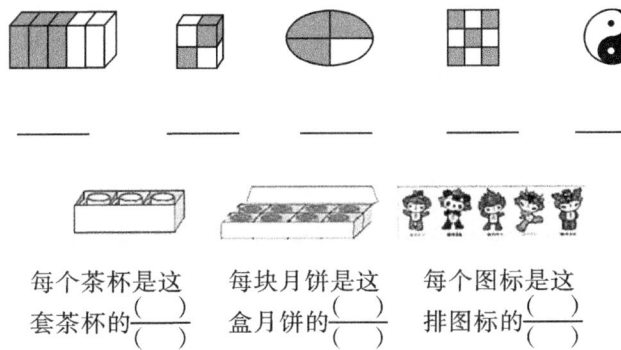

师：通过刚才的学习，我们知道了一个物体、一个计量单位或是一些物体都可以看作一个整体。把这个整体平均分成若干份，这样的一份或几份都可以用分数来表示。（板书）

设计意图：数学概念相对比较抽象，因此在数学概念的教学中，最基本的搭"脚手架"的方法是具体化。本环节由呈现各种具体情境中的 $\frac{1}{4}$，引导学生通过比较，异中求同，实现数与现实情境的剥离。以一个个具体的分数为感性支撑，实现对"一类数"含义的概括。另一方面，再次通过直观图示，实现图像表征、言语表征和符号表征之间的内联互转。让学生试着以有序的逻辑语言来表述自己的理解，使学生融会贯通地、深刻地理解知识与完善认知结构。这既是对前一种意义的迁移和巩固，更是创设了"一类数"的"画像"，使学生产生从更抽象的层次上去概括分数含义的需求，触发更高层的抽象概括，把学生的学习不断地推向更高的水平。

环节三 建模——丰富内涵，建立模型

1. 自主练习，导计数单位定义：（课件演示）

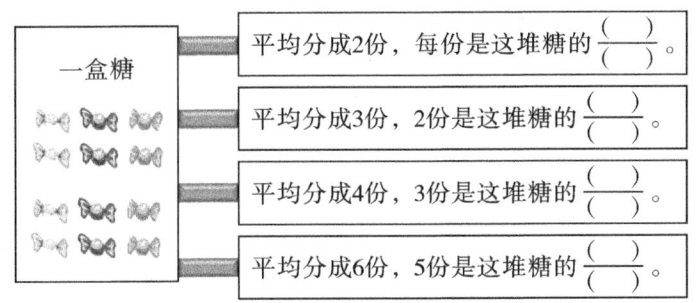

师：这里把什么看成单位"1"？
生：把一盒糖看成单位"1"。

师：像这样，把单位"1"平均分成若干份，表示其中一份的数，我们把它叫作分数单位。例如 $\frac{2}{3}$ 的分数单位就是 $\frac{1}{3}$。

师：请你说说这里（课件 PPT）每个分数的分数单位分别是什么？并说说它们有几个这样的分数单位？

小组汇报交流。

2. 数形结合，丰盈内涵。

（1）用数轴表示，再认计数单位。出示：

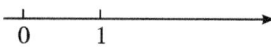

师：认数，离不开数轴。在这个数轴上，你能找到 3 吗？

生：不能，因为没有 1。

师：是的！确定了"1"，用数轴表示数就有了标准。

出示：

师：现在能找到 3 吗？谁来找找？

指名到屏幕上一段一段地找到 3。

师：你是怎样想的？

生：3 里面有 3 个 1，所以要量出 3 个 1。

根据学生回答，出示：

师：我们是怎样确定 3 的位置的？

生：先确定"1"的位置，再一个单位一个单位地量，3 个 1 是 3。

师：说得真好！这里的"1"是上课一开始时我们所说的标准或单位，"1"是自然数最基本的计数单位（板书：计数单位）。像这样用"1"作单位接着去"量"，还能得到哪些数？

生：还能得到 4，5，6，……所有的自然数。

生：还会产生新的计数单位十、百、千、万……

师：是啊！通过"1"的不断累加，可以得到所有的自然数，后来人们又不断地简化了这一过程，就有了新的计数单位，如十、百、千、万，等等。

（2）制造冲突，认识分数单位。

在数轴的 0 与 1 之间点一个点：

师： 在数轴的这儿有一点，用什么数来表示这个点的位置呢？

生： 不能一下子确定。

师： 为什么不能确定？不是有 1 这个计数单位吗？直接用 1 去量嘛。

生： 不可以，1 太长了。

师： 是啊！在这里，"1"这个计数单位太大了。那你觉得应该怎么办？

生： 把单位变小。

生： 把"1"平均分。

师： 是个好办法！每个小组的信封里都有一张长为"1"的纸条，大家可以拿出来折一折，重新创造一个单位，再到黑板上来量一量！

学生在组内研究后汇报。

生： 我们把长是"1"的纸条平均分成了 4 份，到黑板上一量，发现这个点正好在 $\frac{3}{4}$ 的位置上，也就是 $\frac{3}{4}$。

生： 我们把表示"1"的纸条平均分成 8 份，发现这一点表示的正好是 $\frac{6}{8}$。

师： 怎么出现了不一样的结果呢？数轴上同一个点，却能用不同的分数来表示，这是为什么呢？

生： 第一组是以 $\frac{1}{4}$ 作单位量的。把"1"平均分成 4 份，其中的 1 份是 $\frac{1}{4}$，量了 3 次，也就是 3 个 $\frac{1}{4}$，是 $\frac{3}{4}$。

生： 第二组是以 $\frac{1}{8}$ 作单位量的，把"1"平均分成 8 份，其中的 1 份是 $\frac{1}{8}$，量了 6 次，也就是 6 个 $\frac{1}{8}$，是 $\frac{6}{8}$。

师： 表示同一个点，可以用 $\frac{1}{4}$ 作单位，也可以用 $\frac{1}{8}$ 作单位。那请大家想一想，这里的 $\frac{1}{4}$ 和 $\frac{1}{8}$ 分别是怎样得到的？

生： 把"1"平均分成 4 份，就用 $\frac{1}{4}$ 作单位去量，把"1"平均分成 8 份，就用 $\frac{1}{8}$ 作单位去量。

生： 把"1"平均分成几份，就用几分之一去量。

师： 是的。把单位"1"平均分成若干份，表示其中 1 份的数，叫作分数单位。谁来说一说，$\frac{3}{4}$ 的分数单位是多少？有几个这样的单位？$\frac{6}{8}$ 呢？

设计意图：分数单位的教学，不能只是让学生了解分数单位的含义，更要引导他们通过具体的活动感受分数单位与整数计数单位的共同属性，体会其一致性，领悟数学知识的本质内涵。此环节的设计通过数形结合，丰富概念认识的内涵。

环节四 建联——解释应用，建立联系

1. 建立联系

师：通过刚才的学习，我们认识了分数单位。请大家思考一个问题，分数单位和我们以前学习的整数计数单位有什么相同和不同？

生：它们都是计数的单位，分数的计数单位是几分之一，整数的计数单位是一、十、百、千……

生：整数是整数单位累加得到的，分数是由分数单位累加得到的。

2. 猜一猜

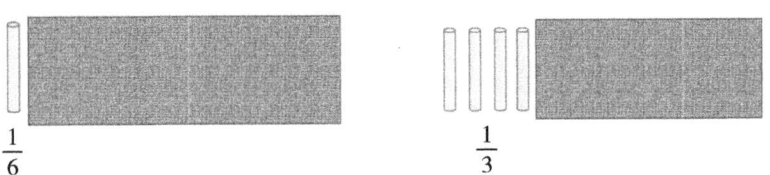

师：猜一猜上图一共有几支？把你的想法画下来。

3. 取糖游戏

师：（出示两袋糖）这里有两袋糖，老师想把一袋糖的 $\frac{4}{5}$ 和另一袋糖的 $\frac{2}{3}$ 分别送给我们班的男生和女生。如果让你来选，你想怎样选？

生：男生、女生都想选一袋糖的 $\frac{4}{5}$，因为 $\frac{4}{5}$ 比 $\frac{2}{3}$ 大。

师让男、女生派代表上讲台取糖，男生数出一袋糖的 $\frac{4}{5}$，女生数出另一袋糖的 $\frac{2}{3}$，结果男、女生得到的糖都是 4 块。

师：咦，怎么会出现同样的结果呢？
把两袋糖都倒到投影仪上，结果发现第一袋糖有 5 块，第二袋糖有 6 块。

4. 快速选择

师：我们再看一个问题。如果让你从下面的时间中选择一个作为下午自由活动的时间。你想怎样选择？

 一节课的 $\frac{2}{3}$。   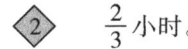 $\frac{2}{3}$ 小时。

学生自由选择，并说明理由。

根据学生回答，课件动态演示分针旋转的过程（如下图）。

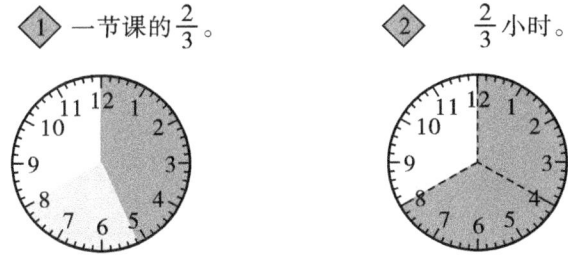

设计意图：建立整数与分数概念理解的本质联系，让学生感受到数学源于生活，也用于生活。教师创设了适当的现实情境，从现实情境引出数学问题，引导学生用刚学到的知识去分析生活中的数据，用数学的眼光去看待生活，从数学的角度体验生活，突出了学以致用的取向。这不仅为学生对分数意义知识的理解和巩固、提高知识的运用技能提供了帮助，也培养了学生的数学应用意识和解决实际问题的能力。

【课后促学反思】

沟通生活，铺垫后续学习

（1）生活中有哪些分数？看看你能否用分数的意义解释其中的含义？

（2）如果两个苹果平均分给三个人，请你动手分一分，能用分数把结果表示出来吗？

设计意图：本课的重点和难点是对分数意义的理解。课后促学反思，一方面让学生学以致用，用数学的眼光观察生活；另一方面制造新的操作困惑，旨在让学生加深对分数意义的理解和应用同时，为后续学习分数与除法打下基石。

反思

透过知识本质，达成深度理解

《义务教育数学课程标准（2022年版）》指出，要注重教学内容与核心素养的关系，要注重教学内容的结构化。"精准教学"的理念，旨在以教师精练、准确教学，实现学生的深度学习。让学生在理解的基础上把握概念本质与知识间的联系，能将所学有效迁移与应用，使新概念融入原有知识结构和经验中学习。

一、借内容结构化之抽象

《义务教育数学课程标准（2022年版）》注重教学内容的结构化，要了解数学知识的产生与来源、结构与关联、价值与意义，了解课程内容和教学内容的安排意图。因此，在课堂上可向学生提供一定的学习材料，让学生透过观察获得感性知识，丰富学生的表象，使其更好地理解数学知识，提高思维的灵活性、认知的深刻性。教学时，可先利用学生已有的知识基础，让学生透过回忆想象和图形素材来说明$\frac{1}{4}$的含义，同时也为学生创新学习作准备。新知识的生长点就是让学生感知能够把一些物体看作一个整体，平均分后也能够得到$\frac{1}{4}$。教学时，让学生帮忙分苹果，用这种方式对刚才各个小组的操作和汇报进行总结，引导学生进行观察思考，学生惊奇地发现$\frac{1}{4}$可以是一个物体的$\frac{1}{4}$，也可以是一些物体的$\frac{1}{4}$。

二、悟知识本质中深化

《义务教育数学课程标准（2022年版）》指出"强化对数学本质的理解，关注数学概念的现实背景，引导学生从数学概念、原理及法则之间的联系出发，建立起有意义的知识结构。帮助学生用整体的、联系的、发展的眼光看问题，形成科学的思维习惯，发展核心素养。"抽象概括是数学得以产生的基本前提，离开了抽象概括，就不会产生数学的概念，更不会有抽象的数学思维。在教学中，分数意义是分三个层次来抽象概括的：前面学生已认识到了能够把一个物体、一些物体看作一个整体，把这个整体平均分成若干份，其中的一份或几份都能够用分数表示；又认识到单位"1"的含义。有了前面这些丰富的感性认识，就可引导学生结合单位"1"来表达这些分数的意义，从而脱离原先具体分物的例子。这是认知上的一个飞跃。孩子们脑子里已经初步建立了分数的模型，说这些分数意义的过程，就是在应用这个数学模型来解读原先较低层次的分物，这是对原先的认识的一个抽象化过程。概念的构成是一个由个别到一般的过程，而概念的运用则是一个由一般到个别的过程，透过运用概念解决实际问题，能够加深、丰富、巩固学生对数学概念的掌握，也有利于培养学生思维的深刻性。

三、拓深度学习中建构

本课教学设计注重启发式、探究式、互动式等多种形式的教学相结合，让学生在实践、探究、反思、合作、交流中感悟基本思想、积累活动经验。在学生获得足够感性认识的基础上，要不失时机地引导学生对实例、图示加以概括，建构概念。小学高年级学生的思维特点是他们的抽象逻辑思维在很大程度上还需要直观形象思维支撑。因此，采用动手操作，能帮助学生借助直观建立表象而形成概念，通过有效的操作活动，促进学生的多种感官参与。本节课的重点是引导学生把多个物体看作单位"1"，通过平均分得出不同的分数，这是对原有分数的拓展和扩充（这时就应该是在教师引导下学生的探索与创造活动），在操作活动中体现了活动的主动与开放的有机融合。理解分数单位的环节，设计重在引导学生进行抽象概念的同时，联合整数学习的经验，让学生在抽象中深刻揭示知识之间的内在联系，在理解的基础上掌握相通的建构数学学习方法——对于小学阶段"数与运算"主题，在理解整数、小数、分数意义的同时，还要理解整数、小数、分数基于计数单位表达的一致性。

案例 3 三位数乘两位数的笔算

（人教版小学数学四年级上册第 47 页）

深研

一、内容解读

（一）数学知识精解

三位数乘两位数是整数乘法学习的最后一个阶段。它是在掌握三位数乘一位数与两位数乘两位数知识技能的基础上进行学习的。三位数乘两位数与两位数乘两位数从算理上看是一致的，不同的是一个因数的位数由两位变成了三位。本课时是整数乘法"通理通法"的关键转折点，两位数乘两位数的方法可以直接迁移到三位数乘两位数，而三位数乘两位数算法的探索也可直接为推导多位数乘两位数甚至为后续学生自学多位数乘多位数奠定基础。

鼓励学生自主学习，探索三位数乘两位数的计算方法，正确表述计算过程各步骤的理由，有利于加深学生对整数意义和乘法意义的理解。多位数乘法笔算过程直接应用了乘法分配律，学生在本节内容积累的知识和经验对于后续理解并掌握乘法分配律能起到很好的铺垫作用。

（二）教学内容呈现

1. 知识结构

"三位数乘两位数的笔算"在"数与运算"中相关联知识之间的前后关系如下图所示：

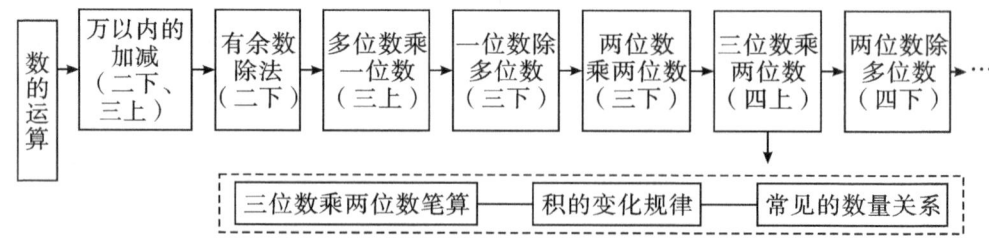

2. 教材编排

"三位数乘两位数的笔算"是人教版四年级上册第四单元"三位数乘两位数"

的第一课时，教材按以下 3 个层次编排教学内容。

（1）以实际问题创设情境，引导学生列出三位数乘两位数的算式，并运用已掌握的估算技能，估计乘积的大致范围。

（2）自主探索三位数乘两位数笔算的计算方法，并对计算过程进行适当的说理。

（3）用计算器对结果进行验算，巩固练习。

二、目标设定

（一）核心素养讨论

1. 学生运算能力的主要表现

①在理解基本算理的基础上，归纳三位数乘两位数笔算的一般方法，比较熟练地掌握三位数乘两位数笔算的计算法则，能依照法则正确地计算。②能清晰表述三位数乘两位数计算的过程顺序，解释各部分积的实际含义，理解算法和算理之间的关系。③结合具体的问题情境，选择不同的方法检验运算结果。能对运算的结果进行正确的估算，体验估算、笔算、用计算器之间的优越性。

2. 学生推理意识的主要表现

通过已掌握的两位数乘两位数、三位数乘一位数的算理算法，自主探索推导出三位数乘两位数的算理与算法，并能说出各部分的含义。梳理计算步骤，归纳一般方法，有序操作，有条理地解决问题。

（二）学情分析

1. 学生认知特征分析

"三位数乘两位数的笔算"既要求学生能够正确地计算，又要求学生适当概括一般的计算过程和方法，包括一系列较复杂的数学思考和实践操作，是一组综合性的技能，属于程序性知识与陈述性知识的结合。程序性知识表现为一系列有序的操作必须通过练习和实践才能获得，其行为表现是能够按照规则进行正确的操作，形成技能，解决"怎么做"的问题。习得陈述性知识的行为表现是能够阐述规则，并进行合理的解释，解决"是什么"和"为什么"的问题。

2. 学生生活经验分析

"三位数乘两位数的笔算"是现实生活中常常会遇到的实际问题，学生对学习本节内容能产生较直接的动机。从具体的问题入手，结合已有的知识经验，发现新的计算问题中的疑难点，通过自主探索和讨论交流，获得解决疑难点的方法，对方法进行概括、抽象后形成一定的法则，利用法则解决更多、更复杂的计算问题。通过一系列的学习活动，多次从过往学习中获得体验。

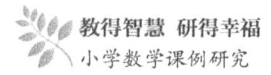

例题创设的行程问题情境,也是学生较为熟悉的生活现象。解决此类问题,还可以为后面抽象速度、时间和路程之间的关系积累一些经验。

3. 学生已有知识基础分析

"多位数乘一位数""两位数乘两位数"笔算是学习本节内容的重要知识基础。学生在学习了多位数乘一位数、两位数乘两位数笔算方法之后,已经掌握了乘法竖式的形式特点、乘的顺序、积的书写位置、进位的方法等基础技能,使得本节内容的教学可以把重点集中于"三位数的百位上的数与两位数的十位上的数如何相乘"这个新问题上。

"三位数乘整十数的口算"也是学习本节内容的基础。"第二个乘数十位上的数与第一个乘数乘得的积",实际是多少?为什么这样写?要理解这些步骤的算理,都需要应用"两位数乘整十数的口算"的相关知识。

此外,学生还将在本课时运用已有的关于乘法"估算"和"用计算器计算"的学习经验,进一步体验多项计算技能的交互整合应用。

(三)目标设定

1. 教学目标及重、难点

(1)经历自主探索、讨论交流三位数乘两位数的计算过程,能结合已有的知识经验理解算理,掌握三位数乘两位数的计算方法。

(2)结合具体问题情境,选择合适的方法进行估算、验算,发展运算能力。运用新知识解决实际问题,体验解决问题策略的多样性。

(3)经历利用旧知解决新知问题的过程,提升知识技能迁移水平,发展逻辑思维能力。感受数学与生活的紧密联系,体验与他人的合作交流,逐步养成独立思考的习惯、认真仔细的习惯。

教学重点:理解三位数乘两位数的算理,掌握三位数乘两位数的算法。

教学难点:会利用旧知进行迁移类推,并体验算法多样化,发展逻辑思维能力。

2. 目标达成的行为表现

(1)"理解算理"行为表现:会结合多位数乘一位数、两位数乘两位数进行迁移类推,理解三位数乘三位数笔算算理,能说出各部分积的实际含义,能解释各部分积的书写位置。

(2)"掌握三位数乘两位数的计算方法"行为表现:能按照正确的方法、步骤和书写格式笔算三位数乘两位数乘法,计算结果正确。

(3)"运用新知识解决实际问题,体验解决问题策略的多样性"行为表现:能运用新知识解决简单的实际问题、能估算积的大概范围、能理解不同的算法并主动选择优化的算法。

（4）"逐步养成独立思考的习惯、认真仔细的习惯"行为表现：能主动探索计算方法，积极参与讨论交流；会认真审题、书写整洁、仔细计算。

三、评价设计

1. 基础性评价设计

教材第 47 页"做一做"：笔算三位数乘两位数。考查学生对三位数乘两位数算法的掌握。训练时可以引导学生先估算再笔算，或用计算器验算等进行多项计算技能的应用，教师要加强沟通，帮助学生形成良好的运算习惯。

2. 重点内容评价设计

教材第 49 页"练习八"第 2 题：某市郊外的森林公园有 124 公顷森林。1 公顷森林一年可滞尘 32 吨，一天可以从地下吸出 85 吨水。

（1）这个公园的森林一年可滞尘多少吨？

（2）这个公园的森林一天可以从地下吸出多少吨水？

考查能力：结合实际问题的解决，考查学生笔算的能力。既体现活学活用，又切合实际，增强生活实用性和趣味性。

3. 难点内容评价设计

教材第 50 页"练习八"第 8 题："说出下面计算中的错误，并改正过来。"

考查能力：抓住典型的错误，在纠错中提高能力。通过对错误成因的分析，在提高学生分析能力的同时提高其算理理解水平，巩固计算技能。

四、教学思路

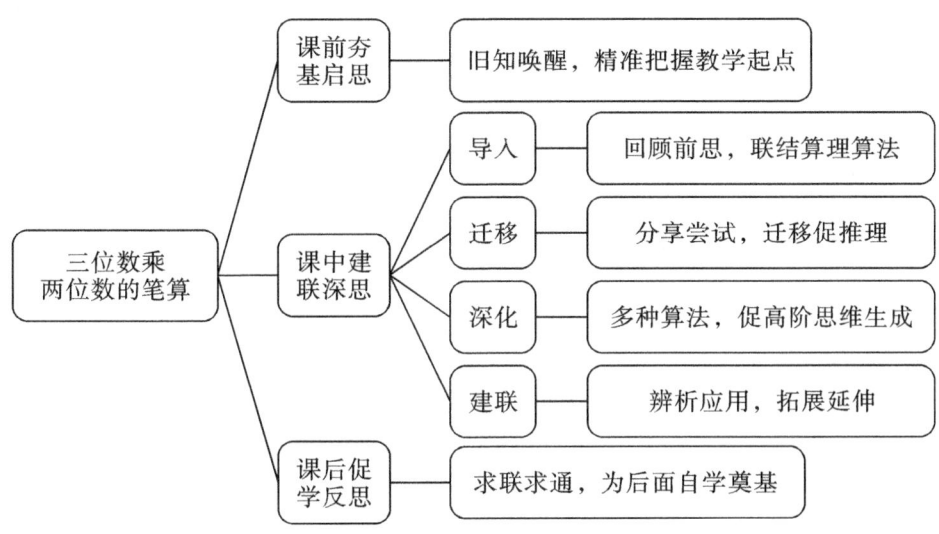

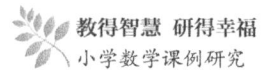

> 实践

"三位数乘两位数的笔算"教学实录

【课前夯基启思】
旧知唤醒，精准把握教学起点

1. 复习旧知。

用竖式计算，说说你是怎么算的？计算时要注意什么？

145×2 $\qquad\qquad$ 45×12

2. 自主尝试。

先估一估，再尝试算一算。

李叔叔从某城市乘火车去北京用了12小时，火车每小时行145千米。该城市到北京有多少千米？

设计意图：通过问题1了解学生对旧知"三位数乘一位数及两位数乘两位数"计算过程的表述情况，分析学生对计算过程思考的准确性、条理性和完整性；问题2则是建立在学生原有的学习基础上尝试将其原有计算技能迁移到新的计算情境中，以了解学生对新知的自主迁移学习情况。

【课中建联深思】

环节一 导入——回顾前思，联结算理算法

师：用竖式计算，说说你是怎么算的？计算时要注意什么？

$$145 \times 2$$

生：三位数乘一位数竖式计算，要用一位数依次去乘三位数的个位、十位和百位上的数，与哪一位上的数相乘，就对着哪一位写积。

生：计算时不要忘记进位，也不要忘记加进位数。

$$45 \times 12$$

生：用竖式计算两位数乘两位数时，先把相同数位对齐，然后用第二个因数个位、十位上的数分别与第一个因数相乘，再把两次乘得的积加起来。

生：当用第二个因数十位上的数与第一个因数相乘时，积的末尾要与因数的十位对齐。

师：为什么？

生：因为用第二个因数十位上的数去乘第一个因数，得到的是多少个十，所以得到的积末位要与第二个因数的十位对齐。

生：计算时要注意进位问题。

生：算完后要进行检查验算。

设计意图：回顾课前启思，激活学生脑海中对已有的整数乘法运算算理算法的回忆，为后续的迁移学习做铺垫。

环节二 迁移——分享尝试，迁移促推理

1. 分享

示例1：李叔叔从某城市乘火车去北京用了12小时，火车每小时行145千米。该城市到北京有多少千米？

师：课前我们已先尝试解决问题了，谁来说说你的做法和想法？

生：我是这样想的：1小时行145千米，12小时行了12个145千米，所以列式 $12 \times 145 = 1278$（千米）。

（全班疑惑）

师：你满脸疑惑，发现了什么问题吗？

生：列式是对的，结果好像不太对。

生：这个算式中两个因数的个位分别是5和2，二五一十，积的个位一定是0，所以1278千米一定是不对的。

生：我做过估算，把12看作10，$145 \times 10 = 1450$，实际结果为大约1450千米。

师：这个估算策略不错！

生：我也估了，但我是这样估的：12估成10，把145估成150，所以 $12 \times 145 \approx 1500$ 千米。

师：看来估算在关键时刻能帮上我们的大忙。那准确的结果有同学算出来吗？

生：我是这样算的：

$$145 \times 12$$
$$= 145 \times 2 \times 6$$
$$= 290 \times 6$$
$$= 1740$$

师：同意吗？

生：做法是对的，他把12用乘法拆成 2×6，就转化成我们学过的计算，只是要分两步完成。

师：好办法，把新知转化成旧知来解决问题。还有同款用拆分的方法吗？下面来展示一下：

145×12	145×12	145×12	145×12
$= 145 \times 10 + 145 \times 2$	$= 100 \times 12 + 45 \times 12$	$= 100 \times 12 + 40 \times 12 + 5 \times 12$	$= 150 \times 12 - 5 \times 12$
$= 1450 + 290$	$= 1200 + 540$	$= 1200 + 480 + 60$	$= 1800 - 60$
$= 1740$	$= 1740$	$= 1740$	$= 1740$

师：这几个拆分与之前第一个拆分有不同吗？

生：第一个是乘法拆分，这里的拆分出现了加号。

师：请他们各自说说每一步是怎么想的，每一步代表什么含义。

生：比如把 12 分成 10 和 2，分别计算 10 个 145 和 2 个 145 是多少，再合起来得到 12 个 145 是 1740。

师：除了拆分，还有其他计算方法吗？

生：我是用竖式计算的：

$$\begin{array}{r} 1\ 4\ 5 \\ \times\quad 1\ 2 \\ \hline 2\ 9_1 0 \\ 1\ 4_1 5\quad \\ \hline 1\ 7\ 4\ 0 \end{array}$$

生：我也是列竖式算的，与他有点不同，但结果是一样的。

$$\begin{array}{r} 1\ 2 \\ \times\ 1\ 4_1 5 \\ \hline 6\ 0 \\ 4\ 8\quad \\ 1\ 2_1\quad\quad \\ \hline 1\ 7\ 4\ 0 \end{array}$$

师：用竖式计算的都拿出来展示一下：

$$\begin{array}{r} 1\ 4\ 5 \\ \times\quad 1\ 2 \\ \hline 9\ 0 \\ 4\ 5\ 0 \\ 2\ 0\ 0 \\ +1\ 0\ 0\ 0\quad\quad \\ \hline 1\ 7\ 4\ 0 \end{array} \qquad \begin{array}{r} 1\ 4\ 5 \\ \times\quad 1\ 2 \\ \hline 9\ 0 \\ 4\ 5\ 0 \\ +1\ 2\ 0\ 0 \\ \hline 1\ 7\ 4\ 0 \end{array} \qquad \begin{array}{r} 1\ 4\ 5 \\ \times\quad 1\ 2 \\ \hline 2\ 9\ 0 \\ +1\ 4\ 5\ 0 \\ \hline 1\ 7\ 4\ 0 \end{array}$$

师：哪些方法你能看懂？

师：这些方法有什么相同之处？小组内说一说。

师：谁能解释其中的道理？

师：有与上面不同的写法吗？

展示，交流。

师：这两个有什么区别？

$$
\begin{array}{r}
1\ 4\ 5 \\
\times\quad 1\ 2 \\
\hline
2\ 9_1 0 \\
1\ 4_1 5\quad \\
\hline
1\ 7\ 4\ 0
\end{array}
\qquad
\begin{array}{r}
1\ 4\ 5 \\
\times\quad 1\ 2 \\
\hline
2\ 9_1 0 \\
1\ 4_1 5\ 0 \\
\hline
1\ 7\ 4\ 0
\end{array}
$$

生：第一个是第二个的简化版，通常1450末尾的0可省略不写。

师：是的，这个是三位数乘两位数竖式的最简写法。

$$
\begin{array}{r}
1\ 4\ 5 \\
\times\quad 1\ 2 \\
\hline
2\ 9_1 0 \\
1\ 4_1 5\quad \\
\hline
1\ 7\ 4\ 0
\end{array}
$$

师：三位数乘两位数竖式计算要注意什么？

生：注意进位。

师：大家在计算中还遇到过什么困难吗？

生：第二个积的定位一开始不太熟，进位有时容易出错。

生：第二个积是用十位上的1乘145，表示145个十，因此积的末位要写在十位上。

生：两位数个位上的数与三位数相乘时，积的末位和因数的个位对齐；两位数十位上的数与三位数相乘时，积的末位和因数的十位对齐。

师：对于"三位数乘两位数"的学习来说，要注意计算过程中的进位，以及明白第二个积的定位、为什么这样定位，这是我们要重点掌握的。

2. 检验

师：笔算对了吗？这需要我们进行验算。你打算用什么方法进行验算？

生：与之前的估算对照。

生：交换因数位置再算一遍。

生：用计算器再算一遍。

3．比较

```
    1 4 5          4 5          1 4 2            1 2
  ×   1₁2        ×  1₁2        ×   1₁2         × 1 4₁5
    2 9 0          9 0           2 9 0            6 0
    4₁5 0         4₁5 0         1 4₁5 0           4 8
    5 4 0        1 7 4 0                         1 2₁
                                                1 7 4 0
```

师：对比以上几个竖式计算，你有什么发现？

师：从145×2向145×12发展，我们经历了"多位数乘法"质的飞跃；从45×12向145×12发展，则突破了质的飞跃，是计算难度的增加。再从145×12向12×145发展，是质的第二次飞跃。最后两个竖式，其实是交换了两个因数的位置，但我们发现将两位数作为第二个因数的笔算较为简便，算理是一样的，但算法得到了优化。

设计意图：课前的夯基启思，为课中提供了丰富的分享素材。从拆分转化探寻到竖式计算的算理算法的逐步优化，让学生在自主学习环节中通过计算和对算法的反思，初步建立了"三位数乘两位数"与课前启思两个知识点的联系，完成了笔算方法的有效迁移。每一个新知识都是在已有知识基础上发展的，本课设计善于运用类比推理和比较差异的思想方法进行新旧知识的转化，达到触类旁通、方法迁移的目的。

环节三 深化——多种算法，促高阶思维生成

1．基础算

动手算一算，小组内互相"查一查"（课本"做一做"练习一组，共8题）。

2．巧妙算

（1）列竖式计算456×22。

师：有的同学算得特别快，是找到了什么窍门吗？

生：两位数是22，只要乘一次就可以了。

师：谁听懂了？为什么乘一次就可以？

生：因为22个位与十位上的数字都是2，计算时都是用2乘456，结果是一样的，所以只要乘一次就行了。

生：虽然都是用2乘456，但含义是不一样的。用个位上的2去乘，结果代表多少个一；用十位上的2去乘，结果代表多少个十。

师：两个积的意义不一样，在写竖式时要注意什么？

生：把两个积错开写……

（2）先算 438×63，再算 438×36。

师：（出示 438×63 和 438×36）比一比这两道题有什么联系，再想一想可以怎么算。

生：第一题中两位数乘数是 63，第二题中两位数乘数是 36，这两个乘数是"反过来"的，只要把左边的抄到右边就行了。

生：左边是 3 乘 438，右边是 30 乘 438。

生：两边交错一下。左边是 1314 个一，右边是 1314 个十；左边是 2628 个十，右边是 2628 个一。

师：我们不仅要学会按法则计算，还要善于分析数与数、式与式之间的关系，利用这些关系，我们可以找到灵活、简便的计算方法。

设计意图：多层次练习的设计主张由易到难，有层次、有坡度，螺旋式上升，满足不同学生的学习需求，让每一位学生都能在其原有的基础上得到充分、全面、和谐的发展。更为重要的是，在原有的基础上通过迁移得此计算技巧，真正高阶思维的生成正需要这样的分层练习，因人而异，各显灵活。

环节四 建联——辨析应用，拓展延伸

1. 辨析算

说出下面计算中的错误，并改正过来。

$$
\begin{array}{r} 134 \\ \times\ \ 16 \\ \hline 804 \\ 134\ \ \\ \hline 938 \end{array}
\qquad
\begin{array}{r} 342 \\ \times\ \ 32 \\ \hline 684 \\ 926\ \ \\ \hline 9944 \end{array}
\qquad
\begin{array}{r} 504 \\ \times\ \ 26 \\ \hline 3024 \\ 108\ \ \\ \hline 4104 \end{array}
$$

（学生自主完成后反馈交流。）

2. 应用算

某市郊外的森林公园有 124 公顷森林。1 公顷森林一年可滞尘 32 吨，一天可以从地下吸出 85 吨水。

（1）这个公园的森林一年可滞尘多少吨？

（2）这个公园的森林一天可以从地下吸出多少吨水？

3. 自编算

师：你能尝试给自己出一道更复杂一点的整数乘法计算，并动手算一算吗？

设计意图：本环节体现三个方面设计意图：一是联系生活实际，解决现实中的真实问题，让学生学以致用，体会数学"从生活中来，到生活中去"，从而实现

教学内容的"有意义"。二是教学中教师不应只是正确方法的演示者，还应及时把学生的错误善意地抛出来，给学生分析错误原因的机会，以错引思，剖析错误往往比正确的讲解更为深刻。三是通过让学生自主编题，实现迁移和自主建构，让他们更大可能地在学习能力提升中得到进一步的发展。

【课后促学反思】

求联求通，为后面自学奠基

（1）到生活中去找一找，有哪些实际问题可以用三位数乘两位数来解决的？

（2）今天学习了三位数乘两位数，这是小学阶段整数乘法的最后一个课时。以后遇到要用三位数乘三位数或两位数乘多位数甚至是多位数乘多位数去解决的问题，你还会不会计算呢？

尝试给自己编一编这样的题，并动手迁移，尝试算一算，看看是否算对。

设计意图：本课时是小学阶段整数乘法学习的最后一个内容，需要对整数乘法的算理和算法进行回顾和总结，梳理"通理通法"的同时，让学生学会"求联求通"，为后续自主探索学习多位数乘多位数奠定基础。

反思

破而后立　促进高阶思维的生成

《义务教育数学课程标准（2022年版）》特别强调了"计数单位"，并指出数与运算均要以"计数单位"为核心要素进行统领。计数法是基于数的计数单位和个数，用符号对数进行表示。因此，对数概念一致性的体会与理解，能促进学生数感和符号意识的发展。数概念的一致性是学生理解运算一致性的基础。运算一致性的体现之一是运算可以看成是基于计数单位和计数单位个数的某种操作。因此，学生对数本质的认识尤为重要。如果学生看到数就能关注到计数单位和计数单位的个数，就可以很好地为认识运算一致性奠定基础。

计算课不仅仅关注计算。"数与运算"教学由计算原理教学和技能训练两个部分组成。在传统的小学数学教学中，不能轻视对计算原理的探究过程，不能以"讲授"的方式把"计算原理"告知学生，然后机械操练。这样做的结果往往是"为了计算而学计算"，忽视了计算教学中的思维价值。

所谓高阶思维，是指发生在较高认知水平层次上的心智活动或认知能力。它在教学目标分类中表现为分析、综合、评价和创造。要形成多位数乘法算法规则的高阶思维，核心是理解算法的实质，关键是突破运算顺序的桎梏。本课设计围绕精准教学的理念，既关注计算原理的习得，又重视学生对计算原理的探究，让学生从探索计算原理产生、改进、完善的过程中发展逻辑思维能力。

1. 从"有意义"到"有意思"

新课程背景下的计算教学，要求在一定的现实背景下呈现例题，然后组织学生进行研究、探讨。数学教学既要让学生觉得"有意义",还要让学生感到"有意思"。本课设计教师在充分了解学情、深入理解教材编写意图的基础上创造性地使用教材,合理处理教材内容。数学运算素养是指在明晰运算对象的基础上,依据运算法则解决数学问题,它是一种思维过程,体现了思维品质。这种思维过程包括理解运算对象、掌握运算法则、探究运算思路、选择运算方法等。本课设计基于理念——学习多位数乘法的新算法,目的不是"以旧换新",而是"见多识广""破而后立"。使学生掌握多样的算法的同时,避免形成对运算法则的刻板印象,让学生灵活地使用运算法则探索新的运算思路,进而形成算法规则的高阶思维。这一做法有利于激起学生的探究欲望,为学生探究算法提供依据,也能达成让学生在具体情境中真正认识计算的作用,让数学学习在"有意义"中变得更"有意思"!

2. "跳一跳,够得着"

传统的课堂教学对基本算法的操练往往是"反复抓、抓反复"。本教学设计则是尊重学生的个性,鼓励学生独立思考,大胆尝试,在展示自己计算方法的同时,对不同算法进行探讨达成共识。本教学设计精心设置了与学生的认知水平相匹配的数学问题,学生有信心解决的同时又需要努力思考,答案并非唾手可得。教师引导学生亲身经历知识产生、发展的过程,会让学生终生难忘。数学吸引人沉醉其中不是因为数学很容易,而恰恰是因为数学有点难,是因为数学可以让人享受到智慧的"高峰体验"。好的数学课要让学生主动探索,让学生在思考的过程中发展思维能力。要使教学富于思考意义,"跳起来摘果子"才更有味道。

此外,在计算教学中,我们常常会看到学生多样化的算法,尤其是在算理的探索阶段和算法的抽象阶段。本教学设计尊重学生提出的多样化的算法,并趁机引导学生优化算法。教学中,在集体讨论确定问题后,请学生根据自己的已有经验在练习本上列式计算,之后引导学生交流汇报。在尊重学生算法多样化的同时,还不失时机引导学生优化算法。

3. 从"自悟"到"领悟"

笔者曾对学生三位数乘两位数的计算情况进行前测和后测,测试结果表明,如果学生对三位数乘一位数及两位数乘两位数掌握得较好,那么计算三位数乘两位数就没有什么问题。学生甚至能迁移推理建构正确计算多位数乘法的算法,但其理解水平仍停留在机械计算的水平上,没有形成以数位概念为基础的位值理解。由此可见,大部分学生即使不教也会计算,但会算不一定能理解。

如果不能做到真正意义上的"领悟",那么难以举一反三。如果三位数乘两位数算法这么容易掌握,那么这节课我们要教什么呢?首先,基本的目标定位于"会学",而不只是"学会"。具体地说,本课重在让学生在选择三位数乘一位数或

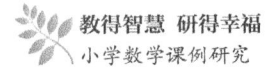

两位数乘两位数作为基础上,经历自主探索三位数乘两位数笔算方法的过程;能在竖式中合理地解释三位数乘两位数与两位数乘两位数和三位数乘一位数的联系与区别,能准确地确定部分积的位值;在挑战性的学习任务中享受探索知识的乐趣和学习成功的快感,培养自主学习的意识与能力,在学会知识的同时积累学习经验和方法。

学习不是单靠教师"讲明白"的,真正意义上的学习是"学生想明白"的,是一个从不知到知、从模棱两可到澄清认识的过程。本教学设计为学生设置了一系列的思维障碍,有意识地创造"差错",让学生在能引起认知冲突的问题情境中学、悟,从"自悟"到"领悟"甚至是"顿悟"。如在列出算式 145×12 后,以一个错误答案作为思维的"导火线",非常精妙且恰到好处地激发了学生的深入思考,利用多种方法判断为什么说"1278"这个结果是不正确的。这一过程培养了学生的质疑精神、估算意识以及良好的学习习惯,给学生提供了经验积累、思维训练及智力挑战的机会,让学生体会到解决一个又一个问题时的兴奋与震撼,以及对疑难问题产生新的理解时的欣然与顿悟。

案例 4　乘法分配律

（人教版小学数学四年级下册第26页）

深研

一、内容解读

（一）数学知识精解

加减乘除运算定律是指在运算过程中被事实所证明的四则运算变化发展的基本规律。加法运算定律有加法交换律、加法结合律，乘法运算定律有乘法交换律、乘法结合律、乘法分配律，俗称"五大定律"。

通过观察生产和生活中的数学现象，人们很早就发现了自然数或正整数运算中的这些基本规律，并进一步对这些规律进行再度抽象——用符号表示。随着代数理论的发展，人们还进一步运用演绎推理的方法对这些规律进行严格的推导证明，使之成为代数体系中的重要公式。

在运算定律的教学中，要小学生理解定律的推导证明方法和过程显然是不可能的。一方面，我们可以通过创设情境，运用画图解释、举例解释等教学方法，让学生结合具体情境体会这些运算定律的合理性；另一方面，也可以指导学生运用合情推理的方法，对数学现象进行归纳，经历提炼定律内容的思考过程，鼓励学生自主发现这些在运算中普遍存在的变化规律。

在乘法的三种运算定律中，乘法分配律无论从表达形式还是从内涵理解上，较其他两种运算定律都更加困难。教学中，尤其应该注重指导学生结合具体情境说明算式中各部分的含义，这对于帮助学生理解乘法和加法运算的意义、沟通四则运算的内在联系等都有特殊的作用。

（二）教学内容呈现

1. 知识结构

"乘法分配律"在"数的运算"知识链中相关知识的前后联系如下图所示：

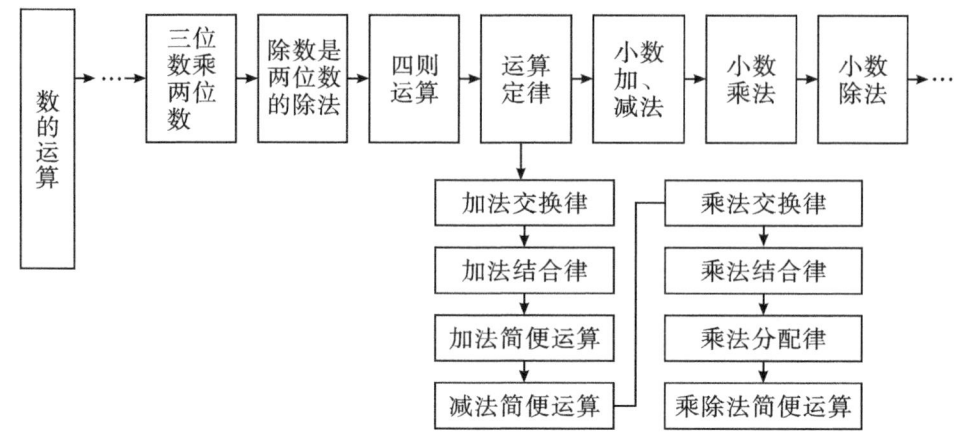

2. 教材编排

人教版四年级下册第三单元"运算定律"采用集中编排、突出整体的思路，集中、系统地教学五种运算定律和"连减的性质""除法的性质"等内容。"乘法分配律"是教材第 7 道例题，在此内容之前，学生对"等式及其变化""运算定律""用字母表示运算定律""运算定律的简单应用"等知识有了广泛的接触，有效分散了此内容的教学难点。教材按以下 4 个层次编排教学内容。

（1）创设实际问题情境，引导学生依据不同思路列出相应的算式，通过比较计算结果，初步发现两种算式间的关系。

（2）用直观的箭头示意符号指导学生观察算式的变形过程，根据算式的意义，从形式和内涵上分析具体的等式。

（3）概括乘法分配律的一般意义，提炼定律内容，并要求学生补充完整乘法分配律的两种字母表达形式。

（4）"做一做"安排的两道习题，第 1 题是判断正误，从形式上强化学生对乘法分配律的掌握。第 2 题结合已经学过的"两位数乘两位数笔算"，进一步从运算意义的层面深化学生对乘法分配律的理解。

二、目标设定

（一）核心素养讨论

1. 运算能力与数感的主要表现

学习运算定律的知识，是对四则运算性质和规律的探索，也是对四则运算法则的应用，更是对四则运算意义的深化理解。通过本节内容的学习，学生的运算能力将得到重要的发展。同时，由于学生是在具体情境中进行学习的，所以需要对不同算式、计算过程中的各个步骤的具体含义进行综合和分析，使学生再次经历理解对数的意义和数量关系的抽象过程。

2. 推理意识的主要表现

与学习本节其他内容的推理方法大致同类，学生主要运用不完全归纳的方法推导乘法分配律。通过对具体问题情境中的数与运算进行分析，基于两种不同算式的合理性和结果的同一性而推导出等式的合理性；通过举出更多的等式例子，基于多种同类等式的共同特征而概括出乘法分配律的基本内涵。

3. 模型意识的主要表现

运算定律反映的是四则运算最基础的性质和运算的规律，形成的定律内涵无论用语言描述还是用含有字母的等式表达，都是具有普适性的数学模型。学习本内容，学生将再次经历数学模型的构建过程，充分体验模型的意义和价值。

4. 符号意识的主要表现

运算定律的基本内涵可以用语言进行描述，也可以用由符号、字母组成的等式来表达，语言和符号之间的意义沟通有利于进一步发展学生的符号意识。

5. 几何直观的主要表现

为了使学生更充分地理解乘法分配律，教学中可以采用画图解释的方法，运用直观手段增强教学效果。根据同等数量图形的不同排列方式，使学生更容易理解等式左右两部分的含义，从而实现对乘法分配律内涵的理解。

（二）学情分析

1. 学生认知特征分析

小学四年级学生的认知处于具体运算阶段，思维方式依然以形象思维为主，概括并表述数学模型，需要以他们可以理解并认同的生活事实或数学现象（有时候还需要利用几何图形的直观）进行辅助。因此，乘法分配律的教学要注重创设和利用生活情境，在解决实际问题的过程中，把抽象的数学规律与具体的生活经验相结合，把简洁的字母等式与直观的图形相结合，在多样化的意义表征和充分的示例中进行不完全归纳。

2. 学生生活经验分析

在学生的生活经验中，针对同一项任务，选择不同的思路和方法都能解决问题，这样的例子是很丰富的。教材设计了"一共有多少名同学参加这次植树活动"的问题，可以先分别计算每个小组的人数，也可以先分别计算承担两种任务的人数。学生凭借生活经验较容易理解这两种思路，从而为推导出具有乘法分配律形式特征的等式奠定了认知基础。教学中，还可以预设或鼓励学生举出更多的生活实例，这既充分利用了学生的生活经验，也进一步密切了数学与生活的联系。

3．学生已有知识基础分析

三位数乘一位数、两位数乘两位数等乘法笔算，算理核心就是乘法分配律。在学习这些内容时，学生对计算过程的算理进行理解，事实上形成了乘法分配律的初步感悟。此外，学生在二、三年级阶段解决了一些乘加、乘减的实际问题，其中也有一些具备乘法分配律的模型特点。在本节内容前，学生已经学习了其他四种运算定律，对运算定律的意义、运算定律的内涵描述方式和字母表达形式，以及运算定律的发现、提炼、概括过程等都有充分的体验，为本节学习乘法分配律奠定了知识、技能和学法基础。

（三）目标设定

1．教学目标及重、难点

（1）在具体情境中发现并理解乘法分配律，能用字母表示乘法分配律；初步体会应用乘法分配律可以使一些计算简便，会用乘法分配律进行一些简便运算。

（2）经历发现问题、提出问题、分析问题、解决问题的全过程，体会解决问题方法的多样性，培养解决问题的能力。借助几何直观、归纳推理、抽象概括渗透符号意识与模型意识。

（3）在学习活动中能提出自己的想法，在与他人交流的过程中敢于质疑和反思，体会数学学习的成功与奥秘。

教学重点：在解决问题的过程中发现并理解乘法分配律。

教学难点：在理解乘法分配基本内涵的基础上，在多样化的情境中进行灵活应用，并能正确辨析乘法分配律与其他运算定律。

2．目标达成的行为表现

（1）"具体情境中发现并理解乘法分配律，能用字母表示乘法分配律"行为表现：能结合情境解释算式每一步的含义，解释为什么结果会相同，能自主地运用符号表示乘法分配律。

（2）"初步体会应用乘法分配律可以使一些计算简便，会用乘法分配律进行一些简便运算"行为表现：在巩固练习中知道选择哪一种算式可以更快地运算，能初步转换乘法分配律的基本形式进行简便运算。

（3）"体会解决问题方法的多样性"行为表现：解决问题过程中学生能用不同的思路解决例题，并在对比中发现异同。

三、评价设计

1．基础性评价设计

教材第 26 页"做一做"第 1 题：下面哪些算式是正确的？正确的画"√"，错误的画"×"。

$56 \times (19 + 28) = 56 \times 19 + 28$　　（　　）
$32 \times (7 \times 3) = 32 \times 7 + 32 \times 3$　　（　　）
$64 \times 64 + 36 \times 64 = (64 + 36) \times 64$　　（　　）

考查学生对乘法分配律基本内涵的理解和掌握。要引导学生辨析乘法分配律与其他运算定律，体验乘法分配律基本形式的灵活变化。

2．重点内容评价设计

聪聪在学习乘法分配律时也写了几组等式，不小心被墨水弄脏了。猜一猜他写的等式原来是怎样的？

$(13+17) \times ■ = 13 \times 5 + 17 \times 5$
$8 \times (125 + ■) = 8 \times 125 + 8 \times 7$
$48 \times 6 + 52 \times 6 = (48 + ■) \times ■$

考查能力：乘法分配律变式题型，检验学生对乘法分配律基本形式及其多种转换形式的掌握情况。

3．难点内容评价设计

聪聪和明明要参加口算抢答比赛，你认为谁可能算得更快些？为什么？

第一轮：聪聪：$(13+17) \times 5$　　明明：$13 \times 5 + 17 \times 5$
第二轮：聪聪：$8 \times (125 + 7)$　　明明：$8 \times 125 + 8 \times 7$

考查能力：运用乘法分配律进行简便计算的能力。

四、教学思路

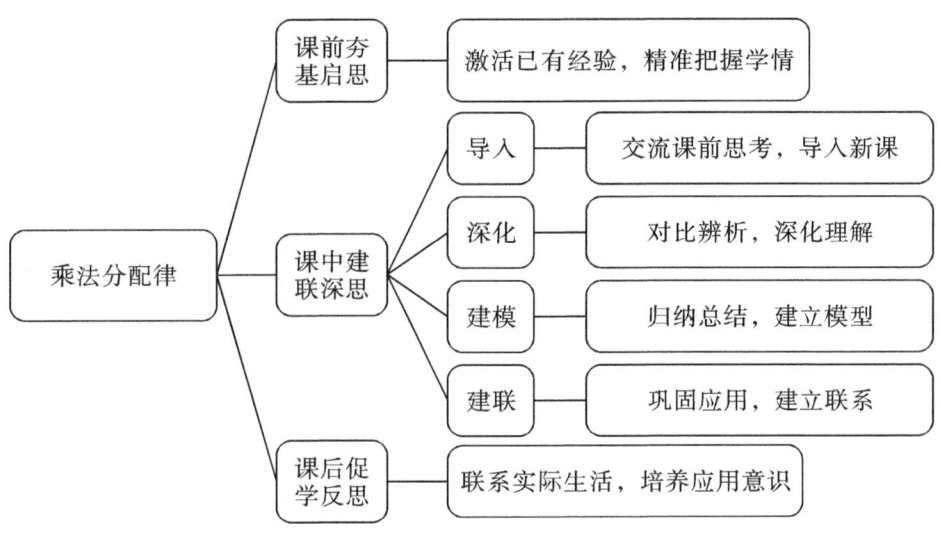

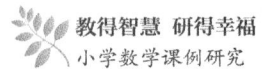

实践

"乘法分配律"教学实录

【课前夯基启思】

激活已有经验,精准把握学情

1. 复习旧知

(1) 说说下面运用了什么运算律?你是怎样判断的?

78 + 34 + 66 = 78 + (34 + 66) 运用了(　　　　　　　　)

125 × 13 × 8 = 125 × 8 × 13 运用了(　　　　　　　　)

(2) 用运算律进行简便运算时要注意什么?

2. 自主尝试

你能用不同的方法解决下面这个问题吗?看看能发现什么规律?(利用教材提供的主题图,创设学习新知识的问题情境)

设计意图:第一题旨在了解学生对前面所学运算律的理解与掌握情况;第二题,对于"一共有多少人参与植树活动"这样的问题,学生在过去有丰富的解题经验,将它作为课前思考内容,主要是了解学生对两种不同方法之间存在的规律性知识的已有思考情况,了解学生将已有运算律迁移到新的问题情境的原生态思考情况。

【课中建联深思】

环节一　导入——交流课前思考,导入新课

师:课前同学们完成了一份自主学习单,一起看看大家是怎样思考的。

师:说说下面运用了什么运算律?你是怎样判断的?

78 + 34 + 66 = 78 + (34 + 66) 运用了(　　　　　　　　)

125 × 13 × 8 = 125 × 8 × 13 运用了(　　　　　　　　)

请同学说一说分别运用了什么运算律,是怎样判断的。

师:用运算律进行简便运算时要注意什么?

生:要观察算式有怎样的特点,符合哪个运算律。

生:不符合运算律的算式不能随意改变运算顺序。

生:简便计算时首先要保证改变运算顺序后的计算结果不变。

设计意图:通过已有运算律的运用与思考,复习已有知识以及理解运算律的价值和使用条件,为新知学习做好准备。

环节二　深化——对比辨析,深化理解

出示主题图与问题:一共有多少人参与植树活动?

师：课前大家已经尝试解决，现在请大家在小组内交流自己的想法，然后再汇报。

生：(4+2)×5=6×5=30（人）

师：你是怎么想的？

生：我是先算出来一组里面有多少人，再算出5组一共多少人。

师：可以吗？还有什么想法？

生：4×5+2×5=20+10=30（人）

师：你又是怎么想的？

生：我是先算出来挖坑、种树一共多少人，再算出抬水、浇树的一共多少人，最后把它们加起来就可以了。

师：可以吗？比一比两种方法，有什么相同和不同的地方，你有什么发现吗？

（学生小组内交流后进行汇报）

生：我发现它们的结果是相同的。

生：算式不一样，思路也不太一样，一个是先求一组多少人，再求5组；一个是先分别求，再合起来，但是都是对的。

师：你们有什么疑问吗？

生：为什么算式不一样，结果却能一样呢？

生：因为要解决的问题相同。

生：我觉得两个算式的意思都是一样的，(4+2)×5中的4+2=6，然后6×5就表示6个5，4×5+2×5就是4个5加2个5，也表示6个5，所以都是表示6个5，所以意思和结果都是一样的。（掌声）

师：解释得真清楚！谁能结合下面的图跟大家解释一下？

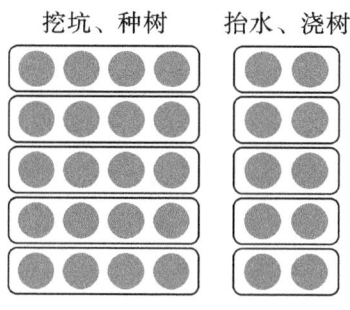
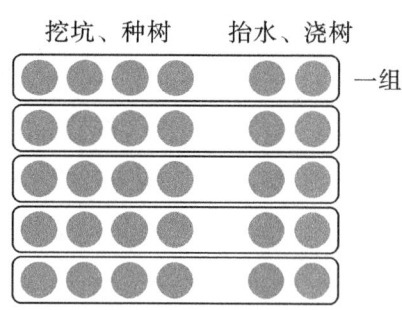

生：（如左上图）左边表示5组挖坑、种树的人数，右边表示5组抬水、浇树的人数，合起来就是总人数，用算式表示就是4×5+2×5。

生：（如右上图）一组有4个人挖坑、种树，2个人抬水、种树，表示一组有6人，一共有5组，所以算式就是(4+2)×5。

设计意图：由于课前学生已经有过解决乘法分配律这类问题的经验，学生基本都能解决这个问题，并且通过对比都能发现算式不同但结果相同。但是，许多学生并不理解为什么"算式不同，结果相同"因此引导学生进行对比，自主提出问题，结合情境、乘法的意义、点子图进行理解，沟通两者之间的联系。

环节三 建模——归纳总结，建立模型

师：看来我们可以用一个数学符号连起来——

生：等号。

师：$(4+2)×5=4×5+2×5$，不一样的算式但结果相同，你们有疑问吗？

生：其他这样的算式是不是也是相等的？

师：请大家举个例子，算一算，看看是不是还有这样的算式，并在小组内交流交流。

生：$(1+2)×3=1×3+2×3$

生：$10×(7+8)=7×10+8×10$

……

师：（追问）像这样的算式，如果让你们继续写下去，还能写吗？写到今天下课能写完吗？写到明天的数学课上呢？

师：能写出多少啊？

生：写不完的。

师：这一类算式有没有共同的规律？

生：两个数加起来乘一个数就可以先分别乘这个数再相加，结果是一样的。

师：这就是乘法分配律。我们一起来看看数学书上是怎么说的：两个数的和与一个数相乘，可以先把它们与这个数相乘，再相加，这叫作乘法分配律。

师：你能用你自己的文字语言简洁地表示出乘法分配律吗？（学生独立完成，同桌同学互相交流）

师：我们一起来看一看同学们写的。

生：（爸爸+妈妈）×我=爸爸×我+妈妈×我

师：我一看就懂了，爸爸和妈妈合在一起爱我，也就是：爸爸爱我，妈妈也爱我，他们一起爱我。（指着例题的算式）这个"爸爸"可以代表这个4吗？"妈妈"可以代表这个2吗？"我"可以代表这个5吗？

生：可以。

师：还有其他的表示方式吗？

生：（○+★）×■=○×■+★×■

生：$A×(B+C)=A×B+A×C$

生：$(A+B)×C=A×C+B×C$

引导学生分别说出和例题中数据的对应关系，再次感受每组算式的特征。

师：就像乘法交换律和乘法结合律一样，乘法分配律也可以用字母表示，这

样既简洁又易懂。比一比，你觉得哪一个最难？

生： 乘法分配律。

师： 为什么？

生： 乘法交换律和结合律都只有乘法，乘法分配律里面不仅有乘法，还有加法。

生： 前面两种运算定律的数是没变的，原来有几个数，变化后还有几个数，乘法分配律原来有3个数，变化后变成了4个数。

生： 学习乘法交换律和结合律之前学过加法交换律和结合律，可以直接迁移过来，但是我们没学过加法分配律，不能直接迁移过来。

师： 大家都有共同的认识，确实乘法分配律要难一点，但难一点的知识往往也是更有用的，我们今后再慢慢体会。

设计意图：由一个问题得到的两个算式当然是相等的，许多学生心中依然有疑惑"是不是其他的也相等"。因此让学生自主举例并进行计算，举出充足的示例，在充分示例中进行归纳总结，先用自己的文字语言来描述，再用符号来描述，通过多元表征建立乘法分配律的模型。紧接着，对比三种乘法运算定律，在对比中学生会挖掘乘法分配律与其他两种的不同之处，避免混淆（尤其是乘法结合律），为今后的应用奠定基础。

环节四 建联——巩固应用，建立联系

1. 建立联系

师： 同学们，你们过去见过乘法分配律吗？

生：（摇头）没有。

（师用课件出示 34×12 的竖式计算过程）

$$\begin{array}{r} 3\ 4 \\ \times\ 1\ 2 \\ \hline 6\ 8 \\ 3\ 4 \\ \hline 4\ 0\ 8 \end{array} \begin{array}{l} \rightarrow 2个34 \\ \rightarrow 10个34 \\ \rightarrow 12个34 \end{array}$$

师： 真的没有吗？看看，这里有乘法分配律吗？

生： 我找到了！34×12 在这里拆成了 $34 \times 2 + 34 \times 10$。

师： 这可是我们过去学过的了。再看一个例子：同学们，下面图形的面积你会计算吗？试一试，用不同的方法算一算。

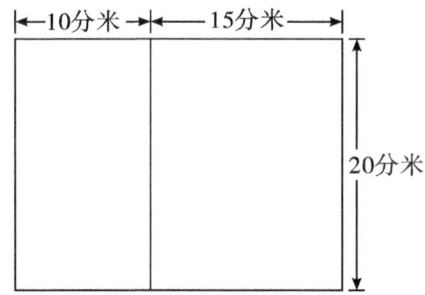

生： $10 \times 20 + 15 \times 20$

　　$= 200 + 300$

　　$= 500$（平方分米）

生： $(10 + 15) \times 20$

　　$= 25 \times 20$

　　$= 500$（平方分米）

师： 这里有乘法分配律吗？

生： 有。（上台边指边说）$(10+15) \times 20$ 是这个大长方形的面积；10×20 是左边长方形的面积，15×20 是右边长方形的面积，$10 \times 20 + 15 \times 20$ 就是总面积。$(10+15) \times 20 = 10 \times 20 + 15 \times 20$，这就是乘法分配律。

师： 看来"乘法分配律"早就已经跟我们见过面了，只是当时还没告诉大家它叫"乘法分配律"。

设计意图：通过与过往所学的知识建立联系，深化对乘法分配律的理解。这两类问题学生已经接触过，一方面是为了激活已有的关于乘法分配律的学习经验，另一方面提供了一种几何直观助力学生思考。

2．巩固应用

（1）下面哪些算式是正确的？正确的画"√"，错误的画"×"。

$56 \times (19 + 28) = 56 \times 19 + 28$（　　　）

$32 \times (7 \times 3) = 32 \times 7 + 32 \times 3$（　　　）

$64 \times 64 + 36 \times 64 = (64 + 36) \times 64$（　　　）

（2）聪聪在学习乘法分配律时也写了几组等式，可是不小心被墨水弄脏了，猜一猜他写的等式原来是怎样的？

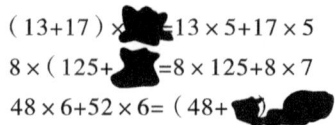

$(13+17) \times $ ▆ $= 13 \times 5 + 17 \times 5$

$8 \times (125+$ ▆ $) = 8 \times 125 + 8 \times 7$

$48 \times 6 + 52 \times 6 = (48+$ ▆ $) \times $ ▆

（3）聪聪和明明要参加口算抢答比赛，聪明的你知道谁算得快吗？为什么？

第一轮：聪聪：$(13+17)\times5$　　明明：$13\times5+17\times5$

第二轮：聪聪：$8\times(125+7)$　　明明：$8\times125+8\times7$

设计意图：通过乘法分配律的基础练习和变式练习，促进学生对乘法分配律的迁移应用，使其在自主思考中理解乘法分配律可以帮助计算更加简便，体会乘法分配律的作用。

3．全课总结

师：学完这节课，你感受最深刻的是什么？"乘法分配律"还能解决什么问题呢？让我们带着疑问，带着期待，到生活中去找一找，看看在哪儿能见到它的影子，好吗？

【课后促学反思】

联系实际生活，培养应用意识

（1）在生活中找一找，哪些情况能用到乘法分配律，编一道关于乘法分配律的问题在小组里面分享，看看谁出的问题更好。

（2）今天学习的乘法分配律是两个数的和与一个数相乘，等于两个加数分别与这个数相乘，再相加。如果括号里是三个或更多个数相加的和，乘法分配律还适用吗？如果括号里的加法换成减法呢？说说你的想法。

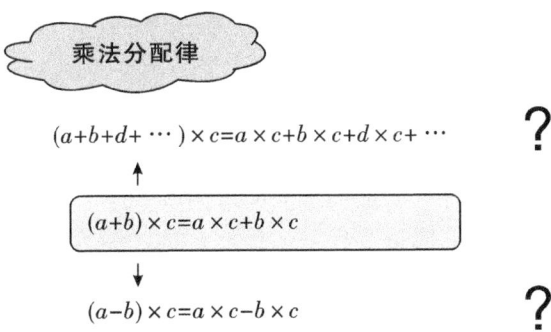

设计意图：本节课的重难点在于让学生初步感受抽象的数学思考与问题解决的一般思路，因此由教师带领着学生回顾学习过程，总结解决问题的两个"法宝"——思考导航图和乘法分配律数学模型，并再次说明它们的运用方法，帮助学生初步形成解决问题的通法，为学生后续的数学学习打好基础，努力实现数学课程独有的育人价值——培养人的理性思维。

> **反思**

多元表征　建立模型

比较各版本教材，例题情境图都贴近生活实际，隐含模型特征，试图引领学生在解决问题的过程中，通过分析数量关系，认识到"乘法的意义"是乘法分配律的核心本质，认识乘法分配律并建立其数学模型。我们跳出"仅关注得数相等结论"的局限，关注"数""形""数量关系""生活实际"的紧密结合，在课堂教学中充分引导学生经历计算结果、情境表征、几何表征、文字表征、符号表征和意义表征的多元表征过程，从几何直观角度为学生从本质上理解乘法分配律提供清晰形象的模型支撑。

但值得令人深思的是：为何乘法分配律这么难呢？

（1）难在难以迁移。学生在学习本节课之前已经接触过蕴含乘法分配律的问题，例如部分解决问题、求周长和面积以及笔算乘法，并且也已经积累了研究运算定律的活动经验，知道需要在大量示例的基础上才能归纳总结出运算定律。乘法分配律的问题是很隐晦的、不集中的，学生对此是没有什么体会的。乘法的交换律与结合律很容易在加法交换律和加法结合律的基础上迁移理解、掌握应用，但在学习乘法分配律时，学生没有可以迁移和类比的对象。

（2）难在归纳总结。尽管教师教学时已经提供了相当的素材，从不同的角度加以解析，但学生在提炼什么是乘法分配律时，总是不尽如人意，即便是揭示了定律后再次复述，学生的语言表达仍然不够规范和熟练，充满了不理解。将乘法分配律和乘法结合律做一对比，可以看出：乘法结合律的文字表述"先乘前两个数，或者先乘后两个数，积不变"与公式 $(a \times b) \times c = a \times (b \times c)$ 一脉相承，直观而形象，学生几乎看着公式就能描述出定律；反观乘法分配律，"两个数的和同一个数相乘，可以先把它们与这个数分别相乘，再相加"这一表述与公式 $(a+b) \times c = a \times c + b \times c$ 相比，明显要复杂得多，学生很难准确说出"分别相乘""再相加"等关键性词语，因此造成了"难归纳"。也因此可以得出一个结论，其他的运算定律的文字表述和字母表述是高度对应的，而乘法分配律的文字表述与字母表述对应不明显。

（3）难在复杂多样。复杂多样体现在三个方面。第一，符号复杂。乘法交换律、结合律只包含同一种运算符号（乘号），无论怎么变，符号不变；而乘法分配律包含乘号和加号，且等式两边的符号并不完全一致。第二，形式复杂。观察乘法结合律公式 $(a \times b) \times c = a \times (b \times c)$，等号两边数字完全相同、符号完全相同，只是利用小括号的移动改变了运算顺序，形式非常简单固定。再看乘法分配律公式 $(a+b) \times c = a \times c + b \times c$，等式两边差别很大：左边有 3 个数字，右边却有 4 个数字；左边有一个加号、一个乘号、一对小括号，右边有两个乘号、一个加号，没有小括号。第三，应用复杂。交换律、结合律的应用模式比较固定，而乘法分配律不仅有基本应用，还有各种变式应用，极少数学生在小学毕业时还无法掌握乘法分配律的基本形式，相当一部分还没有掌握乘法分配律的变式，并且进行"递等式计算"时容易掉进用乘法分配律的陷阱之中。

那么，又该如何才能突破以上的难点呢？作为一节"种子课"，我们往往只重视乘法分配律的概括和归纳，只注意了乘法分配律的"形"，提炼出"形"之后便急着让学生去用，用的过程中自然会出现大量问题，并且由于学生不理解，往往难以补救。要想在效果上做到形神兼备，就要在过程中要做到多元表征。多元表征有利于学生自主建构乘法分配律的意义，加深学生对乘法分配律本质内涵和表达形式的理解。

①情境表征。情境表征是构建乘法分配律模型的基础。小学阶段的数学模型是在生活中抽象出来的，乘法分配律也是如此。经历解决问题的全过程，算式与结果的每一步都具有实际意义，这样的学习足够直观，学生才能理解得更深刻。例如，当算式和结果在实际情境中没有意义的时候，学生自己就会对错误模型的建立进行否定，不需要教师加以引导和解析。本节课依托教材中创设情境，学生在汇报过程中注重解释每一步的实际意义，为后续模型的建立奠定了基础。

②几何表征。几何表征是构建乘法分配律模型的关键。乘法分配律是有几何直观的，最经典的便是长方形面积（两个小长方形合并成一个大长方形）。教材中并没有要求学生运用几何直观理解乘法分配律，但是一来用简单的处理方式学生确实理解不到位，二来诸多名师教学本节课时都会采用几何直观，因此本节课也采用结合直观帮助学生理解。分成了两个层次：一是在课前夯基启思时让学生充分思考长方形面积的问题，采用多种方法（其中蕴含乘法分配律）解决问题，并且作为素材在课堂教学时使用，建立今天所学的乘法分配律与过往知识的联系；二是在教学例题时请学生结合"点子图"解释算法，沟通两种算法之间的联系，感悟乘法分配律。

③意义表征。意义表征是构建乘法分配律模型的核心。意义表征是核心，更是重点。学生在已经能够结合情境表征和几何表征理解后，对于两种算法的解析还不够。要让学生自发地或者在引导下结合"乘法的意义"进行解释，这是乘法分配律的核心，是内在的逻辑关系，是乘法分配律能够成立的依据。

④文字表征。文字表征是构建乘法分配律模型的难点。学生对于情境表征、几何表征、符号表征都能顺利掌握，但是让学生说一说发现了什么规律依然很难，揭示后学生也很难记住，前文已经加以分析。因此，在前文的情境表征、几何表征与意义表征中要学生充分体会乘法分配律的特征，他们才能大致说出来。教师要紧扣"分别"的关键词，并和前面的几种表征建立联系，只有建立在理解基础

上的文字表征才有意义；同样的，文字表征也让一个概念可以真正地形成。

⑤符号表征。符号表征是构建乘法分配律模型的升华。有了之前运算定律的学习，符号表征不是本节课的重、难点，但是学生能自主进行符号表征，则说明学生已有了足够的理解。在符号表征的过程中还得让学生不断地将符号与各种表征对应起来，形成多元表征之间的对应关系，建立良好的结构。这是构建乘法分配律模型的最后一步。

乘法分配律是难，但值得。正如课上我对学生所说的："大家都有共同的认识，确实乘法分配律要难一点点，但难一点的知识往往也是更有用的，我们今后慢慢体会。"学生可能无法立刻体会到，但教师要重视。多元表征下的乘法分配律课堂教学，值得老师们探究，值得学生们拥有。

案例 5　归一问题

（人教版小学数学三年级上册第 71 页）

深研

一、内容解读

（一）数学知识精解

解决实际问题是小学数学教材编写者呈现数学知识的一种形式。从现实生活中选择具有典型意义的情境，人为设置情境中的数量及数量关系、图形及图形关系等数学信息，以简约表述的形式组合条件信息和目标信息，构成一个模拟现实的问题情境。在解决实际问题的过程中，学生经历理解信息（包括理解条件信息和目标信息）、分析思考（包括分析、综合、推理、判断等思维活动）、操作求解（包括操作、画图、列表、列式、计算等操作活动）等解决问题的过程，在求得问题结果的同时，获得新的知识和经验。

数学实际问题是对既有数学模型的"反向设计"。归一问题中的各种数量及其关系构成一类数学模型，问题设计者基于这种模型，创设模拟现实的情境，明确了条件信息和目标信息，隐藏了关系信息和运算信息，目的是让学生经历解决问题的过程，使其数学抽象能力、推理能力得到发展。

解决实际问题是学生对数学模型的"重新发现"。在归一问题的学习中，学生先要理解具体情境中已知条件和问题的含义，进而探索条件与条件、条件与问题之间的关系，并将这些关系与某种运算形式建立联系，从而确定正确的解题思路和计算方式。更为重要的是，在求得问题的答案之后，学生还需要通过总结和归纳进一步提炼出相关的数量概念和数量关系，用精练的数量关系式进行表达，从而完成一类数学模型的构建。

（二）教学内容呈现

1. 知识结构

归一问题在"数的运算"知识链中相关知识的前后联系如下图所示：

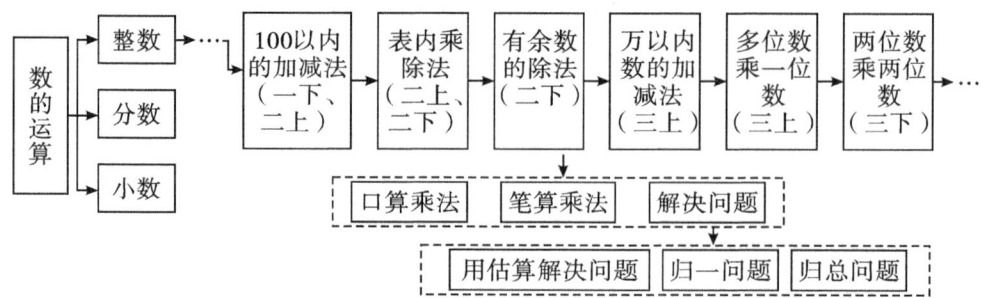

2. 教材编排

人教版小学数学教材把解决实际问题作为一种特定的数学活动，从一年级开始，有计划地在每学期进行适当安排，并对解决实际问题的过程和步骤提出了明确的教学要求。总体上分为三个步骤：一、二年级教材一般表述为"知道了什么""怎样解答""解答正确吗"；三年级以上一般表述为"阅读与理解""分析与解答""回顾与反思"。

三年级上册第六单元"多位数乘一位数"连续编排了 3 道解决实际问题的例题，分别涉及用估算解决实际问题、归一问题、归总问题等数学知识和方法。本课例按以下层次编排内容：

（1）呈现数学实际问题。选择学生较为熟悉的购物生活场景创设问题情境，研究单价、数量、总价之间的数量关系。

（2）阅读与理解。借助画示意图的方法直观呈现实际问题中包含的数学信息，体现数形结合分析数量关系的方法。

（3）分析与解答。以问答形式提示学生分析数量关系，确定解决思路和步骤。例题采用了分析法解题思路，即从问题入手，反向寻找解决问题需要的各种条件，从而快速确定"先算什么""再算什么"。根据此思路，列出分步算式和综合算式，并计算得出答案。

（4）回顾与反思。呈现一种检验方法：通过逆推，将计算结果带回到原情境中，检验计算结果是否与条件相符。

（5）"想一想"。基于原问题情境，提出一个新的问题"30 元可以买几个同样的碗"，一般称之为反归一问题。体现了同一数学模型的灵活应用，强化了学生对解决此类问题关键点的体验。

（6）"做一做"。将归一问题的现实情境进行转换，综合设计正归一和反归一数学问题，体现数学模型的广泛应用，巩固学生对数量关系的理解和解题方法的掌握。

二、目标设定

（一）核心素养讨论

1. 模型意识的主要表现

初步感悟数学模型的普适性。通过"例8""想一想""做一做"以及后续练习，学生对归一问题的情境、信息、结构等有了充分的了解，对明确单位数量、确定解题思路、选择计算方法、列出综合算式等数学活动有了充分的体验，初步认识到数学模型的特征和意义，形成应用数学模型解决实际问题的基本技能。

2. 推理意识的主要表现

在分析理解图（题）意的基础上，经历推理解决问题的过程。解决多步计算求解的实际问题，思考方法一般有两种：综合法和分析法。综合法"由因索果"，即由已知条件入手，分析条件与条件可否组合，组合后能产生什么新的条件，新的条件是否逐渐逼近问题。分析法"由果索因"，由问题入手，思考解决问题需要哪些条件，这些条件是否都已知，进而把其中的未知条件设定为新的"中间问题"，明确要"先算什么"。本课例提示从需要解决的中间问题入手，引导学生尝试运用分析法。

3. 几何直观的主要表现

以形辅数，数形结合。利用直观的示意图表述题意，分析现实情境中的数量和数量关系。示意图中的"括线"表示要求"多少元"等元素，是学生从低年级起就反复应用过的几何直观符号，具有半抽象的特点。示意图突出了"单位数量"的形象，有利于学生抓住关键，确定正确的解题思路。

（二）学情分析

1. 学生认知特征分析

三年级学生的认知处于前运算阶段，对于较抽象的数量和较复杂的数量关系，学生需要借助直观表象和生活经验进行数学思考。教学中，要选择学生熟悉的生活素材和情境，帮助学生建立表象、唤醒经验。数学模型中包含的概念和数量关系对于三年级学生来说仍显抽象，总结提炼数学模型时应把握分寸，不可操之过急。

2. 学生生活经验分析

学生在生活中有丰富的乘除法解决问题的经验，初步感知了"单价、数量、总价""每份数、份数、总数"之间的关系。在解题思路上，学生根据以往的经验，大多采用从条件入手分析数量关系的"综合法"，缺乏从问题入手分析数量关系的"分析法"解决问题的经验。

3. 学生已有知识基础分析

学生从一年级就开始尝试用画示意图的方法分析题意，二年级已接触需要两步计算解决的实际问题，对画示意图和两步计算解决问题均不陌生，本课例的教学进一步巩固了这些知识技能和数学活动方法。教材二年级下册学生已经学习了四则混合运算，初步掌握了列综合算式解决两步计算的实际问题。本例题的教学中，应鼓励学生自主列出综合算式，并组织学生对综合算式的结构和计算顺序进行讨论，初步感悟综合算式"想算统一，整体综合"的特点，帮助学生积累解决实际问题的经验。

（三）目标设定

1. 教学目标及重、难点

（1）应用乘除法的运算意义分析数量关系，学会用示意图表达题意、分析解决问题以及检查，会用两步计算解决归一问题。

（2）在解决实际问题过程中了解"分析法"解决问题的一般思路，提高分析问题、解决问题的能力，培养推理意识。初步建立归一问题的数学模型，培养模型意识。

（3）感受数学与生活的密切联系，培养数学应用意识；积极参与数学学习活动，体验数学学习中的成功。

教学重点：用乘除法运算意义分析数量关系，学会用示意图表达题意、分析解决问题以及检查，会用两步乘除计算解决归一问题。在解决实际问题过程中了解"分析法"解决问题的一般思路，提高分析问题、解决问题的能力，培养逻辑推理核心素养。

教学难点：在解决实际问题的过程中了解"分析法"解决问题的一般思路，提高分析问题、解决问题的能力，培养逻辑推理核心素养。在变与不变中发现"归一问题"的核心，初步建立"归一问题"的数学模型，培养数学建模核心素养。

2. 目标达成的行为表现

（1）"用乘除法运算意义分析数量关系，学会用示意图表达题意、分析解决问题以及检查"行为表现：会画示意图分析数量关系，呈现实际问题中包含的数量信息，感受画示意图的简单明了；将计算结果带回原情境，借助示意图用逆推的方法检验。

（2）"会用两步乘除计算解决归一问题"行为表现：在解决实际问题过程中能运用"分析法"表达解决问题的思路；能用分步算式或综合算式两种方法列式解

决实际问题。

（3）"初步建立归一问题的数学模型"行为表现：掌握归一应用题的解答规律，能找出归一问题的相同点，并总结解决问题的第一步都是用除法求出单位数量。

三、评价设计

1．基础性评价设计

教材第 71 页"做一做"：小红读一本故事书，3 天读了 24 页。

（1）照这种速度，7 天可以读多少页？

（2）照这种速度，全书 64 页几天可以读完？

考查能力：归一问题基础题型，检验学生运用所学习知识解决正归一和反归一的实际问题的能力。

2．重点内容评价设计

教材第 74 页"练习十五"第 9 题：8 箱蜜蜂可以酿 48 千克蜂蜜。照这样计算，24 箱蜜蜂可以酿多少千克蜂蜜？（尝试运用两种方法解答）

答案：归一法　$48 \div 8 = 6$（千克）　　$6 \times 24 = 144$（千克）

　　　倍数关系　$24 \div 8 = 3$　　$48 \times 3 = 144$（千克）

考查能力：除"归一"外，学生可以发现 24 箱是 8 箱的 3 倍，那么所酿蜂蜜也应该是 48 千克的 3 倍，可以通过 48×3 来计算。本题考查学生灵活运用多种策略和思路解决实际问题的能力。

3．难点内容评价设计

班级家委会准备举行亲子郊游活动，第一组有 4 人，需要准备 8 个水果和 12 包饼干。照这样计算：

（1）第二组有 6 人，需要准备多少个水果和多少包饼干？

（2）第三组准备了 24 包饼干，你知道他们准备了多少个水果吗？

考查能力：题中含有较复杂的信息，但仍基于归一问题的基本数学模型。本题着重考查学生解决实际问题的综合能力。

四、教学思路

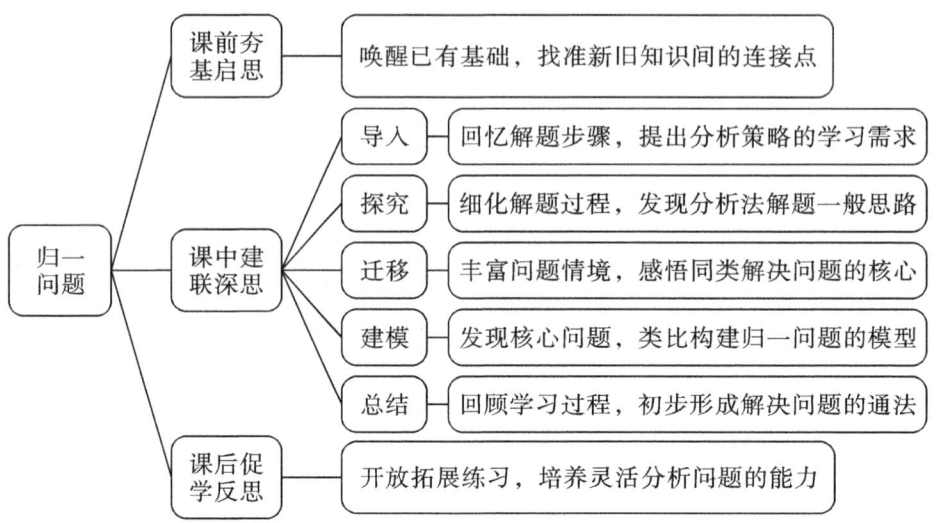

实践

"归一问题"教学实录

【课前夯基启思】

唤醒已有基础,找准新旧知识间的连接点

1. 巩固复习:书本上呈现的解决问题有哪几个步骤?你认为哪个最难?
2. 自主探究:妈妈买3个碗用了18元。如果买8个同样的碗,需要多少钱?

(1)画一画:画图表示题目中的数学信息和问题。

(2)算一算:列式计算并说一说每条算式的含义。

设计意图:第1题让学生通过翻书关注解决问题的三段式的表达,巩固解决问题的过程。第2题直接呈现问题,"画一画"唤起学生画图(直观图、条形图等)帮助分析问题的已有经验、帮助学生找到新旧知识的连接点;"算一算"了解学生解决新问题的原生态思考情况。

【课中建联深思】

环节一 导入——回忆解题步骤,提出分析策略的学习需求

1. 回忆解题步骤

师:这节课,我们要学什么?(板书:解决问题)

师:课前同学们查询了解决问题的步骤,那通常要经历哪几个步骤?

生：阅读与理解、分析与解答、回顾与反思。

师：那你在解决问题时，觉得哪个步骤比较难？

生：分析与解答比较难。

师：今天，老师将要和同学们一起发现解决问题的法宝。有了它，正确分析与解答问题就不再困难了。想知道这个法宝是什么吗？

2. 提出思考导航

师：这个法宝和导航有关。用过导航吗？导航有什么好处？

生：导航可以帮我们正确找到去目的地的路，不会走弯路和迷路。

师：是的，只要明确了目的地和我们的位置，导航能准确地帮我们找到最好路线。如果解决问题时也有这样的导航，告诉我们先算什么、再算什么，问题不就解决了？

师：今天的数学学习，我们不仅要学会解题，还要发现正确分析与解答的背后藏着一幅怎样的思考导航图。（板书：思考导航图）

设计意图：如何根据要解决的问题准确找到需要的条件，再根据题目中所给条件发现中间问题，从而理出解题思路，这是解决问题中"分析与解答"步骤的内容。在这一步骤中，如何从问题中推理出中间问题，是学生学习思考的难点，也是教师教学中常常一带而过的地方。将思考过程可视化是难点，因此在导入环节让学生正视解题的困难点，并以生活中的导航作为"思考导航"的理解基础，旨在化解难度。

环节二 探究——细化解题过程，发现分析法解题一般思路

[深化例题] 妈妈买 3 个碗用了 18 元。如果买 8 个同样的碗，需要多少钱？

师：课前同学们完成了一份自主学习单，一起看看大家是怎样思考的。

1. 阅读与理解——几何直观理解题意

师：从题目中，你知道了什么？

预设学生能完整说出题目中的已知信息（条件）与问题。

师：同学们课前都采用了画图的方式表达题意，我们一起来看看。这些图能表示题目中的数学信息和问题吗？

师：（展示学生所画的直观图与示意图，并进行对比）你认为哪种图更简洁呢？

预设学生选择示意图。

师：二年级的时候，对于复杂的图形，我们可以用什么代替？

生：圆形、三角形、线段等。

教师展示学生画的不同的示意图。引导学生点评：数学信息完整吗？问题清楚吗？数量之间的关系清楚吗？

重点强调"同样的碗",理清谁对应谁。

师:和文字题相比,画图有什么好处?(强调几何直观的作用)

生:直观、清楚表示出数量关系。

设计意图:学生从一年级开始画示意图理解题意,二年级时也学习了两步解决的实际问题的示意图画法,应该有较好的基础。因为本次上课是在"倍的认识"学习前进行,学生尚未接触线段图表示乘法关系,所以只要求画示意图,教学时主要强调如何表示"同样的碗",以及理解示意图的价值。

2. 分析与解答——尝试用分析法理清思路

(1) 引发冲突,突出从问题入手分析的优势。

师:理解了题意,接着是分析与解答,看看从哪里入手?

(展示学生算式:18÷3=6　6×8=48)

师:大部分同学都是这样列算式的,请同学分享一下为什么要先算18÷3。

生:因为题目中给出了条件"买3个碗用了18元",所以先想到计算18÷3。

(估计多数学生是这样想的)

师:那18÷3=6(元)求的是什么?

生:求1个碗多少钱。

师:一、二年级时,题目中给出的条件正好能解决相应的问题。三年级开始,问题开始变得复杂了,还能一上来就按条件列算式吗?

出示:妈妈买3个碗用了18元,买5个杯子用了20元。如果买8个同样的杯子,需要多少钱?

妈妈买3个碗用了18元,买5个杯子用了20元。
　　　　↓　　　　　　　　　↓
　　一个碗:18÷3=6(元)　一个杯子:20÷5=6(元)
如果买8个同样的(杯子),需要多少钱?

师:这道题也是先算18÷3吗?

生:不能。

师:为什么不能?

生:因为要求的是买8个杯子需要多少钱,和碗的价钱无关。

师:看来,当信息多的时候,从问题入手可以帮助我们排除多余的信息。(课件:要解决的问题)

(2) 转变思路,经历从问题入手分析的过程。

师:这道题要解决的问题是什么?(课件:需要多少钱?)

师:解决这个问题需要什么条件?也就是需要知道什么信息?(课件:需要的条件)

师：生活中，你买东西付钱时，售货员需要了解哪些信息才能算出你要付多少钱？

生：需要知道买了几个，一个多少钱。（课件：买几个碗，一个碗多少钱）

师：这两个条件，哪个是已经知道的？（课件：已知的条件）

生：买8个碗。

师：知道1个碗多少钱吗？

生：不知道。

师：那"1个碗多少钱"变成一个新的问题。求1个碗多少钱的条件都知道吗？

生：可以通过"3个碗18元"来求。（课件：3个碗 用了18元）

```
要解决的问题：    需要多少钱？
需要的条件：  买几个碗      1个碗多少钱
已知的条件：   买8个     买3个碗   用了18元
```

师：求出1个碗多少钱就可以解决买8个碗多少钱的问题了。

师：这下我们理清了思路，现在知道应该先算什么再算什么了吗？（课件：先算再算）

生：要先算"1个碗多少钱"，再算"买8个碗需要多少钱"。

（3）列式解答，理清每一步算式背后的含义。

师：现在你能说清楚刚刚的两条算式的含义吗？

邀请同学介绍每一步算式的含义：

先算"1个碗多少钱"　　　　　　18÷3＝6（元）

再算"买8个碗需要多少钱"　　　6×8＝48（元）

师：还有同学列出了综合算式，对吗？

（展示学生算式18÷3×8）引导学生检查列式是否正确，并检查运算顺序是否正确。

设计意图：这是本节课的重难点之一。通过对比题的分析，强调对于稍复杂的问题从问题入手比从条件入手解题更优。因为学生列式解决不存在问题，因此重点在于引导学生按"分析法"理出列式背后的一般分析思路，为后面绘制"思考导航图"作铺垫。本环节中利用信息技术手段，让学生直观体会题目中问题与所给条件之间的关系，突破重、难点。

3．回顾与反思——绘制思考导航图

借助示意图检查：8个碗48元，1个碗6元，3个碗18元，与题目所给的条件一致。

回顾分析与解答的过程。（板书）

师：我们来回顾分析与解答的过程：先了解"要解决的问题"，根据我们已有的经验，判断需要什么条件。如果条件未知，它就变成一个新的问题。解决了新问题，所有条件都知道了，就可以列式解答了。

右图是分析问题时的思考导航图，这幅图可以帮助我们理清思路，找到正确的解题方法。以后解决问题时，试试这个导航图。

设计意图：结合示意图检查解答是否正确，进一步强调示意图的价值。回顾解答过程，将前面解题思路中的关键步骤加上带箭头的线，完成思考导航图，让学生看见"分析法"的一般思路，简洁的思考流程便于学生后续的应用，帮助学生提高分析问题的能力。

［变式探索］18元可以买3个碗，30元可以买几个同样的碗？

1. 独立完成，学习稍复杂示意图的画法

师：你能画图表达题目的意思吗？

学生独立完成后，展示学生作品，课件指导：右图中如何表示未知的几个碗。

2. 小组合作，尝试按思考导航图理清解题思路。

课件出示：

分析
要解决的问题：
需要的条件：
已知的条件：

解答
先算：
再算：

师：你会按上面的步骤说出解题思路吗？请在小组内说一说。

（1）请一个同学汇报，老师操作课件完善分析与解答过程。

生：要解决的问题是"可以买几个碗"，那需要的条件是一共有多少钱，还要知道1个碗多少钱。一共有30元是已知的，1个碗多少钱可以通过"18元买3个碗"来求。所以先求1个碗多少钱，再求30元可以买几个同样的碗。

（2）请学生上来板演分步算式和综合算式。

分步算式：18÷3=6（元）　　30÷6=5（个），重点让学生说清算式的含义。

综合算式：30÷（18÷3），重点分析综合算式中为什么要加上小括号。

（3）引导学生按示意图检查：30元买5个同样的碗，一个碗6元，3个碗18元，与题目所给条件一致。

设计意图：如何表示"30元能买几个同样的碗"是本题画示意图的难点，教学时需要给予指导。对三年级学生来说，如何运用思考导航图梳理解题思路有一定困难，因此"分析与解答"步骤让学生先小组讨论再个别汇报以化解难度。

环节三　迁移——丰富问题情境，感悟同类解决问题的核心

"做一做"：小林读一本故事书，3天读了24页。

①照这样的速度，7天可以读多少页？②照这样的速度，全书有64页，几天能读完？

师：这里的"照这样的速度"是什么意思？

生：速度不变，按照3天读24页的速度。

师：要解决"7天可以读多少页"，需要先知道什么？要解决"64页几天读完"，需要先知道什么？

生：需要先知道1天读多少页。

学生列式解答。（展示学生算式，并邀请学生简单说明解题思路）

设计意图：巩固练习都是含有归一问题数量关系的实际问题，练习中换了不同的问题情境，一方面帮助学生巩固归一问题的解决方法，另一方面为抽象概括归一问题提供了更多的素材。

环节四　建模——发现核心问题，类比构建归一问题的模型

师：这节课我们解决了多个数学问题：

买8个碗需要多少钱，要先求什么？（1个）

30元可以买多少个碗，要先求什么？（1个）

7天读多少页，要先求什么？（1天）

64页几天读完，要先求什么？（1天）

……

师：这些问题有什么共同之处吗？

生：都要先求出1份是多少。

师：这类问题很特别，你能给它们起一个名字吗？这样以后遇到类似的问题，我们就能很快知道要先求什么。

师：数学上把这类问题称为归一问题（板书：归一问题）。无论是求"多个的

总和"还是求"平均分成几个",需要先求出一个是多少。

设计意图：通过本节课中解决的问题进行类比分析，引导学生发现归一问题的核心问题——无论是求多份还是求将总数平均分成几份，都需要先知道一份是多少。在类比分析基础上提出归一问题数学模型，丰富学生解决问题的经验。

环节五 总结——回顾学习过程，初步形成解决问题的通法

师：同学们，这节课我们获得的解决问题的法宝是什么？

生：获得了思考导航图。

师：遇到复杂的问题，我们先了解要解决的问题，然后用生活经验或者熟悉的数学问题，看看需要什么条件，哪些条件已知，哪些条件未知。未知的条件成为了一个新问题，先解决这个新问题，就能解决最终的问题了。

同学们，只要我们积极思考，不断积累学习经验，就会获得越来越多的法宝。

设计意图：本节课的重难点在于让学生初步感受抽象的数学思考与问题解决的一般思路，因此由教师带领着学生回顾学习过程，总结解决问题的"法宝"——思考导航图，并再次说明它的运用方法，帮助学生初步形成解决问题的通法，为学生后续数学学习打好基础，努力实现数学课程独有的育人价值——培养人的理性思维。

【课后促学反思】

开放拓展练习，培养灵活分析问题的能力

选择下列信息和问题，编写一道解决实际问题的题目，并列式解答。

_____，照这样计算，_____？

①49元可以买几个笔盒　②3个笔盒21元　③21元可以买多少只笔　④5把剪刀40元　⑤8把剪刀多少元　⑥5支笔15元　⑦10支笔多少元　⑧8块橡皮8元

先补充题目再列式解答，分享解题过程。

设计意图：开放式的题目设计，让学生创编题目并分析解答过程，可以从条件出发判断能解决什么问题，更可以从问题出发判断需要哪些条件，沟通综合法和分析法解决问题的联系。

反思

从"经验"到"精准"

在李宇韬名师工作室的学习中，笔者认真研读《小学数学精准教学实施策略之内容解读与目标设定》一书，对"精准教学"理念有了从了解到认同，再到实践的完整过程。最后选择"归一问题"这一课根据书中的理论联系实际开展精准教学实践。工作室二十几位老师围绕这节课进行了深入的研讨，大家对本课教学内容的尊重、对每一项分析的投入、对每一个细节的求真都让笔者感受到备课就应该这样备,才能真正实现有效教学。

第一阶段是精准解读教学内容和精准学情预判。以往我们通常只关注一课的知识教学内容分析,而精准解读教学内容则从准确度、深度和联系度进行分析,查找相关文献以正确理解归一问题与哪些数学思维相关,触及哪些数学本质,从而发现归一问题的核心"1","1"是变化情境中不变的量;接着把这一课放入整个知识体系中来分析,把握知识的前后联系。通过梳理解决实际问题的知识脉络,我们发现两步解决问题在二年级教学中已有基础;而梳理解题策略,发现本课中的画示意图分析数量关系学生也已有基础;关注解题步骤,我们发现问题的三段式的变化,解题思路从"综合法"转向"分析法"。精准学情预判,找准学生学习的起点和重难点,我们通过学情检测题,从四个维度设计相关数学问题,重点了解本节课相关的几个问题:学生正确解答、画示意图、表达解题思路的情况和对归一问题模型的认识基础分析,从二年级学生知识迁移情况中找准教学起点,从三年级学生的知识掌握情况中找准要突破的重难点。如此大规模采样的数据收集和分析,让我们精准了解列式解决教学不是难点,分析题目中的数量关系才是难点,画示意图也是需要加强指导的重点,这些是以往我们凭经验分析教学难以深入的。

第二阶段是精准设定教学目标。与以往只查看教学参考书确定目标,凭借经验判断学生在哪些问题上存在困难而定位重难点有所不同,可自课程目标开始分析,整理出与归一问题相关的课程标准目标及内容分析,再结合上一阶段的知识结构和学生学情,反复推敲才确定了归一问题的教学目标。在网络研讨中,围绕"这节课的教学重难点是什么、学生深度学习的内容有哪些、老师教学中的困惑在哪里、学生学习的难点在哪里"展开研讨,最后确定除了大家普遍关注的用示意图表达题意和建立归一问题模型外,还根据学生的分析解决问题的需要和困难,确定"在解决实际问题的过程中了解'分析法'解决问题的一般思路,提高学生分析问题、解决问题的能力,培养其逻辑推理核心素养"也是本课的重难点,进一步细化以便于检测目标达成的行为表现,使评价有理有据。

第三阶段是精准教学设计及实施。这节课的教学设计关键在三个环节:如何导入新课、如何分析问题、如何建立归一问题数学模型。先围绕这三点开展网络集体备课,考虑设计怎样的学习活动能促成目标达成,初步确定教学思路,并细化教学各环节的设计。接着开展了多次研磨活动,由工作室多位老师各自执教,以现场参与或录像的方式进行分析,通过观察课堂学生回答问题和交流表现,以及课堂练习的完成情况,关注每一个教学目标的落实情况,再根据执教中的问题一次次地反思修改。这一过程可谓精彩纷呈,同一个教学设计,不同的教师有不一样的呈现,却都有着同样精准的核心,集工作室的智慧,最终形成完整的教学设计，采用从"抽象"（用数学的眼光看归一问题，理清 1 是什么）到"推理（用数学的思维想归一问题，找出 1 从哪来）"，再到"建模（用数学的语言说归一问题，理解 1 的作用）"的教学策略。解决实际问题的思考过程是不可见的，这也正是教学的难点所在，在这一难点突破中，采用"借助复杂问题，凸显问题入手分析的必要性；通过问题引导，梳理分析法解决问题的思路；总结思维导图，形成解决问题的通识通法"以帮助学生用图示技术把不可视的思维（思考方法和思考路径）呈现出来，实现思维可视化，帮助学生掌握"分析法"解决问题的一般思路，提高学生分析问题、解决问题的能力。

  这次研讨与以往的集体备课最大的区别是从实现了凭借经验的感性分析到依据精准分析的有效教学的转变，通过精准教学的理念对归一问题进行分析后，笔者对这节课有了经验之上更为理性的认识，从而尝试了不一般的有效教学。这一课的精准教学实践，给予我们的不仅是一节课的分析、一节课的设计、一节课的教学，更重要的是理念上的认识、观念上的改变，让我们感到凭借经验难以发现的难点、凭借经验难以突破的重点。凭借经验难以实现的教师有效教学和学生深度学习，都可以借助精准教学得以解决，可以说精准教学是学生深度学习的前提，也是教师职业的不懈追求。

案例 6　估算与精算

（人教版小学数学三年级上册第 43 页）

> **深研**

一、内容解读

（一）数学知识精解

估算是人们在日常生活和生产中，对一些无法或没有必要进行精确测量和计算的数量所进行的近似或粗略估计的一种方法。小学数学中的估算主要是指能结合具体情境，选择适当的单位对数据进行适当的放大或缩小，通过口算得到和、差、积、商的近似值。

估算是小学数学教学的难点之一，造成教学困难的主要原因是估算问题有着明显的开放性。

首先，估算问题的现实情境是开放的。日常生活中，人们在涉及人或物的数量、商品的价值、质量、时间等计算问题时，常常会用估算的方法获得大致的结果，以这些生活现象为原型，设计与估算相关的数学问题显得丰富多样。由于小学生的生活经验很有限，从数学视角理解并分析生活现象的能力还处于初步发展阶段，使得学生在解决与估算有关的实际问题时常常因为经验的限制而遇到困难。

其次，估算方法的选择是开放的。估算的方向有"估大"或"估小"的选择，近似数的精确度也有很多的选择。在具体问题情境中，是往大估还是往小估，选择怎样的精确度，都需要根据解决问题的实际需要做出判断和选择，这也增加了解决问题的难度。

最后，估算的结果是开放的。与精算结果的唯一性、确定性形成对比，估算的结果往往是一个区间范围，是一个近似数。人们通过这个近似数的区间范围即可做出正确判断，因此通过估算得到的近似值仍然具有现实意义的确定性。习惯了精算结果确定性的小学生，对估算结果数值的近似性与其现实意义的确定性之间存在的这种辩证关系较难理解，并容易产生困惑。

（二）教学内容呈现

1. 知识结构

"估算与精算"在"数的运算"知识链中相关知识的前后联系如下图所示：

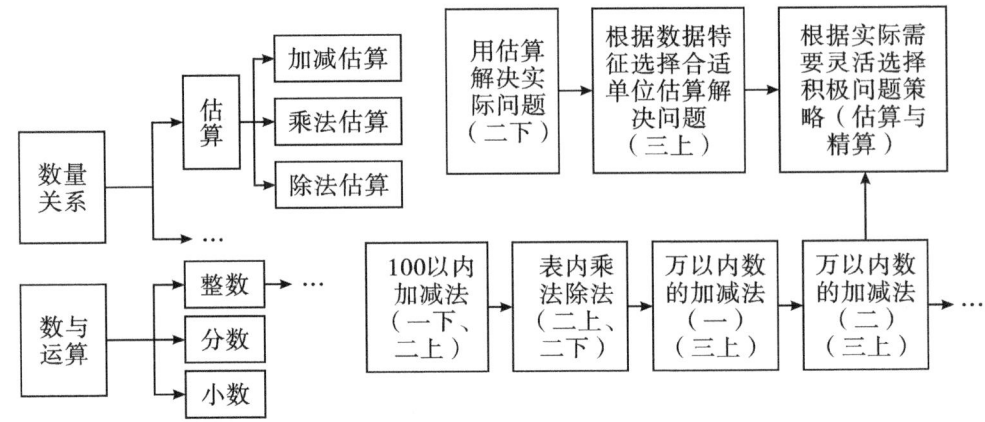

2. 教材编排

人教版教材在三年级上册第四单元"万以内的加法和减法（二）"中安排了一系列的数学实际问题，把加减法计算教学与解决实际问题教学紧密结合，突出了数学与生活的联系。本课教学的例4作为本单元最后一个知识内容，侧重于解决问题策略的教学，让学生体会不同的问题可以选择不同的计算策略，进一步强化数学知识的应用价值。例4的教学内容按以下步骤呈现：

（1）列表形式呈现数学信息，提出两个问题，引起认知冲突，"都是计算三种商品的总钱数，两个问题有什么不同呢？"

（2）阅读与理解。重点引导学生关注两个"问题"，特别是对比两个问题。解决两个问题需要的信息是相同的，但对信息的加工处理方式因问题而异。

（3）分析与解答。站在付款和收款两个不同角度，根据"大约准备多少钱"和"据实收取多少钱"两个不同的要求，决定两个问题的不同解决策略，一个可以估算总钱数，另一个则需要精算总钱数。在此基础上，列出不同的加法算式并计算出结果。

（4）回顾与反思。通过对比两个问题的解决策略、具体方法和计算结果，在交流讨论的基础上，提炼概括本例题的解题经验：根据实际情况，灵活选择解决的策略。

（5）鼓励学生回顾生活中的数学问题，进一步丰富与本例题相关的解题经验。

二、目标设定

（一）核心素养讨论

1. 运算能力的主要表现

估算和精算都是现实生活中解决问题的策略，根据实际情况的具体要求，灵活选择合理简洁的运算策略，不仅是解决生活问题的需要，也是学生数学运算能力发展的要求。

进行估算需要具备一定的知识、掌握一定的方法。对条件数据取近似值，需要选择合理的精确度，这是避免估算结果出现大误差的基础。选择估大或者估小，需要结合实际情况经过符合逻辑的思考。对估算结果与精确值之间的大小关系，需要根据选用的估算方法做出合理判断。估算结果是否能够成为解决相关问题的有效依据，需要经过适当的推理，做出合理的解释。因此，估算符合数学运算正确、灵活、合理和简洁的特征，学生对估算知识的理解程度和掌握水平，是衡量其数学运算能力发展水平的重要参考。

2. 推理意识的主要表现

同样的数学信息，因问题不同而需要采取不同的信息加工方式，这样的数学问题可以丰富学生应用数学知识和方法解决现实问题的经验，培养学生结合具体情况和要求，经过合情推理做出正确判断的能力。

就估算的具体技能而言，在本例所设计的情境下，选择"往大估"更为合理。学生需要从正、反两个方面进行分析才能得出这样的判断。三种商品的价钱可以按整十元估算，也可以按整百元估算，不同估算方法得出的结果可能有差异，如果要理解这种差异，同样需要学生经历必要的合情推理。

3. 数感的主要表现

精算强调数据的真实、准确，体现了数学的严谨性。估算强调对数据的加工处理，以使运算变得更为简便，体现了解决问题策略的灵活性。估算与精算有明显的区别，也有着紧密的联系和良好的互补性，在解决问题的过程中，将估算与精算有机联系起来，灵活选择，相互比较，相互印证，有利于促进数感的发展。

（二）学情分析

1. 学生认知特征分析

经过两年多的数学学习，学生逐渐适应了精确计算的确定性，运用估算策略解决实际问题，会跟学生的认知习惯产生一定的冲突，学生可能会产生一些困惑，如"估出来的结果，对不对呢""为什么我估出来的结果跟其他人的不一样呢""什么情况下可以估算，什么情况下要精算""怎样选择估大还是估小"……这些困惑不可能通过一道例题的教学就全部得以解决。教学中，应多站在学生已有经验的角度，选择适当的教学起点和预期目标，引导学生合理地进行分析和判断，让学生有意识地把估算策略纳入认知系统，形成并积累更为丰富的数学活动经验。

2. 学生生活经验分析

三年级学生在日常生活中积累了较为丰富的购物体验，熟悉购物计费的流程。经过适当的引导和交流，学生能够理解付款预算和收款结算在精确程度上的不同要求，也能够在选择估大还是估小的问题上做出正确的判断。

3. 学生已有知识基础分析

本课是学生学习了估算、三位数加减三位数之后进行教学的，估算和精算基础技能为本例题的学习提供知识与方法上的双重支撑。就计算技能而言，本例题教学中需要注意的是用竖式进行三数连加的计算，可能出现"满二十向前一位进2"的情况，应择机鼓励学生自主解决并做出正确解释。

（三）目标设定

1. 教学目标及重、难点

（1）巩固三位数加减法，掌握三位数连加的竖式计算方法，能正确计算；能正确表达估算的过程，能正确估算。

（2）经历解决问题的过程，体会不同问题可以选择不同策略的数学思维方法，灵活选择解决问题的策略。

（3）通过对比，体会估算与精算的区别及联系，感受估算在实际生活中的作用。

教学重点：灵活选择解决问题的策略。

教学难点：体会估算与精算的区别与联系。

2. 目标达成的行为表现

（1）"掌握三位数连加的计算方法，能正确计算"行为表现：能根据实际问题列出三位数连加算式，根据计算法则运用竖式进行正确计算。

（2）"正确表达估算的过程，能正确估算"行为表现：根据实际问题的需要，将精确数根据一定的规则看作适当的近似数，并用算式表达估算的过程，以及对结果做出大概推断或估计。

（3）"灵活选择解决问题的策略"行为表现：根据具体问题，准确判断"是否需要算出准确数值"，从而选择精算或估算的策略。

（4）"体会估算与精算的区别与联系，感受估算在实际生活中的作用"行为表现：明确估算能解决的问题都可以通过精算来解决；知道在无法进行或没有必要进行精算的时候，使用估算更便捷。

三、评价设计

1. 基础性评价设计

教材第 45 页"练习九"第 11 题：夏季，要用网在湖里围出一块水域作为垂钓区，……需要准备多长的网？

考查能力：考查学生运用连加及三位数加法计算的知识解决实际问题的能力。解决本题，学生可以精算，也可以估算。日常生活中，我们准备材料时也常用估算，一般来说，"估大"更加合理。

2. 重点内容评价设计

一年级有228人，二年级有154人，三年级有198人，三个年级一共有多少人？三个年级的同学同时在礼堂参加讲座，礼堂共有600个座位，坐得下吗？

考查能力：检验学生灵活选择策略解决问题的能力。第一个问题应该选择精算。第二个问题用估算的结果也可以解决。估算中需要估大成整十数，计算结果通过与座位数600进行比较，做出合理判断。

3. 难点内容评价设计

教材第46页"练习九"第15题：运几次可以把货物全部运完？写出你的方案（一种即可）。

（图中信息包括起重机吊箱限重450千克，10箱货物质量均为已知）

考查能力：开放型的数学问题，答案不唯一。学生在综合运用知识经验解决此问题的过程中，进一步感悟估算的便捷性，增强对估算价值的认识，主动地、灵活地选择解决问题的策略。

四、教学思路

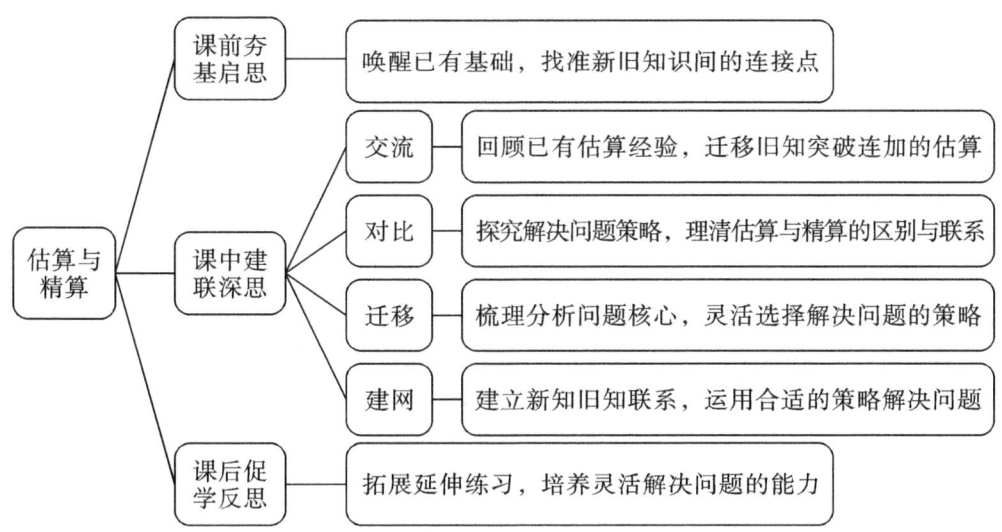

实践

"估算与精算" 教学实录

【课前夯基启思】
唤醒已有基础，找准新旧知识间的连接点

小红一家到商场选购商品。

（1）回顾：妈妈给小红选了一盏166元的护眼灯和一台225元的学习机，500元够吗？

（2）尝试：爸爸还想购买一台558元的空调扇，三件商品1000元够吗？

设计意图：在解决问题中激发学生已有的生活经验，回顾两个数相加的估算方法，学生可以采用估成整百（200+300）或估成整十（170+230）的方法进行估算。第二题再增加一个加数，而这时只有估算成整十数才能做出合适的判断。分两步呈现，学生可运用回顾中的结果再加，也可以直接三个数连加，引导学生主动迁移，尝试解决三个数连加的估算问题。

【课中建联深思】

环节一 交流——回顾已有估算经验，迁移旧知突破连加的估算

1. 回顾两个数相加的估算

师：小红一家去商店购物，仔细观察，你知道了什么？

生：护眼灯166元，学习机225元，空调扇558元。

师：妈妈给小红选购了护眼灯和学习机，500元够吗？我们课前已经进行了探究，一起来看看这位同学的判断。

生：166+225=391（元），391<500，够。

师：这位同学的判断方法正确吗？

生：正确，但没有必要，判断够不够，估算就可以了。

师：同意吗？有的同学用了估算，但又不太一样，我们来看看。

（展示学生课前完成的两种不同的列式方法200+300=500和170+230=400，请同学说明过程）

生：我是这样想的，护眼灯166元，不到200元；学习机225元，不到300元；200+300=500，两件商品不到500元，所以500元够了。

师：这位同学的判断对吗？

生：对。

师：那另一位同学呢？他可是400而已哦。

生：我是这样想的，护眼灯不到170，学习机不到230，170+230=400，两件商品一共不到400元，400元就够了。

师：400都够了，那500就……？

生：肯定够。

师：两位同学都在用估算的方法来解决实际问题。（板书：估算）而且这两位同学的方法都是正确的，这两种方法的区别在哪？

生：第一位同学估成整百数，第二位同学估成整十数。

2. 迁移三个数相关的估算

师：爸爸还想购买一台 558 元的空调扇，三件商品 1000 元够吗？

生：够……不够……（预设学生可能有不同的答案）

师：认为不够的同学，请你说一说理由。

生：刚刚我们算了两件商品 200 + 300 = 500，空调扇 558 不到 600，那 500 + 600 = 1100 了，1000 不够了。

生：不对不对，这样估太大了，护眼灯不到 170，学习机不到 230，170 + 230 = 400，两件商品一共不到 400 元；而空调 558 元不到 560，400 + 560 = 960，1000 元够了！

师：大家同意哪位同学的说法？

生：第二个。

师：是的，把三位数估成整十数，得到的结果更接近准确结果。我们再来看这位同学的，他直接写成一条连加的算式。

生：170 + 230 + 560 = 960。把 3 件商品的价格都估成整十数，然后加起来。

师：同学们非常棒，想到了多种方法进行估算。

设计意图：数学知识源于实际生活，利用学生熟悉的情境引入新课，激发学生学习兴趣，唤起学生已有的估算经验，在解决这一问题上对估算成整百数和整十数都给予肯定，体现估算方法的多样性。

环节二 对比——探究解决问题策略，理清估算与精算的区别与联系

师：看，小红和收银员还有疑问，她们有什么问题呢？

生：小红的爸爸大约应该准备多少钱？收银员应收多少钱？（板书：问题）

师：你是怎样理解小红提出的问题和收银员的话？她们提出的问题有区别吗？（四人小组交流讨论，再汇报反馈）

生：小红的爸爸应准备多少钱才够，这个问题不用精确计算，估一估就行。

生：收银员应收多少钱，这个问题要准确计算。

1. 估算解决实际问题

师：我们先来解决小红的问题。小红爸爸准备多少钱，为什么估算就行了呢？

生：因为有"大约"，"大约"就是估算。

师：刚刚上面 1000 元够不够的问题，没有"大约"啊。

生：因为不需要知道准确的价钱。

师：对的，估算和精算的判断标准不是简单的关键词"大约"而是"是否需要算出准确数值"，不需要准确结果的，就可以估算解决，估算更快。那怎么估？往大估还是往小估？为什么？

生：要往大估，估多了能找钱回来，估少了就买不了。

师：有道理，怎么估我们已经知道了，那一起来看看怎么写吧。（规范估算的算式写法）

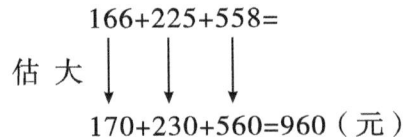

估大

166+225+558=

170+230+560=960（元）

师：那我能估大成整百吗？

生：可以是可以，但没有必要，这样给的钱就太多了。

2. 精算解决实际问题

师：同学们解决得很合理。接着我们来解决收银员的问题，那收银员应收多少钱，为什么估算就不行呢？

生：因为收钱不能多收也不能少收。

师：收银员收钱是准确数，要精确计算。那怎么列式呢？

生：166＋225＋558。

师：如果收银员给了三个结果：929、949、979，你能判断哪个值有可能是正确的？

生：979肯定错，我们刚刚估大了，才得到960元，实际钱数比960少。

师：说得真好，那929和949呢？

生：929也错，把数字都估小，160＋220＋550＝930，实际钱数要比930多才行。

师：我们估小了得到930，估大了得到960，那实际钱数在930元到960元的区间范围内，所以就只有949可能是正确的。

师：我们列竖式验算一下，列竖式时要注意什么？我们一起来算一算吧！（重点强调满十进一的问题）

$$\begin{array}{r} 1\ 6\ 6 \\ 2\ 2\ 5 \\ +\ 5\,_1 5\,_1 8 \\ \hline 9\ 4\ 9 \end{array}$$

师：比较刚才解答的两个问题，想一想解决实际问题时要注意什么？

生：有的要求近似数，有的要求准确数。

生：我们要认真分析具体情况，判断用估算还是精算。

师：是的，也就是要分析具体情况，再灵活选择解决问题的策略。

设计意图：让学生将这两个问题进行对比，学生感受到解决问题时要灵活选择解决问题的策略，体会数学与生活的联系。经历知识的建构、形成过程，体会估算与精算的区别，并沟通两者之间的联系，体会估算可以验证精确计算的结果是否合理，进一步感受估算的价值，在估算与精算的联系中形成良好的数感。

3. 变式巩固练习

师：妈妈发现一款更适合小红的学习机，价格是295元。你能算算现在需要准备多少钱、实际花费多少钱吗？

学生独立思考计算，教师巡视，各小组进行讨论。

学生展示：①需要准备多少钱？　170＋300＋560＝1030（元）

②实际花费多少钱？　166＋295＋558＝1019（元）

$$\begin{array}{r} 1\ 6\ 6 \\ 2\ 9\ 5 \\ +\ 5\ {}_2 5\ {}_1 8 \\ \hline 1\ 0\ 1\ 9 \end{array}$$

师：说说你是怎么算的？计算时要注意什么？（突出个位满十向前一位进1，十位上满二十向前一位进2，也就是满几十就向前一位进几）

设计意图：通过拓展问题，检验学生的估算能力，进一步提升学生三位数连加运算的技能。

环节三 迁移——梳理分析问题核心，灵活选择解决问题的策略

师：下面的问题，哪种情况下用估算，哪种情况下用精算？

妈妈带了200元去超市购物，选的商品有1袋大米102元，1桶油67元，1瓶酱油18元。

①营业员将每种商品的价格输入收款机时。　②妈妈考虑带的钱够不够时。
③妈妈被告知要付多少钱时。　④营业员要找钱给妈妈时。

学生先独立思考，同桌交流讨论，再回答。

生：②用估算，因为考虑带的钱够不够不需要知道准确的钱数。

师：那妈妈带的钱够不够？

生：110＋70＋20＝200，实际的钱比200要少，所以够的。

师：那其他的问题呢？

生：都需要精确计算。输入价钱、付钱、找钱都不能多也不能少。

师：抛开购物问题，你还能提出哪些要用估算或精算解决的问题？

生：讨论座位够不够的时候，可以估算。

生：确定还剩几个座位的时候要精算。

生：想知道全年级大约多少人的时候估算就行，要知道一共多少人的时候要

精算。

……

设计意图：通过讨论，让学生进一步体会灵活选择计算策略的必要性。通过举例使学生进一步体会估算和精算的适用范围。感受生活中处处有数学，体验数学的价值，培养全方位的综合素质，促进学生创新思维能力、解决问题能力以及学习习惯等综合素质的拓展和提升。

环节四 建网——建立新知旧知联系，运用合适的策略解决问题

6个年级的学生同时看巨幕电影，坐得下吗？

师：同学们，在之前的学习中，我们已经两次用估算来解决实际问题，二年级的时候我们把两个数估成整百数，能粗略判断够不够，前段时间我们掌握了估算成合适单位，把两个数估成整百数，可以更准确地做出判断。而今天的学习，我们不但把两个数相加升级为三个数相加，还进一步掌握了什么时候用估算，什么时候用精算。这节课你们有哪些收获？

生：……

教师小结：我们在解决实际问题时，首先要认真分析具体情况，再灵活选择解决问题的策略，再运用合适的策略来解决问题。相信通过这节课的学习，每个人都有不同的收获。

设计意图：对估算解决实际问题的内容进行梳理，再对本课的学习进行回顾整理，将新知归入旧时的知识体系中，整体提升学生用估算解决问题的能力，并通过回顾所学知识，让学生体验成功喜悦，拓展思维和创造能力。

【课后促学反思】

拓展延伸练习，培养灵活解决问题的能力

小红一家回到家后，商量了一下，还想购买一台电风扇、一个电磁炉和一个电饭煲，但具体价格记不清了。

（1）小红记得电风扇是200多元，电磁炉是400多元，电饭煲是300多元。爸爸要带多少钱去购买才合适？请说明理由。

（2）妈妈又想起来，电风扇是220多元，电磁炉是430多元，电饭煲是350多元。爸爸要带多少钱去购买才合适？请说明理由。

（3）最终爸爸去购买三件商品，电风扇是225元，电磁炉是438元，电饭煲

是356元，一共要付多少钱？爸爸带的钱够吗？

设计意图：通过拓展的延伸问题，检验学生灵活选择解决问题的策略的能力，一是确定是否进行估算，二是根据数据选择合适的估算单位，三是合理运用估算的策略。在解决问题中进一步体会估算与精算的区别与联系，感受数学知识与生活的密切联系。

反思

在估算与精算的辨析中帮助学生形成估算策略

学生掌握估算问题的情况并不理想，主要表现为：思想意识上，学生不理解"为何估"，对估算存在抵触心理，遇到问题更愿意用精算解决；策略选择上，学生判断不准"何时估"，往往条件反射地看到"大约"就估算，没有"大约"就精算；估算过程中，学生不懂应该"怎么估"，估算过程书写逻辑顺序不清，甚至先精算再求出结果的近似数。分析其原因，不难发现教师教学中存在的问题如下：一是教师重问题解决而轻模型建构。翻看前面学习的估算内容，均没有出现"大约"一词，可见问题出现在本课中，教师便于学生区分估算与精算，教给学生通过关键词"大约"来判断的固化方法，导致学生死记硬背不甚理解，形成对"大约"的条件反射。二是教师重估算结果而轻估算意识。理清估算的逻辑，用算式清晰表达估算过程是本课的侧重点，但教师过分关注估大和估小方法的判断，忽视了引导学生在具体的估算问题解决中感受"为何估"、理清"怎么估"，导致学生"不愿估""为估而估"。

精算是程序化的计算，需要耗费较多的时间，但可以保证结果的精确性；而估算是指在不要求准确值的情况下对结果做出大概推断或估计。用估算解决实际问题，可节约时间、提高效率，在日常生活中使用较为广泛。在"估算与精算"一课中，教师在估算与精算的辨析中帮助学生形成估算策略：建立估算解决问题的数学模型，在解决"何时估"的问题中感受估算价值、培养估算意识；经历用估算解决问题的过程，在解决"怎样估"的问题中积累估算的经验、发展数感。

（1）对比分析，体现估算与精算的价值，建立估算模型。

运用生活情境，可激活并调用学生已有的经验来判断解决问题的策略，在解决问题过程中感受估算与精算的价值，培养估算的意识。例题中创设了商场购物的情境，从购买者角度和收银员角度引出两个问题，"这两个问题一样吗""哪个问题使用估算比精算更有意义？"引导学生展开充分讨论，分析"大约多少钱"，用估一估的方法来进行计算就可以了，没有必要精确计算，这时使用估算更有意义；分析"那应收多少钱"，学生可结合平时购物的经验进行判断，不能多收也不能少收，必须要准确数，按价格收取，买卖双方才公平，这时必须精确计算。感受估算与精算各有其适用情景，各有其价值。

通过对比分析，归纳运用估算和精算解决问题的共性，总结判断的方法。在区分例题中两个问题的解决策略后，进一步追问"你还能提出哪些用估算或精算解决的问题"。学生根据问题情境进行问题举例，教师进行分类板书，进一步引导学生观察两类问题，寻找共性进行归纳总结：判断估算和精算的标准不是简单的关键词"大约"，而是判断"是否需要算出准确数值"，从而构建判断估算的数学模型。为巩固模型，教师以练习的方式呈现生活实例，让学生进行判断或让学生联系生活举例分享，培养学生根据具体问题灵活判断与选择策略的能力。

（2）沟通联系，感受估算与精算的互补，形成良好数感。

估算与精算之间有着紧密的联系和良好的互补性。在解决问题的过程中，将估算与精算有机联系起来解决问题，取长补短，可以达到灵活解决问题的效果。

建立估算与精算算式之间的联系，规范估算的列式表达。运用估算解决的问题其实都可以通过精确计算来解决，只是使用估算更简单、更快捷。本课学生除了经历估算的过程，在表达上更进一步；从口述到列式，教学中可借助精确计算的连加算式，引出估算的列式。计算三件货品的总价，运用连加进行列式，我们把各个准确数根据符合需要和便于计算的原则进行调整，调整后的数依然采用连加的方式进行计算。估算就是先估再算，运用估的方法来进行计算，避免学生先算再估，让估算失去意义。

沟通估算与精算结果之间的关系，体现估算的验算价值。在学生进行估算后，通过提问"收银员给了三个结果：929、949、979，你能判断哪个准确值有可能是正确的"，引导学生通过估算的结果进行快速判断。通过"去尾法"估算得 930 元（实际钱数比 930 多），而通过"进一法"估算得 960 元（实际钱数比 960 少）。因此可以判断实际钱数在 930 元到 960 元的区间范围内，从而确定 949 可能是正确的，再进行精算验证。让学生体会用精算解决问题，也能通过估算来辅助判断，估算可以用来验证精确计算的结果是否合理，进一步让学生感受估算的价值，在估算与精算的联系中形成良好的数感。

估算比精算更具复杂性，对学生能力的要求更高。教师引导学生在估算与精算的对比分析中解决"何时估"的问题，在估算与精算沟通联系中解决"怎么估"的问题，在辨析中形成估算策略、提高估算意识、发展良好数感。

案例 ❼ 求比一个数多（或少）几分之几的数

（人教版小学数学六年级上册第13页）

深研

一、内容解读

（一）知识精解

分数除了可以表示具体的数量，也可以表示两数之间的比率。分数的这种意义，与整数运算中的"倍"在本质上是相同的。一个数是另一个数的几倍，一个数是另一个数的几分之几，都是两个数的比值。

求比一个数多几分之几的数，解决的是一类既包含了"和"关系又包含了"倍"关系的数学问题。所求的数可以用两种方式来描述：①它是已知数和比已知数多出的部分之和；②它是已知数的若干倍，这里的倍数比1多。由此形成了解决此类问题的两种思路：①先求出它比已知数多的部分，再与已知数相加；②先求出它是已知数的倍数，再用已知数乘这个倍数。

同理，求比一个数少几分之几的数，也有两种思路：①先求出它比已知数少的部分，再从已知数里减去这一部分；②先求出它是已知数的倍数，再用已知数乘这个倍数。

例如，比24多$\frac{2}{3}$的数是多少？可以先求出多出的部分"24的$\frac{2}{3}$"，再与24相加，综合算式是$24+24\times\frac{2}{3}$；也可以先求出这个数是24的"$\left(1+\frac{2}{3}\right)$倍"，再用24乘这个倍数，综合算式是$24\times\left(1+\frac{2}{3}\right)$。

类似的，比24少$\frac{2}{3}$的数是多少？可以先求出少的部分"24的$\frac{2}{3}$"，再从24里减去这部分，综合算式是$24-24\times\frac{2}{3}$；也可以先求出这个数是24的"$\left(1-\frac{2}{3}\right)$倍"，再用24乘这个倍数，综合算式是$24\times\left(1-\frac{2}{3}\right)$。

除了上述解题思路外，我们还可以鼓励学生尝试"整数化"的解决策略。同样以"比24多$\frac{2}{3}$的数是多少"为例，24被看作单位"1"，平均分成了3

份，所求的数比它多了2份，则所求的数是 $24+24\div3\times2$，或 $24\div3\times(3+2)$；以"比24少 $\frac{2}{3}$ 的数是多少"为例，24被看作单位"1"，平均分成了3份，所求的数比它少了2份，则所求的数是 $24-24\div3\times2$，或 $24\div3\times(3-2)$。

（二）内容透析

1．知识结构

"求比一个数多（或少）几分之几的数"隶属"分数乘法的问题解决"部分，在"分数的运算"知识链中，它与相关知识之间的联系如下图所示：

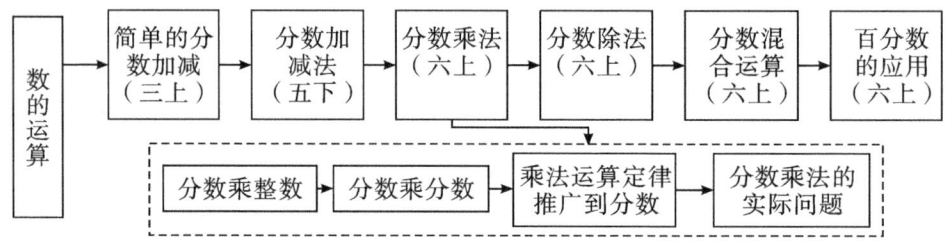

从"解决实际问题"角度来分析，与本内容密切关联的知识主要有："求比一个数多（或少）几的数"（用加减法解决实际问题）、"求一个数的几倍（或几分之几）是多少"（用乘数或分数乘法解决实际问题）。

2．教材编排

人教版小学数学六年级上册第一单元"分数乘法"共编排了9道例题，系统地教学分数乘法的意义和法则、分数乘小数、分数的四则运算和简便运算等知识。为增强学生的应用意识，提高其解决问题的能力，设计了"连续求一个数的几分之几是多少""稍复杂地求一个数的几分之几是多少"等问题。本例题属最后一个内容，具体编排如下：

（1）创设问题情境，渗透生理学知识。

（2）阅读与理解。指导学生理清已知条件和问题，抓住关键，强调对关系信息进行重点理解。

（3）分析与解答。利用线段图的几何直观，进一步整理条件和问题、数量关系，清晰揭示题中单位"1"、比率的具体含义。呈现两种不同的解题思路和计算求解过程，引导学生交流讨论。

（4）回顾与反思。置换问题和一个条件进行检验，鼓励学生用不同的方法检验。回顾解决问题的过程，突出画线段图表示数量关系的作用，积累解决问题的经验。

（5）"做一做"创设了与环境保护相关的问题情境。有效迁移例题知识技能要点，要求学生自主解决"求比一个数少几分之几的数"类型的问题。

二、目标设定

（一）核心素养讨论

1. 推理意识的主要表现

本节例题是一类稍复杂的求一个数的几分之几是多少的问题，关键信息是"多（或少）几分之几"。理解这一关键信息，一要从分数的意义入手，在两个数的比较中确定单位"1"和分数的具体含义；二要从分数乘法的意义入手，确定每个计算步骤表示的具体含义。对自己或他人解决问题的过程进行合理解释，是促进学生推理意识发展的具体活动。

2. 几何直观的主要表现

线段图能够清晰地呈现题中的条件和问题，揭示了关键信息的内涵，有助于发现解决问题的思路和方法，是此类数学问题的直观模型。教材在分析与解答、回顾与反思两个环节提示学生应用线段图解决此类问题，充分体会用线段图描述和分析问题的重要作用。

3. 应用意识的主要表现

教材中例题、"做一做"和练习中编排了较多的实际问题，情境素材涉及多学科知识，有利于学生感悟数学与其他学科的联系。引导学生用不同的思路和方法解决问题，有利于培养学生灵活运用知识的意识和能力。

（二）学情分析

1. 学生认知特征分析

六年级的学生具有一定的独立思考、自主探索的学习意识和能力，积累了一些数学学习的经验和方法。在学习本节内容时，应注意调动学生的学习主动性，鼓励学生自主迁移已有的知识。如稍复杂的求一个数的几分之几是多少的问题，复杂在从"是几分之几"变为"多（或少）几分之几"，从简单的两数间比率，转换为两数之差与其中一个数的比率，扩展了分数乘法的应用场景，综合了比率关系与和差关系。其中，比率关系仍然是学生思考的难点。因此，实现知识迁移的基础是分数的意义，应抓住关键，重点分析题中的比率信息。只有准确理解"多（或少）几分之几"的具体含义，后续的分析和解答才能顺利进行。

2. 学生生活经验分析

本例题及相关的练习题涉及多学科知识，学生对某些内容可能会感觉生僻，陌生的素材背景可能对学生的理解与分析产生障碍。在教学中，可鼓励学生积极交流，主动分享自己对相关学科知识的认识，帮助其他同学解疑释难。

3. 学生已有知识基础分析

熟练掌握分数乘整数、分数乘分数的计算方法是解决此类问题的计算技能基础；理解分数的意义、一个数乘分数的运算意义，是理解此类问题中关键信息的前提；理清数量之间的关系，明确哪个量是单位"1"，是解决此类问题的方法基础；利用几何直观，读懂并画出相应的线段图，是解决此类问题有效的辅助手段。在教学过程中，教师应注意对上述知识和技能基础进行必要的回顾和巩固。

（三）目标设定

1. 教学目标及重、难点

（1）了解"求比一个数多（少）几分之几的数是多少"的问题模型特征、正确理解题中数量与数量关系、会利用线段图分析数量关系、掌握解答这类问题的思路和方法、能正确列式计算。

（2）经历解决稍复杂实际问题的过程，提高解决问题的能力。体验解决问题策略的多样性，进一步提高分析、比较、推理的能力，能运用数形结合思想理解、分析数量关系。

（3）感受知识之间的联系，主动参与数学学习活动，提高自主探索与合作交流的学习能力。

教学重点：掌握分析问题的方法，学会解答"求比一个数多（少）几分之几的数是多少"的问题。

教学难点：根据多几分之几或少几分之几找出两个量之间的"分率"关系。

2. 目标达成的行为表现

（1）"学会用线段图分析数量关系，掌握解答这类问题的思路和方法，并能正确列式计算"行为表现：能动手画出直观的图示分析题目的数量关系，明确每一步计算时把"谁"看成单位"1"。掌握分析和解答的策略，养成回顾和反思问题解决过程的习惯。

（2）"体验解决问题策略的多样性，进一步提高分析、比较、推理的能力，能运用数形结合思想理解、分析数量关系"行为表现：能借助线段图理清关键性数量关系，尝试从不同的角度思考问题，通过分析、比较、推理并列式解答。从阅读与理解、分析与解答中掌握求比一个数多（或少）几分之几的数的方法。

（3）"经历解决简单实际问题的过程，提高解决问题的能力"行为表现：在阅读与理解、分析与解答、回顾与反思中掌握解决此类问题的一般方法。

（4）"感受知识之间的联系，提高自主探索与合作交流的学习能力"行为表现：能紧密联系之前所学的"求一个数的几分之几是多少"这一模型去思考，学会根据具体的情境确定谁是单位"1"。在独立思考、主动探索、合作交流中掌握知识和技能，积累数学活动经验。

三、评价设计

1. 基础性评价设计

李叔叔的餐馆过去每天的厨房垃圾大约是100kg，实行"光盘行动"后，厨房垃圾大约减少了$\frac{1}{4}$。现在这家餐馆每天的厨房垃圾大约是多少千克？

考查能力：考查学生从"求比一个数多几分之几的数"迁移类推到"求比一个数少几分之几的数"，通过比较、总结，掌握解决此类问题的一般性策略。

2. 重点内容评价设计

连线：

六（1）班同学做好事120件，_____，六（2）班做好事多少件？

（1）六（2）班比六（1）班多$\frac{1}{3}$　　A. $120 \times \frac{1}{3}$

（2）六（2）班比六（1）班少$\frac{1}{3}$　　B. $120 \times \left(1 + \frac{1}{3}\right)$

（3）六（2）班比六（1）班的$\frac{1}{3}$　　C. $120 \times \left(1 - \frac{1}{3}\right)$

考查能力：通过几个相类似的相关信息，选择相对应的算式，在辨析中考查学生对关键性数量关系是否真正理解，对前后知识连贯应用是否真正熟练。

3. 难点内容评价设计

一台笔记本电脑，先降价$\frac{1}{9}$，后来又提价$\frac{1}{9}$。现价与原价相比，是升了还是降了？

考查能力：在本节例题基础上增加了难度，考查学生对题中两个比率是否能做出正确的分析判断。第一个比率分数把原价看作单位"1"，第二个比率分数把降价后的价格看作单位"1"，两个分数的具体含义是不相同的。

四、教学思路

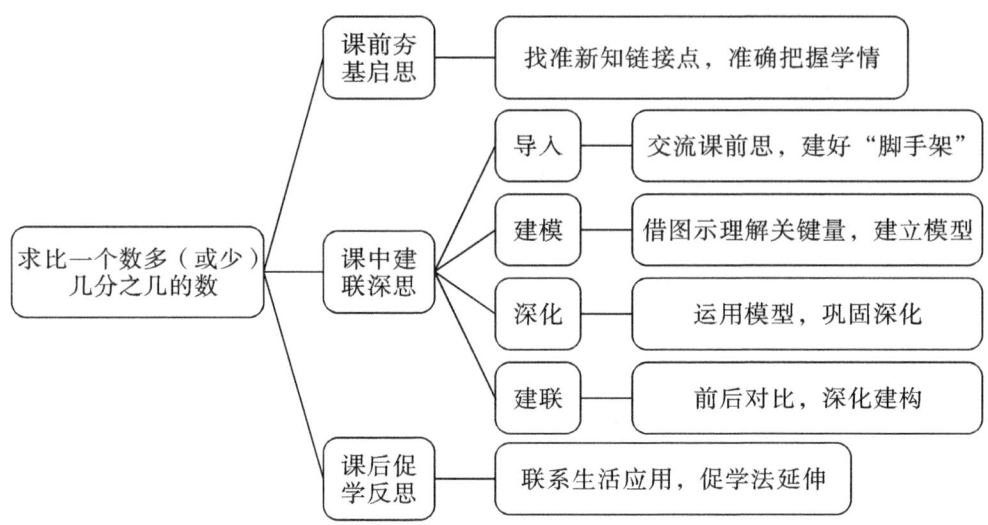

实践

"求比一个数多（或少）几分之几的数"教学实录

【课前夯基启思】

找准新知链接点，准确把握学情

1. 复习旧知。

（1）读题并说出单位"1"。

黑兔的只数是白兔的 $\frac{4}{5}$。

黑兔只数的 $\frac{4}{5}$ 等于白兔只数。

苹果的数量相当于梨的 $\frac{5}{8}$。

苹果树的面积占果园面积的 $\frac{5}{8}$。

钢笔的价钱比圆珠笔贵 $\frac{1}{3}$。

今年小麦的产量比去年减少 $\frac{1}{9}$。

（2）只列式不计算。

①小红有120元压岁钱，买文具用了$\frac{1}{3}$，买文具用了多少钱？

②汽车每小时可行80km，火车每小时行的路程比汽车多$\frac{4}{5}$，火车每小时比汽车多行多少千米？

2. 自主尝试。

看图理解，尝试求出2022年人均年收入是多少元？

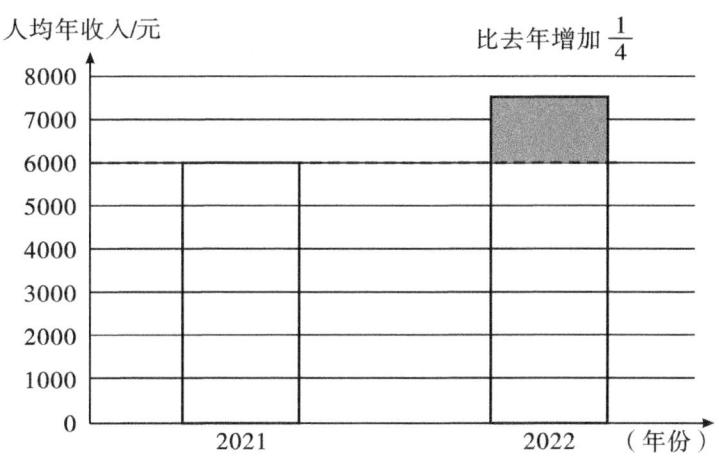

2021—2022年人均年收入多少元？

设计意图：第1小题旨在复习在具体的情境中确定谁是单位"1"和"求一个数的几分之几"，这是解决"求比一个数多（或少）几分之几的数是多少"这类问题的关键。第2小题以直观的条形统计图呈现的是"求比一个数多（或少）几分之几的数是多少"相同模型，通过直观图表的展示，了解学生用已有的知识经验尝试解决此类题的思考情况。

【课中建联深思】

环节一 导入——交流课前思，建好"脚手架"

师：课前同学们完成了这样的学习单，一起来看看大家是怎么样思考的？

（1）读题并说出单位"1"。

黑兔的只数是白兔的$\frac{4}{5}$。

黑兔只数的$\frac{4}{5}$等于白兔只数。

苹果的数量相当于梨的$\frac{5}{8}$。

苹果树的面积占果园面积的 $\dfrac{5}{8}$。

钢笔的价钱比圆珠笔贵 $\dfrac{1}{3}$。

今年小麦的产量比去年减少 $\dfrac{1}{9}$。

师：说说你是怎么判断的？

（2）只列式不计算。

①小红有 120 元压岁钱，买文具用了 $\dfrac{1}{3}$，买文具用了多少钱？

②汽车每小时可行 80km，火车每小时行的路程比汽车多 $\dfrac{4}{5}$，火车每小时比汽车多行多少千米？

师：同桌同学交流列式的情况，看看你算对了吗？

设计意图：分析数量关系是解决分数乘法实际问题的关键。明确单位"1"和"求一个数的几分之几"是本课时学习的关键旧知点，通过复习两个量之前的关系，为新知探究建好"脚手架"。

环节二 建模——借图示理解关系量，建立模型

1．阅读与理解

出示图：

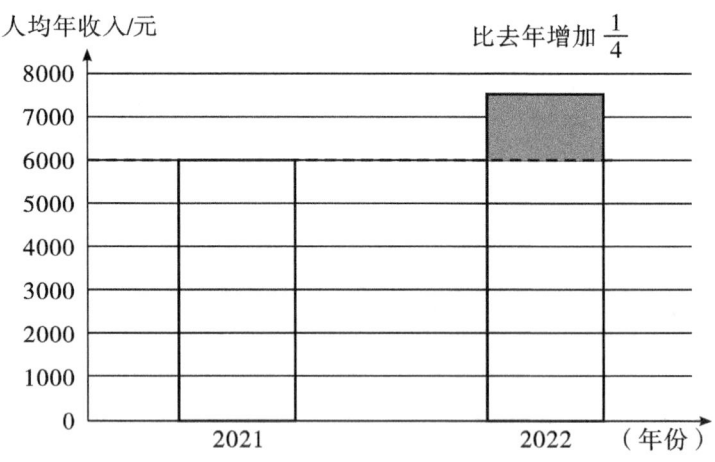

2021—2022 年人均年收入

师：课前让大家看图理解，尝试求出 2022 年人均年收入是多少元？把你的想法在小组里与同学交流一下，再汇报。

生：看图可以知道2021年的人均收入是6000元。2022年比2021年增加了$\frac{1}{4}$。

生：看图可以看出黑色阴影部分就是增加的部分。

生：从图上可知，2022年的人均收入是分两部分加起来的，一部分是6000元，一部分就是阴影部分增加的。

师：看来这个条形统计图，在阅读与理解上帮了我们很大的忙。你们是怎样尝试列式的？

生：阴影部分表示的是比2022年增加的部分，比2022年增加$\frac{1}{4}$，意思就是增加部分是去年的$\frac{1}{4}$，求一个数的几分之几，用乘法计算，所以列式为：$6000 \times \frac{1}{4} = 1500$（元）

生：2022年人均收入就是$6000 + 1500 = 7500$（元）

师：还有其他方法吗？

生：刚才是分步计算，可以列综合算式：$6000 + 6000 \times \frac{1}{4} = 6000 + 1500 = 7500$（元）

师：同学们真棒，能借助形象的条形统计图和已学过的分数乘法的相关知识，解决了我们将要学习的新内容。下面这道题，能不能独立解决呢？再试试！

课件出示情境信息，自主阅读：

人心跳的次数随着年龄的变化而变化，请你猜一猜，一个青少年和一个婴儿，谁每分钟心跳的次数多呢？

师：谁每分钟心跳的次数多呢？

生：青少年长得高大，心跳自然也快。

生：婴儿的小心脏跳得快，速度肯定也快。

课件出示：

人心脏跳动的次数因年龄而不同。青少年心跳每分钟约75次，婴儿每分钟心跳的次数比青少年多$\frac{4}{5}$。婴儿每分钟心跳多少次？

师：猜对了吗？你从哪里看出来了？

生：通过阅读与理解，我从"婴儿每分钟心跳的次数比青少年多$\frac{4}{5}$"这句话中看出来的。

师：这句话你是怎么理解的？

生：把青少年每分钟心跳的次数看作单位"1"，平均分成 5 份，婴儿每分钟心跳的次数比青少年多这样的 4 份。

师：读懂题目是正确解决问题的前提与基础，而在本题当中最关键的句子是"婴儿每分钟心跳的次数比青少年多$\frac{4}{5}$"，理解这个分率的意义非常重要。

2. 分析与解答

师：从刚才的条形统计图那一题我们得到启示，画图能帮助我们更好理解两个量之间的关系，这次你能画画线段图，尝试理解两个量之间的关系吗？

（学生自主思考、画图理解、交流汇报）

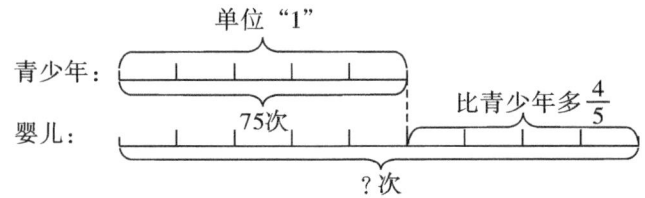

师：结合刚才画图的步骤，说一说你的理解？

生：都是先画单位"1"，再画婴儿每分钟心跳的次数。画婴儿每分钟心跳的次数时，应该先画同样多的部分，再画多出来的部分。

生：根据"青少年每分钟心跳的次数是单位'1'"，先画单位"1"，也就是把"75 次"看成一把尺子。画婴儿每分钟的心跳次数时，先画出和单位"1"同样长的线段；再画多出来的部分，由于多出来的是青少年的$\frac{4}{5}$，所以需要先把单位"1"平均分成 5 份，取其中的 4 份，那么这条线段就表示婴儿每分钟心跳的次数。

师：其实这个画图的过程就像前面是用单位"1"度量的过程。我们一起来梳理一下画线段图的过程吧。先画单位"1"，再画同样多，然后把单位"1"平均分成 5 份，取其中的 4 份。

师：请你根据分析的情况，尝试解决这个问题，动手试一试吧。

动手尝试解答后汇报。

生：（结合线段图解说）我是先求出婴儿每分钟比青少年多跳的次数：$75 \times \frac{4}{5}$，再加上与青少年每分钟心跳同样多的 75 次，即 $75 \times \frac{4}{5} + 75 = 135$（次）。

$$75 + 75 \times \frac{4}{5} = 75 + 65 = 135（次）$$

生： 先求出婴儿每分钟心跳的次数是青少年的 $\left(1+\dfrac{4}{5}\right)$，然后用青少年每分钟心跳的次数 75 乘 $\left(1+\dfrac{4}{5}\right)$，即 $75\times\left(1+\dfrac{4}{5}\right)=135$（次）。

$$75\times\left(1+\dfrac{4}{5}\right)=75\times\dfrac{9}{5}=135\text{（次）}$$

3. 回顾与反思

师： 两种方法、两种思路，都需要把问题转化成"求一个数的几分之几是多少"来解决。

师： 我们得到的结果到底对不对呢？该怎么检验？

生： 把计算的结果代入到原题里计算一下，列式为 $(135-75)\div 75=\dfrac{4}{5}$。

师： 除此之外，你还能想到其他的检验方法吗？

生： 可以把得到的答案，代入线段图中加以检验。

设计意图："求比一个数多（或少）几分之几的数是多少"最关键的知识"撬动点"是理解单位"1"和会"求一个数的几分之几是多少"。而理解单位"1"的关键，还是要借数形结合促进理解与生成。从课前思考的提供直观条形统计图再到自主模仿探索画出线段图，这是一个自主迁移和推理的发展过程。正因为是课前夯基启思起到了关键作用，学生在后来的阅读与理解、分析与解答、回顾与反思三大环节中都过渡得比较顺畅。两种不同的方法其实就是一种是先考虑"量"，另一种是先考虑"率"。通过两种方法的沟通与比较使学生感受知识与知识之间的联系，感受事物之间的对立与统一，初步培养辩证地、全面地看待问题的意识。

环节三 深化——运用模型，巩固深化

1. 变式迁移

教师出示题目。

李叔叔的餐馆过去每天的厨房垃圾大约是 100 千克，实行"光盘行动"后，厨房垃圾大约减少了 $\dfrac{1}{4}$。现在这家餐馆每天的厨房垃圾大约是多少千克？

师： 这个问题你会独立画图解决吗？试一试吧。

（学生独立画图解决。）

师： 这个问题和"心跳"问题有什么相同和不同之处？

生： "心跳"问题是比单位"1"多，这个问题是比单位"1"少，画图时要比单位"1"短一些，往里画。

设计意图：此环节安排了一个"求比一个数少几分之几的数是多少"，让学生

进行迁移类推。还可以利用这一素材进行环境保护教育。

2. 辨析选择

六（1）班同学做好事120件，_____，六（2）班做好事多少件？

(1) 六（2）班比六（1）班多 $\frac{1}{3}$　　A. $120 \times \frac{1}{3}$

(2) 六（2）班比六（1）班少 $\frac{1}{3}$　　B. $120 \times \left(1 + \frac{1}{3}\right)$

(3) 六（2）班比六（1）班的 $\frac{1}{3}$　　C. $120 \times \left(1 - \frac{1}{3}\right)$

设计意图：通过条件与算式的选择搭配，不仅考查学生分析解决问题的思路与方法，还考查学生优化选择和创新的能力。在不同的数量关系间让学生准确选出正确算式，旨在辨析中加深学生对用分数乘法解决问题各类相关类型掌握情况。

3. 生活百科。

一台笔记本电脑，先降价 $\frac{1}{9}$，后来又提价 $\frac{1}{9}$。现价与原价相比，是升了还是降了？

师： 用你喜欢的方法尝试解决。

设计意图：从教材提供的千变万化素材中，让学生从小百科知识的阅读与理解中增长见识。同时注意让学生剥离现实的"外壳"，抽取出内在的数量关系，在深刻的理解中牢固掌握其中的分数乘法意义，做到万变不离其宗。

环节四 建联——前后对比，深化建构

师： "求一个数的几倍是多少""求一个数的几分之几是多少""求比一个数多（或少）几分之几的数是多少"，请前后对比一下这几类问题，能发现它们有什么联系和区别吗？

设计意图：从解决问题的关键性环节作反思与总结，得出解决此类问题的一般性策略的同时，把前后所学知识联系对比，帮助学生建构分数乘法的知识结构。

【课后促学反思】

联系生活应用，促学法延伸

（1）上网或查阅书籍，找相关的生活素材，编一道"求比一个数多（或少）几分之几的数是多少"相关解决实际问题的题，并尝试解答。

（2）"求比一个数多（或少）几分之几的数是多少"，如果把"几分之几"改成"几倍"，甚是将要学习的"百分之几"，你觉得可以吗？查找相关的资料，看看它们有什么相同的地方？你能自己做个自学小研究，体会其中的奥妙吗？

设计意图：一是从生活角度去发现模型，用数学模型再次解释生活现象。实现了用数学的眼光观察世界、发现问题，再用数学的思维去思考问题、解决问题。

二是从理解两个量的关系去思考此类模型的"前世—今天—未来",为后续学习的用百分数解决实际问题做学法上的铺垫。

反思

实现深度学习,从突破难点入手

《义务教育数学课程标准(2022年版)》强调引导教师主动变革教学实践,从关注知识技能的"点状""传输"自觉变革为关注学生对知识技能的主动学习和思考,关注教学的关联性、整体性,关注学生在主动活动中所形成的知识、技能、过程、方法、态度、品格、境界的综合效应,关注学生核心素养的养成。一节优质的课离不开学生的深度学习,也离不开教师教学中的精准导向与组织。要实现学生的深度学习,就本课时而言,牢牢抓住"难点"的突破是关键。

本课"难"在两点:

①学生在理解"婴儿每分钟心跳的次数比青少年多$\frac{4}{5}$"这句话的含义时存在困难。理解这句话的含义,关键是要将"婴儿每分钟心跳的次数比青少年多$\frac{4}{5}$"理解为"多的部分是青少年的$\frac{4}{5}$"。但不少学生无法达成这样的理解。要让学生列出"$75 \times \left(1 + \frac{4}{5}\right)$"这个算式解决问题,还需进一步将"婴儿每分钟心跳的次数比青少年多$\frac{4}{5}$"转化为"婴儿每分钟心跳的次数是青少年的$\left(1 + \frac{4}{5}\right)$"。但很多学生同样无法达成这样的转化。②在"回顾与反思"中,教材要求用"算算135次比75次多几分之几"来检验解答结果是否正确,但实际教学中发现,很多学生并不会用"$(135 - 75) \div 75$"解决这个问题。

本课设计重点是关注如何引领学生从度量的角度经历以意义为基础、以理解为核心、以体系为联系,有坡度、有价值的学习体验,让学生在整节课的学习中不仅增长了知识、建立了模型,而且感受到了前后知识的连贯性,沟通了知识间的联系,构建了新的知识结构。

1. 借助几何直观,凸显数学模型

本课借助几何直观把复杂的数学问题变得简明、形象,有效的画图策略有助于学生探索解决问题的思路、预测结果。通过设计动手操作画图,既可以将学生对题意的理解加以外显,又可以将现实情境抽象为数学模型,帮助学生分析和解决问题。在本课时的教学中,学生在问题解决的过程中,先明确题目中的信息和问题,并用线段图将题目中的信息和问题表示出来。求比一个数多(或少)几分之几的数是多少的问题时，数量关系比较复杂，画线段图的方式可以比较清晰、直观地表示出数量之间的关系。本节课为突破难点，从课前引入条形统计图，借助几何直观引导学生明白用图示理解关键性数量关系会显得形象明了。学生在这一系列的数形结合中理清数量关系，逐渐抓住问题核心，成就模型，能理解更加深刻、思考更加严谨，使解决问题的数学模型逐渐建立、逐渐清晰、逐渐深入。

2．透过数学本质，积累数学活动经验

本课设计从动态的度量入手，经历操作、画图、解题、归纳的思考过程，由多个数学实例、多种解题方法归纳解决此类题的本质方法，浅层的解题过程淡化了，但深层的单位"1"的理解、数形结合思想、模型思想、应用意识、分析推理能力却一一凸显，成为超越知识传授之上的更高的课堂教学追求。从数学模型到生活百科，无不潜藏着数学与生活、数学与社会、数学与自然、数学与科技的千丝万缕的联系，处处蕴涵着数学的理性光辉、学科魅力。求比一个数多（或少）几分之几的数是多少的教学中，除了渗透数形结合、对应等数学思想方法外，还注意了在教学中结合具体的内容，设计有效的数学探究活动，使学生经历知识的发生、发展过程，在"做"和"思考"的过程中逐步积累数学活动经验。通过解决各种问题，学生不仅体会到了数学的内在价值，还感受到了生活中处处皆数学的实用价值。

3．发挥主体作用，尝试多样化解题策略

认真听讲、积极思考、动手实践、自主探索、合作交流等，都是学习数学的重要学习方式。在用分数乘法解决实际问题的过程中，本课设计注重发挥学生的主体作用，为学生提供充分开展数学活动的机会，在具体操作、观察的基础上开展探索、讨论和交流，分享多样化的计算方法和解决问题的策略，分析数量关系，寻求问题解决的思路。学生在理解题意的基础上画出线段图后，教师要引导学生从不同的角度思考问题，在列式之前把先解决什么，再解决什么的思路整理清楚，让学生描述每个列式背后的数量关系并互相交流。在回顾与反思的环节中，发现画图是解决问题的一个有效策略。当数量关系复杂时，画图可以更为直观和清晰地表示出这种数量关系。掌握了这一策略，学生在解决更复杂的新问题时也能从容应对。同时，列出了一种检验结果的方法后，启发学生从不同的角度寻找不同的方法加以检验。尝试多样化解题策略的同时，发散学生的思维，实现了学生的深度学习。

案例 8　田忌赛马

（人教版小学数学四年级上册第 106 页）

深研

一、内容解读

（一）知识精解

本册数学广角单元是"优化"。所谓优化，是指以某种理论或原则为基础，在充分考虑各种约束和可能的前提下，寻求获得最佳结果的方案设计。简单地说，优化就是在把事情做对的前提下，想办法把事情做好。

本单元的第一个问题情境是"帮妈妈沏茶"。根据题目列出的沏茶环节，正确的操作顺序不止一种，都能把事情做对。如果深入分析各环节的时间，发现如果让某些环节同步进行，就能节省一些时间，让客人尽快喝上茶，这就是把事情做好了。本单元的第二个问题情境是"烙饼"。在日常生活中，我们把三个饼一个接一个地烙熟，也算是把事情做对了。但用数学的思维来分析，充分利用各种条件，就能找到更加省时间的办法，把事情办得更好。"先把事情做对，再想办法做好"，在生活中合理运用数学思维，能优化某些问题的解决方案。

"忌数与齐诸公子驰逐重射。孙子见其马足不甚相远，马有上、中、下辈。于是孙子谓田忌曰：'君弟重射，臣能令君胜。'田忌信然之，与王及诸公子逐射千金。及临质，孙子曰：'今以君之下驷与彼上驷，取君上驷与彼中驷，取君中驷与彼下驷。'既驰三辈毕，而田忌一不胜而再胜，卒得王千金。"这就是两千多年前的司马迁给我们讲的"田忌赛马"的故事。既然是赌马，总是有输有赢的，按规则完成比赛，事情也就算做对了。如果能通过某种优化设计，取得比赛的最终胜利，当然更值得高兴了。孙膑就是这么做的。

"沏茶""烙饼""赛马"是完全不搭界的三件事，有什么共同的道理蕴藏其中呢？还真的有，"沏茶"的优化原则是"别让人闲着"，在等水烧开的过程中能做不少事。"烙饼"的优化原则是"别让锅闲着"，每一轮都尽量烙 3 个饼，把锅里的空间用足。"赛马"的优化原则是"别让马闲着"，以我下等马之力，反正必输。若对彼之下等马，只不过是走个过场；若对彼之中等马，多少发挥了一些作用；若对彼之上等马，虽然跑不赢对手，但却能将最强劲的对手给"消耗"掉。输一局而赢全局，这样设计，下等马真是"没闲着"。

人尽其才，物尽其力，细致严谨，精益求精，既是生活的智慧，也是数学的精神。

（二）内容透析

1. 知识结构

人教版小学数学教材除了在各领域教学内容中渗透基本的数学思想和方法外，还专门安排"数学广角"单元来介绍一些重要的数学思想方法，使学生学习运用这些方法解决一些简单的实际问题或数学问题。

本单元主要结合生活事例和历史故事，让学生从数学的角度经历在多种解决问题的方案中寻求最优方案的过程，初步体会运筹策略及其在实际问题中的应用，进而理解优化的数学思想，感悟优化思想的重要作用。

本单元编排了3道例题。虽然情境素材区别甚大，但蕴含的优化思想方法仍体现出统一性。3道例题难度由浅入深，本例更为抽象。

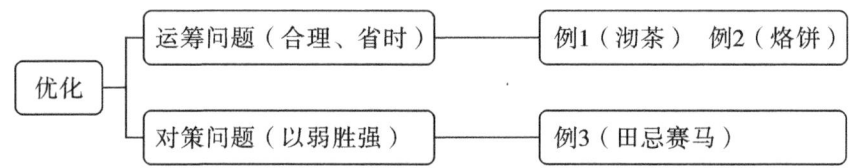

2. 教材编排

"田忌赛马"是人教版小学数学四年级上册第八单元"优化"中的例3，教材按如下结构进行编排：

（1）用列表格的方式帮助学生熟悉故事情节，了解两次比赛的对阵方式。分析讨论田忌在第二次赛马中所采取的获胜策略。

（2）以问题引导学生作更深入的数学思考。引导学生通过有序排列、列举填表等活动，分析所有的对阵方式，明确"田忌所用的这种策略是唯一能赢齐王的方法"，体验寻求最优策略的过程。

（3）"做一做"设计了扑克牌游戏活动，让学生迁移在故事中学到的方法和经验，在新的情境中进行应用。

二、目标设定

（一）核心素养讨论

1. 推理意识的主要表现

在分析两次赛马的对阵方式和比赛结果时，学生需要根据故事设定的条件和情节做出正确的推断。在分析讨论关键问题"田忌为什么要用自己最弱的马对阵齐王最强的马"时,学生需要站在整场三局比赛的角度作全盘考虑,明白这种对阵策略"输一局而赢整体"的道理。此外,在"做一做"的游戏活动中,学生可以根据双方扑克牌点数情况,类比推理故事中的对阵策略,从而发现取胜的方法。

2. 几何直观的主要表现

教材呈现了两个表格。第一个表格以简洁明了的方式表述了两次比赛的对阵方式,有助于学生了解故事情节,掌握对阵双方各等次马匹的胜负关系。第二个表格建立了有序列举所有对阵方式的框架,学生在填写和讨论的过程中,不仅能明确取胜策略的唯一性,还能充分体验有序列举的重要性。这种"用表格叙述故事""用表格整理信息"的呈现方式,突显了图表的几何直观在发现结论、学习知识、解决问题中的作用。

(二)学情分析

1. 学生认知特征分析

故事中包含的强弱关系、对阵变化等因素,特别是第二次比赛中田忌的上等马、中等马"化弱为强"的辩证逻辑,对于四年级学生而言都有一定抽象性。教学时可以适当使用教具、课件或视频等,帮助学生熟悉故事情节,理解故事所蕴含的数学思想。

2. 学生生活经验分析

相对于本单元前两道例题,田忌赛马的故事及其蕴含的数学思想与学生的生活经验相距甚远,现实生活中应用类似策略的案例也不是很丰富,因此,教学中应着力让学生经历运用数学方法分析事件、寻求最优策略的过程,以获得充分的数学活动体验。

3. 学生知识基础分析

学生曾经有"用列表法解决问题"的数学活动经验,本例题教学中两次使用表格,可以让学生进一步感受或主动分享这种直观方法的作用,逐步培养主动运用这种方法的习惯。

(三)目标设定

1. 教学目标及重、难点

(1)了解"田忌赛马"的故事,分析获胜的策略,体会策略的重要性,进一步感悟优化的数学思想方法。

(2)体会解决问题策略的多样性,形成运用优化思想解决问题的意识。

(3)感受数学与生活的密切联系,体会数学思想的应用价值,培养数学应用意识。

教学重点:列举所有可能的对阵方法,寻求最优应对策略。

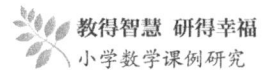

教学难点：初步体会优化思想在解决实际问题中的作用，提高分析问题、解决问题的能力。

2. 目标达成的行为表现

（1）"分析获胜的策略，体会策略的重要性，进一步感悟优化的数学思想方法"行为表现：能正确分析第二次比赛获胜的策略，并用自己的语言进行解释，理解在此类问题中"以弱胜强"的道理。

（2）"体会解决问题策略的多样性，形成运用优化思想解决问题的意识"行为表现：能有序思考并列举出所有的对阵方式，通过分析和比较明确取胜策略的唯一性。能应用类似策略解决简单的数学问题。

三、评价设计

1. 基础性评价设计

（略）

2. 重点内容评价设计

教材第 106 页"做一做"：两人玩扑克牌比大小的游戏，每人每次出一张牌，各出 3 次，赢两次者胜。小红拿到的是下面一组的牌，她有可能获胜吗？

对方扑克牌点数是 9、7、6，小红扑克牌点数是 8、6、3。

考查能力：与例题相似的基础题型，检验学生对于基本策略的掌握情况，以及主动迁移应用知识和方法的能力。

3. 难点内容评价设计

教材第 107 页"练习二十"第 3 题：如果比赛中每个人都发挥正常，第 2 队怎样布阵才能获胜？

拍球比赛（五局三胜，每局各出1人）

第1队： 陆 莎	赵天骁	陶欣然	杜小雯	程 刚
230下	220下	205下	180下	155下
第2队： 宋圆圆	肖 刚	何文龙	刘佳佳	朱 曼
220下	210下	190下	165下	150下

考查能力：开放式练习，第 2 队取胜策略不唯一。在更为复杂的情境中，进一步强化学生对例题所学取胜策略的理解和应用。着重考查学生对自己发现的取胜方案进行解释的情况。

四、教学思路

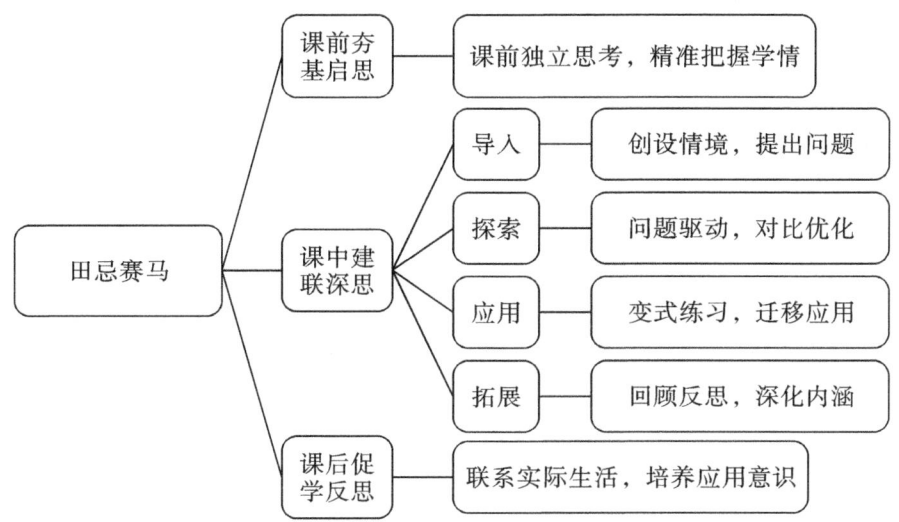

实践

"田忌赛马"教学实录

【课前夯基启思】
课前独立思考，精准把握学情
提供"田忌赛马"的历史素材，鼓励有条件的学生通过网络资源充分了解田忌赛马的故事。

（1）田忌第二次是怎样安排的？结果如何？用你自己喜欢的方式记录下来。

（2）除了以上的方案，还有其他能赢齐王的方案吗？用你自己喜欢的方法进行探究和记录。

设计意图：通过课前充分了解田忌赛马的故事，创设良好的学习情境，将核心问题作为课前思考内容，主要是了解学生非常规性问题解决策略的掌握情况，积累课堂教学中的素材。

【课中建联深思】

环节一　导入——创设情境，提出问题

师： 中华民族是个智慧的民族，两千多年前有这么一个故事：战国时期的齐王和他的将军田忌都很喜欢赛马，他们将自己的马分成上、中、下三个等次，齐王每个等次的马都比田忌的要快，但快不了多少。这次，他们这样对阵（上对上，中对中，下对下）。结果，田忌输得一败涂地，愣是一局没赢。后面的故事大家知道吗？

生：知道，以前语文课学过。

师：请一位同学说一说。（只要能说清楚故事梗概即可）

	齐　王	田　忌	本场胜者
第一场	上等马		
第二场	中等马		
第三场	下等马		

师：谁能把田忌第二次和齐王比的过程说得更清楚点？（学生边说教师边记录）这样就能赢了吗？

生：能赢，因为田忌上等马比齐王中等马快，田忌中等马比齐王下等马快，虽然下等马输给了齐王的上等马，但是三局两胜，田忌赢了。

师：大家都同意吗？有什么疑问吗？

生：你怎么知道田忌的上等马比齐王的中等马快？

生：因为故事中说齐王的上等马比田忌的上等马"快不了多少"。

师：大家考虑得真细啊！看来田忌的马只是比齐王的马"实力稍弱"（板书），这样一来确实田忌就能赢了。还有什么疑问吗？

生：还有其他能赢齐王的方案吗？

师：这个问题真有水平。田忌所用的策略是不是唯一能赢齐王的方法？今天我们就从数学的角度进行探究。（板书：田忌赛马）

设计意图：从学生已有的学习中提取感性经验，在教师的引导、学生的回顾中将这个历史故事数学化，创设有趣的情境。同时引导学生发现和提出问题，适时地进行追问，一方面明确田忌赛马得以成功的前提——水平差不多，另一方面发现和提出本节课的核心问题——田忌所用的策略是不是唯一能赢齐王的方法。

环节二 探索——问题驱动，对比优化

1. 探索交流

师：孙膑想到的这种策略是不是唯一能赢齐王的对策？

生：是的。

生：不一定，可能还有。

师：看来取胜对策是否唯一，大家有不同看法。那么田忌总共有多少种可采用的对策呢？

生：9种。

师：为什么？

生：齐王有3匹马，田忌也有3匹马，三三得九。

生：6种。

师：为什么？要想知道有没有？你们有什么办法？

生：把所有的情况都列出来。

师：请大家用手里的学习单独立思考得到所有的方案，然后小组交流一下自己的想法。（学生在思考过程中有的是随意罗列，有的是有序罗列）

	第一场	第二场	第三场	获胜方
齐王	上等马	中等马	下等马	
田忌				

师：谁来说说你的想法？

按照无序到有序的顺序进行汇报，汇报过程中学生之间自行追问和补充。

师：谁能完整地进行汇报？

	第一场	第二场	第三场	获胜方
齐王	上等马	中等马	下等马	
田忌	上等马	中等马	下等马	齐王
田忌	上等马	下等马	中等马	齐王
田忌	中等马	上等马	下等马	齐王
田忌	中等马	下等马	上等马	齐王
田忌	下等马	上等马	中等马	田忌
田忌	下等马	中等马	上等马	齐王

师：为什么能够这么完整和清楚？

生：因为想的时候"有序思考"（板书）。先确定上等马的位置，上等马第一场的情况摆完之后，再确定中等马的位置，最后确定下等马的位置。

师：在整理数据的时候，如果能做到有序，我们就能更清楚地看出数据是否重复，是否遗漏。

设计意图：先让学生猜想总共有几种对策，意在激活学生已有的"搭配"的学习经验。独立填表过程中先独立思考，小组交流后按照无序到有序的过程进行汇报，进一步渗透有序思考才能不重复不遗漏的方法，积累解决此类问题的活动经验。

2．对比优化

师：哪些方案能赢？

生：齐王的上等马对田忌的下等马，齐王的中等马对田忌的上等马，齐王的下等马对田忌的中等马，只有这一种方案能赢。

师：为什么只有这一种才能赢？

生：因为田忌用下等马与齐王的上等马比。

师：其他的方案也有"田忌用下等马对齐王的上等马比"的情况啊？怎么没赢。

生：还得用田忌的上等马对齐王的中等马，田忌的中等马对齐王的下等马，如果用田忌的上等马对齐王的下等马，那么田忌的中等马对齐王的中等马就输了。其他的情况也是这样，田忌最多赢一局，输两局，所以赢不了。

师：说得真清楚！一起看看，田忌是弱还是强？

生：弱。

师：可是田忌赢了呀，看来田忌也不弱呀！

生：只是稍微弱一点，不是弱很多。

生：看看跟谁比。

师：什么意思？

生：田忌的上等马虽然比不上齐王的上等马，但是快、慢差不多，并且要比齐王的中等马要快，要不然也赢不了。

师：所以我们才能"以弱胜强"（板书）。现在，谁能用自己的话说说要想"以弱胜强"怎么办？

生：用自己最弱的对别人最强的，虽然一定会输，但这是我们有预谋的，用最弱的消耗对手最强的。

师：我们给这招起个名字：以弱耗强。（板书）

生：然后，用自己最强的对别人中等的，用自己中等的对别人最弱的。

师：这样一比，原来和最强的比显得弱的就变强了，这一招我们也起个名字：变弱为强。（板书）

生：我觉得还有个条件，就是要自己先不要动，先让对方出，我们再出，如果齐王后出的话，田忌还是赢不了。

师：你注意到了大家没注意到的地方，太厉害了！行，我们也给这招起个名字：后发制人。（板书）

师：看来，当我们比对手弱一点时，会有很多种方案来比，但要想赢得比赛，往往得用"后发制人""以弱耗强""变弱为强"的对策才能"以弱胜强"。

设计意图：教师在一系列问题中引导学生对比不同的方案，得出只有一种方案可以赢的结论，让学生经历从方案多样化到选取"最优方案"的过程，并在不断追问中明确满足最优方案的条件：稍弱，后发制人，以弱耗强，变弱为强。充分体现了对策论是研究博弈行为中各方是否存在最合理的行为方案，以及如何找到合理行为方案的数学理论和方法。

环节三 应用——变式练习，迁移应用

1．巩固练习

课件出示：两人玩扑克牌比大小的游戏，每人每次出一张牌，各出3次，赢两次者胜。小红拿到的是下面一组的牌，她有可能获胜吗？

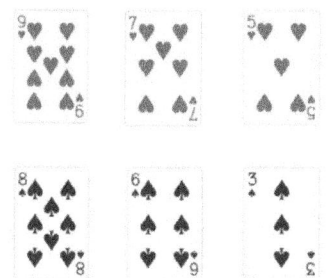

生：♠3和♥9比，小红输；♠8和♥7比，小红赢；♠6和♥5比，小红赢。

生：而且小红要后出，后发制人。

师：我们要后发制人，然后以弱耗强（♠3和♥9比），变弱为强（♠8和♥7比；♠6和♥5比）。如果红桃不按上面的顺序出，小红还能赢吗？

生：只要后发制人，就能赢。

设计意图：引导学生将前面田忌赛马中获得的对阵策略进行迁移，检验学生对于基本对策的理解和掌握情况，巩固以弱胜强的基本对策，实现知识的前后贯通。

2．变式练习

课件出示：①两人玩扑克牌比大小的游戏，每人每次出一张牌，三局两胜。小红拿到的是下面一组的牌，她还有可能获胜吗？

师：现在小红还能赢吗？

生：赢不了。

师：为什么？

生：最大的♠6和最小的♥6一样大，小红一局都赢不了。

师：大家有什么想法？

生：要想以弱胜强，前提要是实力差不多才行，不然就算"后发制人""以弱耗强""变弱为强"也不能"以弱胜强"。

课件出示：②两人玩扑克牌比大小的游戏，每人每次出一张牌，三局两胜。如果是你，你会选择哪一组？（如下图）

生：我选下面一组，下面一组牌更大。

生：我选上面一组，可以用我们学的方法来获胜。

生：我选上面一组，我发现无论怎么比，上面一组都会赢两局。

师：怎么回事？

生：因为♥三张牌都比黑色的两张牌大，所以就算输给10，其他两局也会赢，实力差距还是比较大，所以也不用后发制人，♥一定会赢。

师：真的是这样吗？看起来下面一组应该可以赢啊，大家找找看，有没有下面一组能赢的方案。

	第一场	第二场	第三场	获胜方
♥	9	7	6	
♠	10	5	3	♥
♠	10	3	5	♥
♠	5	10	3	♥
♠	5	3	10	♥
♠	3	10	5	♥
♠	3	5	10	♥

设计意图：田忌赛马变式练习，第①题打破学生的思维定式，以弱胜强的前提是二者相差甚微，当差距很大时"对策"也没有了作用。第②题再次打破学生的思维定式，即便有最大的牌，最终获胜也要看其他情况，在产生矛盾时再运用列表法罗列所有的方案，巩固解决问题的方法。在变式练习中触碰对策论的本质，进一步渗透优化的思想方法。

3. 综合练习

```
┌─────────────────────────────────────────────────────────┐
│                  拍球比赛（五局三胜）                    │
│  第1队： 陆 莎    赵天骁    陶欣然    杜小雯    程 刚   │
│         230下     220下     205下     180下     155下   │
│  第2队： 宋圆圆   肖 刚    何文龙    刘佳佳    朱 曼   │
│         220下     210下     190下     165下     150下   │
└─────────────────────────────────────────────────────────┘
```

师：如果比赛中每个人都发挥正常，第2队怎样对阵才能获胜？
生：我是这样做的。

第1队	陆莎 230下	赵天骁 220下	陶欣然 205下	杜小雯 180下	程刚 155下
第2队	朱曼 150下	刘佳佳 165下	宋圆圆 220下	肖刚 210下	何文龙 190下

生：我觉得还可以这样做。

第1队	陆莎 230下	赵天骁 220下	陶欣然 205下	杜小雯 180下	程刚 155下
第2队	朱曼 150下	宋圆圆 220下	肖刚 210下	何文龙 190下	刘佳佳 165下

师：还有吗？（只要学生运用了"后发制人""以弱耗强""变弱为强"的对策"以弱胜强"都加以肯定）

设计意图：答案不唯一，开放式练习。再次打破学生的思维定式：以弱胜强只有一种方案。以弱胜强可以用多种方案，让学生经历方案多样化的过程，拓展"以弱胜强"策略的外延。

环节四 拓展——回顾反思，深化内涵

师：同学们，像今天我们所学的这些问题在数学中我们称之为"对策问题"（板书），关于对策问题，早在2500年前我国就对此有了很深入的研究与实践，其中《孙子兵法》中提到的"知己知彼，百战不殆"是孙子军事思想的重要体现，一代兵圣孙膑的"田忌赛马"是对策问题的典型应用。

师：学完了这节课，大家印象最深刻的是什么呢？或者还有什么想法吗？
生：我印象最深刻的是当我们比较弱时，不要轻言放弃，要想想有没有什么"以弱胜强"的办法。

生："以弱胜强"是有条件的：要"实力稍弱"，还要"后发制人""以弱耗强""变弱为强"。

生：我觉得田忌赛马这个比赛不是很公平，为什么齐王要先出，齐王比田忌大，完全可以让田忌先出啊！就算齐王第一场先出，第二场应该田忌先出才公平啊，这样一来还是齐王赢。

生：田忌的上等马就一定比齐王的中等马要快吗？故事里面没有说清楚，比赛的马应该都是差不多的。

……

师：大家的思路完全被打开了，所质疑的地方非常精彩。在今天研究的简单的对策问题中，我们将所有的方案先列举出来再优化出最优的方案，进而发现这个最优的方案也是有很多条件的，要实力差不多，还要"后发制人""以弱耗强""变弱为强"才能"以弱胜强"。大家质疑的地方正是对策问题的魅力所在，随着更深入的学习我们会有更深的体会。

设计意图：在回顾反思中引发学生更多的思考，从而达到"课已下，而思未止"的境界。

【课后促学反思】

联系实际生活，培养应用意识

（1）设计两人玩扑克牌比大小的游戏，每人可以是 3 张、5 张、7 张等，运用"田忌赛马"的方法和自己的爸爸妈妈玩一玩，向他们说一说其中的道理。

（2）查找资料：生活中哪些常见的地方用到了"田忌赛马"中的方法，与小组同学分享。

设计意图：通过游戏设计与用语言描述，在实践中加深学生对"对策问题"的理解，通过查阅资料将数学与生活相链接。

反思

学起于思，思起于疑

"田忌赛马"是小学数学教学内容中公认比较难教学的课时内容，关于田忌赛马的课例资源很丰富，但基本上都不会用《田忌赛马》这一故事作为课堂的主线，都会用"比扑克牌大小"作为主线进行教学，而后将田忌赛马作为迁移应用内容加以呈现。按理说学生已经了解了故事的背景，又是一种比赛的机制，用这一情境进行教学不应该更合理吗？同时，这一课时教学难仅仅是因为情境不合理吗？

以上的现状引起我对本节课的兴趣，进而依据"精准教学"的理念进行了相关分析，得到以下的结论：

（1）情境难创设。前文说过学生已经了解了故事的背景，但经过多次教学实践发现，学生仅仅了解故事的雏形，甚至相当一部分已经没有印象，并且之前并没有从数学的角度去思考，这一情境如果不加以重组很难有效果。这也正是为何绝大部分课例都不用田忌赛马作为主题进行教学，进而采用"比扑克牌大小"这一更简洁的情境来教学的原因。同时，对于学生来说，"田忌赛马"的策略应用范围窄，学生在具体运算阶段还很难进行逆向思维的随意切换，对生活中相关情境少有体会，难以引起学生的共鸣。

（2）推理不严密。"我们把齐王的三匹马表示为 A_1、A_2、A_3，田忌的三匹马表示为 B_1、B_2、B_3，通过故事我们能推知：$A_1 > A_2 > A_3$，$B_1 > B_2 > B_3$，$A_1 > B_1$，$A_2 > B_2$，$A_3 > B_3$。从以上条件能推出 $A_1 > B_3$，无法推出 $B_1 > A_2$，$B_2 > A_3$，尽管说齐王的每一等马都比田忌的马强，但只是定性的说明，没有定量的刻画。数学的一大特点便是"量化"，学生在数学学习过程中养成了数感，但在田忌赛马问题中几匹马的实力却没有量化，无法直观地让学生进行比较，这是为何选择"比扑克牌大小"的另一原因。

（3）内容难定位。教师用书中将田忌赛马明确划分为"对策问题"，但田忌赛马故事本身，严格说来并不属于对策论（博弈论）范畴，"比扑克牌大小"也不属于。"在田忌赛马的故事里，田忌之所以能取胜，是因为齐威王的策略是给定不变的，也就是说，只有田忌在决策。这种知道对方出马次序的决策，属于决策论的范畴，而不是一个博弈问题。因为博弈问题最基本的特征就是"策略互相牵制对抗"，都不知道对方实际会出什么策略。也正因为如此，学生在真正融入情境后往往会为齐王打抱不平：为什么齐王要先出？致使教学过程中教师不知该导向何处。不过，田忌赛马确实是一个对策论的好"引子"，在教学"田忌赛马"的基本策略的过程中以及最后要引导学生打开思维去思考对策，即便不能得出结论也可以。

（4）前后少联系。"优化"单元的解决问题包括"沏茶问题""烙饼问题"和"田忌赛马"，"沏茶问题"与"烙饼问题"同属于运筹问题，二者内部有着严密的逻辑关系，它们与"田忌赛马"没有直接的联系，只是在探究问题的方法上都是采用多样化基础上寻求合适的策略，都是属于"优化"的思想方法。事实上，"田忌赛马"探究过程中更多运用了"搭配"过程中的有序思考帮助学生体会优化的过程，但也没有最终策略的联系，可以说田忌赛马从具体解题策略上来说是一个单独的内容，与前后内容很少有联系。

（5）对策难提炼。即使提问一线数学教师：田忌赛马的对策是什么？我想大部分教师会说：用最弱的对最强的。但这样描述对策并不完整，"田忌赛马"对策是比较复杂的，学生在学习过程中的"童言童语"会很生活化，但不会很准确，如何准确且完整地描述这一问题的对策也是教学的一大难处。

在以上精准分析的基础上我设计了上文的"田忌赛马"，主要有以下五个特点：

（1）课前分析足。首先进行了内容解读，从课时内容出发，再对标数学核心素养，进而分析教材内容的知识结构。在此基础上进行目标设定，首先将课时教学目标对标学段教学目标，再从认知特征、生活现实、数学现实三个角度进行学情分析，进而确定教学目标，并对教学目标的达成进行行为表述。还进行了评价样例的分析与教学思路的可视化呈现，不可谓不精准。

（2）情境创设实。正如前文分析大部分课例中不使用《田忌赛马》故事作为主要情境，而使用"比扑克牌大小"，但我认为"比扑克牌大小"往往是脱离情境的，还不如运用具有文化背景的《田忌赛马》故事。不过创设情境时采用了一半一半的方式，教师先讲一半故事，再让学生进行回忆，厘清故事梗概，然后再让学生依托教材提供的学习单回顾田忌的对策，最后提出："田忌所用的策略是不是唯一能赢齐王的方法？"创设完整的情境，讲历史故事数学化。

（3）策略概括精。依托情境中生成的问题让学生自主探索，进而对比优化，在这一主要过程中，教师适时依据学生的生成进行提炼，得到"以弱胜强"是有条件的：实力稍弱、后发制人、以弱耗强、变弱为强。可以说，对于田忌赛马对策的精准描述是本教学设计的最大亮点。

（4）迁移应用广。这里的"广"不是指实际应用范围广，而是巩固练习多。在巩固练习中，设置了"基础练习""变式练习""综合练习"，从基础的迁移应用，到变式中凸出对策问题的本质，不断打破学生的思维定式，在综合练习中体现对策的开放性，从而以"深度"带"广度"。

（5）问题教学活。整个教学设计围绕"问题"展开，从"田忌所用的策略是不是唯一能赢齐王的方法"展开，以问题串的形式进行教学，过程中教师适时追问，并鼓励启发学生进行质疑，让学生去回应学生的问题，在"问题教学"中体现"生本意识"。

学起于思，思起于疑。对于"田忌赛马"的深度思考源于对本课时教学现状的疑惑，在疑惑中精准分析，在分析中坚定理念，在坚定中有所创新。这也正是"精准教学"理念的核心。

第二章 图形与几何领域

案例 9　线段　直线　射线

（人教版小学数学四年级上册第38-39页）

深研

一、内容解读

（一）知识精解

点：欧几里得对点的定义是"不可再分割成部分"。点在几何学上指没有大小（即没有长、宽、高）而只有位置、不可分割的图形。如两直线的相交处、线段的两端都是点。点作为几何中最基本的组成部分，点动成线，线动成面，面动成体。小学数学教材中没有明确给出点的定义，但在认识平面图形和立体图形时，研究线和线的位置关系时指出了一些点，如"角的顶点""三角形的顶点""圆上的点""垂足""过直线外一点画垂线或平行线"……

直线：在欧几里得几何学中，直线是几何学中的基本概念，是点在空间内沿相同或相反方向运动的轨迹。直线的特征包括"直的""可以向两方无限延伸""没有精细之分"。直线不可度量和比较。

射线：射线亦称为半直线，指直线上任一点一旁的部分。这一点称为射线的端点。射线也可以定义为，从某一个确定的点出发，沿固定方向运动的点的轨迹。射线不可度量和比较。

线段：直线上两点和它们之间的部分。线段的长度是有限的，可以度量和比较。

经过一点可以画无数条直线；过两点有且只有一条直线（两点确定一条直线）；从一点出发可以画无数条射线；所有连接两点的线中线段最短（两点之间线段最短）；连接两点的线段的长度叫作这两点间的距离。

（二）内容透析

1. 知识结构

"线段、直线、射线"在"图形的认识"知识链中相关知识的前后联系如下图所示：

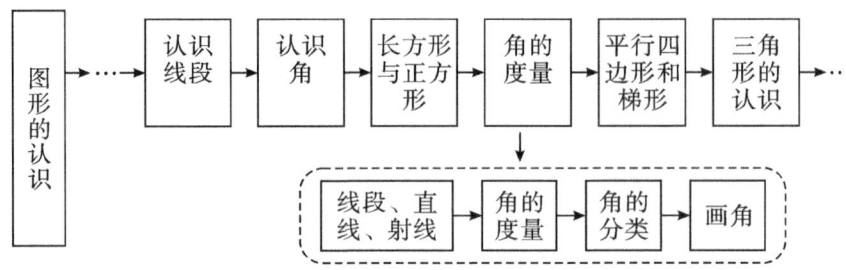

2. 教材编排

"线段、直线、射线"是人教版小学数学四年级上册第三单元"角的度量"第一课时的教学内容，按如下结构和步骤编排知识内容：

（1）认识线段。先借助直观的生活现象（如拉紧的线、绷紧的弦），用实物例子描述线段；然后说明线段有两个端点，这是线段与直线、射线的主要区别；再呈现线段的图形，介绍线段的字母表示方法。

（2）认识直线。由于直线涉及无限性，小学生较难理解，所以教材以线段的认识为基础介绍直线和射线的知识，既降低了学生的认识难度，也有利于学生把握三者之间的关系。教材先通过语言描述由线段到直线的过程，然后说明直线没有端点，是无限长的。再呈现直线的图形及其字母表示方法。

（3）以与之前类似的方式引出关于射线的知识内容，并通过手电光等生活原型，丰富学生对射线的感性认识。

（4）教材提示安排小组合作讨论活动，通过3个学生的对话，学生从端点数量、延伸情况和能否测量三个维度比较3种图形，强化概念间的联系，增强概念的系统性。

（5）"做一做"的练习一方面能检验学生对图形概念的掌握情况，另一方面也能丰富学生的图形表象。

二、目标设定

（一）核心素养讨论

1. 空间观念的主要表现

本课教学是发展学生空间想象能力的重要契机。直线和射线的概念，是在线段概念的基础上，用"无限延伸"的动态方式建立起来的。指导学生理解这两个数学概念，着重把握好以下三个问题：从哪里开始延伸、向哪里延伸、无限延伸意味着什么。对第一个问题的思考，可以抽象直线、射线与线段在形状特征上的共性，即它们都是直的。无论是两端延伸还是向一端延伸，都不会改变线段固有的"直的"属性。对第二个问题的思考,可以抽象直线、射线、线段的端点数量。线段向两端延伸,两个端点都消失了,所以直线没有端点;线段向一端延伸,一个端点消失了,另一个端点被保留,所以射线有一个端点。对第三个问题的思考,可以抽象它们"可否度量"的属性。线段有两个端点,说明它的长度限制在两个端点之内,是有限的,可以度量。向两端或一端无限延伸后形成直线或射线,它们的长度变为无限,也就无法度量了。

课件能动态地展示"延伸",给学生的直观想象提供支持,但即使是课件也无法展示"无限",因此,启发学生展开空间想象,结合身体的动作进行描述,达到"意会"的认识水平,是理解概念的重要手段,也是促进学生直观想象能力发展的重要机会。

2. 推理意识的主要表现

"经过一点可画无数条直线""经过两点只能画一条直线""从一点出发可以画无数条射线"等,四年级学生虽然无法严格论证这些命题,但却可以通过合情推理发现这些结论。在学生完成画图之后,引导学生发现其中的数学规律,并尝试用自己的语言解释规律,是对学生推理能力的有效训练,也可以抓住机会,让学生感受无限的数学思想。

(二)学情分析

1. 学生认知特征分析

小学生理解抽象的数学概念,基于感知,依靠表象,但不停留于感知和表象阶段。认识线段、直线、射线和角也如此。教材呈现的关于线段和射线的生活实例,生动而具体,有助于学生形成正确的表象。直线的特点决定了它很难找到合适的生活原型。教师可以适当组织学生做一些关于线段、直线和射线的身体模拟活动,如伸出两手,想象两个手指尖之间的线段;平举两臂,想象从两个指尖无限延伸出去的直线;单臂平举,想象从一个指尖无限延伸出去的射线。教师配合语言,指导学生进行空间想象,让学生感受"直""端点""长度"等概念要点。

2. 学生生活经验分析

关于线段,由于有二年级的直观认识作为基础,而且现实生活中可以看成线段的具体事物很丰富,学生理解起来相对容易。直线和射线的生活实例不多,理解这两个概念相对较困难。教师可组织学生回顾生活经验,充分举例,并对举出的实例作适当的描述和解释。

3. 学生已有知识基础分析

本节内容中教学线段和角都是教材安排的第二阶段,要注意与第一阶段的教学做好衔接,把握好学生的学习起点。在两个阶段之间,学生还进一步学习了测量,认识了分米、毫米、千米等长度单位,学习了长方形和正方形的认识、周长与面积的计算等，这些学习活动形成的知识基础、基本技能，以及关于几何知识的学习经验，为本节内容的学习打下了坚实的基础。

（三）目标设定

1. 教学目标及重、难点

（1）理解并掌握线段、直线、射线的特征。理解直线、射线和线段之间的关系。

（2）通过观察、操作、讨论、归纳等活动，发展空间观念。体会"无限延伸""无数条"等数学现象。感受数学知识之间的联系。体验"过一点可画无数条直线，过两点只能画一条直线"。

（3）举例描述日常生活中的线段、直线、射线，运用数学概念表达或说明这些现象。

（4）感受线段、直线、射线在现实生活中的广泛性，体会数学与生活的密切联系。

教学重点：理解并掌握线段、直线、射线的特征。理解直线、射线和线段间的关系。

教学难点：理解直线、射线的无限性特征。

2. 目标达成的行为表现

（1）"理解并掌握线段、直线、射线的特征"行为表现：能正确表述线段、直线、射线的特征，能根据特征做出正确的判断和识别。

（2）"理解直线、射线和线段间的关系"行为表现：能说出它们的相同点，即都是直的；能从端点数量、延伸情况和能否测量三个维度比较它们的区别。

（3）"通过观察、操作、讨论、归纳等活动，发展空间观念"行为表现：积极参与操作、观察、讨论和归纳活动，主动表达自己的操作过程和观察结果。

（4）"体会'无限延伸''无数条'等数学现象"行为表现：能用自己的方式想象和表达"无限延伸"的含义、能在画图实践的基础上感受"过一点可画无数条直线"。

（5）"感受数学知识之间的联系"行为表现：知道线段、直线和射线是一组关系密切的数学概念，它们有联系也有区别。

（6）"体验'过一点可画无数条直线，过两点只能画一条直线'"行为表现：能在画图实践的基础上进行适当的猜想或推理，获得正确的结论。

（7）"举例描述日常生活中的线段、直线、射线，运用数学概念表达或说明这些现象"行为表现：能举出一些生活实例，并用数学概念及图形特征进行适当的描述。注意表达的科学性。

三、评价设计

1. 基础性评价设计

谁说的是正确的？说说理由。（对的打√，错的打×）

（1）丁丁说："射线只有一个端点，直线没有端点。"（   ）

（2）明明说："我画了一条长5厘米的直线。"（   ）

（3）佳佳说："射线CD和射线DC是同一条射线。"（   ）

考查能力：线段、直线、射线相关知识基础题型，检验学生对三种图形基本特征的掌握情况。

2. 重点内容评价设计

如图所示，哪些是线段？哪些是直线？哪些是射线？

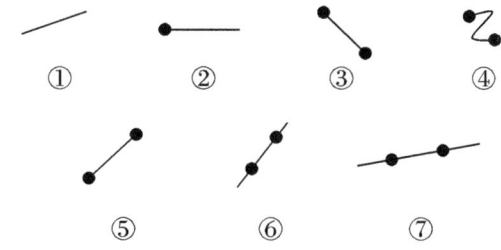

考查能力：线段、直线、射线相关知识变式题型，检验学生对三种图形基本特征的掌握情况。

3. 难点内容评价设计

图中有（   ）条直线，有（   ）条射线，有（   ）条线段。

考查能力：考查应用三种图形特征解决问题的能力，可以引导学生用符号标注各点，更方便于有序列举计数。

四、教学思路

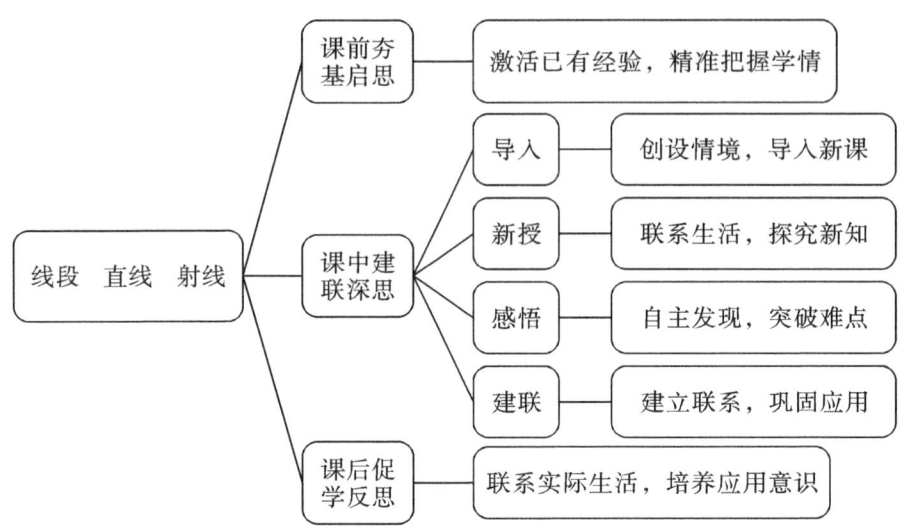

实践

"线段 直线 射线"教学实录

【课前夯基启思】
激活已有经验，精准把握学情
课前让学生进行以下的思考：

同学们，你听说过线段、直线、射线这三种线吗？你会画这三种线吗？请你画一画，不会画的同学也请尝试想象着画一画。

设计意图：课前思考题旨在激活学生已有关于"线"的经验，但更重要的是根据反馈精准把握学生的学情，从而制定合理的学习目标与适当的学习任务。

【课中建联深思】

环节一 导入——创设情境，导入新课

师： 同学们，你们在生活中见过线吗？
生： 见过。
师： 我们一起欣赏几张优美的图片吧！（出示多张图片）山坡上的梯田像一条条柔美的曲线，伸向远方的小路好似一条直直的线。线在我们生活中无处不在，有直的，有弯的，今天我们就一起认识几种直直的线。

环节二 新授——联系生活，探究新知

1. 复习线段，提炼特征

师：你们都认识线段，谁能介绍介绍它？

生：线段有两个端点。

生：线段是直直的。

生：线段是有长度的。

师：这两个端点有什么用？

生：表示起点和终点。

生：线就不能继续延长了。

师：不能继续延伸，你来指指，不能从哪儿延伸出去？

生：两端不能延伸。

生：线段是直直的，可以用尺子画出来。

师：请你们快速地画一条线段。它有多长？

生：我画的线段是 4 厘米。

生：我画的线段是 3 厘米。

师：看来，线段的长度是可以测量的。同学们对线段已经有了这么多的了解，请看，这里有线段吗？

学生指认了图中拉紧的线、绷紧的弓弦。

师：真好，还指出了线段的"两个端点"。（课件同步抽象成"线段"图例）如果我们把这两个点（从"拉直的线"抽象出来的线段的两个端点）记作 A、B，这条线段就叫线段 AB 或线段 BA。如果两个端点（从"弓弦"抽象出来的线段的两个端点）记作 C、D，这条线段就叫线段 CD 或线段 DC。给你画的线段也标上字母，起个名字。

师：我们已经从端点个数、能不能测量、名称这些角度对线段这种"线"做了深入的研究。大家都能在生活中找到线段吗？说给你小组的成员听一听。

师：试着找一找下列图形中各有几条线段？

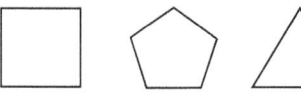

生：正方形中有 4 条线段。

生：五边形中有 5 条线段。

生：三角形中有 3 条线段。

师：可见不仅生活中有许多线段，数学中的平面图形很多都是由线段围成的。

设计意图：这一环节，提炼了线段的几个特征，并引入了线段的表示方式，不仅仅找到生活原型,还引导学生发现很多数学图形都由线段组成。

2. 认识"直线",提炼特征

师: 除了"线段"这种线,还有其他"线"吗?

生: 直线和射线。

师: 直线,是怎样的线呢?大家课前已经尝试画了画直线,现在请根据你的理解再画一条"直线"试试看。(学生动笔画"直线")

把线段向两端无限延伸,就得到一条直线。

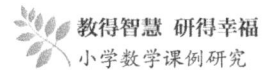

师: 我们来交流一下彼此的作品。(呈现三份学生作品的投影)

师: 他们的表达有什么共同点?

生: 都把线段往两端无限延伸。

师: 你们从哪里看懂了它们的两端是"无限延伸"的?上来指着说。

生: 第一个同学把线段两端画上了"……",表示不断延伸。第二个同学的箭头也是这个意思。

师: 那么,第三个同学两端是"无限"延伸吗?

生: 我觉得不是,因为没有画"……"和箭头,不能表示"无限"。

生: 我觉得应该可以,这条线段的两端已经穿出来了,前方没有端点阻拦,就可以一直延伸下去。

师: 大家同意吗?确实,这样也就可以了。不管哪一种画法,都很巧妙地理解了直线的"无限延伸",数学上用它来表示直线。(教师演示"直线"的画法)

师: 你能根据线段的特征,想一想直线的特征吗?

生: 直线没有端点、两端能无限延伸、长度不能测量。直线可以叫直线 AB。

师: 哪里来的 A、B?在两端点上?直线不是没有端点吗?

生: 不是,就像线段延长之后,里面还是有两个点,不过不是端点。

生: 要在两端,才叫端点。直线的两端能无限延伸,没有端点。

师: 你们的想法跟数学家一样,真厉害!直线不仅能像你们说的那样表示,还可以用一个小写字母命名,比如叫直线 l。

师: 生活中你能找到直线吗?

生: 能,黑板从左到右就是直线。

生: 我觉得不是,因为这个长度是能测量的,应该是线段。

生: 我觉得有点难找,好像任何一条线都能测量出长度。

生: 不对,我觉得我画的这条就是直线。

师: 为什么它是直线?

生： 因为它直直的，两端能无限延伸。

生： 准确地说它也是线段，因为可以测量出长度，必须要想象成它是无限延伸的才是一条直线。

师： 其实生活中没有真正的数学意义上的直线，直线是在生活的基础上加以想象，对其属性加以变化而建立的新的几何图形。

设计意图：让学生根据直线的发生式定义直接画"直线"，在寻找各自表征的"共同点"时进一步理解"直线"的无限性。从线段的研究角度，自主交流，发现直线的其他特征，这也是学习方法的指导。对直线的两个点和"端点"的追问，对生活中"直线"的认知，则都有效地深化了"无限性"的特征。

3. 认识射线，提炼特征

师： 刚刚有同学还提到了射线，射线又有什么特征呢？现在大家也按之前的方法自己去研究"射线"，好吗？（课件呈现数学书上射线的概念，并让学生完成射线探究题。①画一画：根据你的理解，画出射线；②填一填：填一填射线的特征；③选一选："下面哪些是射线"的尝试练习）

师： 听了大家的汇报，我发现关于射线的特征、射线的判定，大家的意见都很一致。我有个问题，他画的射线是朝这边延伸的，他画的是朝那边延伸的，都可以吗？

生： 可以。射线是把线段的一端无限延伸，没有规定一定要延伸哪一端。

师： 他们也分别给自己画的射线命名了。你们认同吗？方向不同的两条射线的命名有什么特点？

生： 端点是哪一个，就从端点出发命名，先写端点。

师： 射线 AB，端点是 A，往 B 的方向可以无限延伸（指着说）。如果有一条射线，叫射线 CD，你能想象出它的样子吗？

生： 端点是 C，往 D 的方向可以无限延伸。

环节三 感悟——自主发现，突破难点

师： 同学们，我们认识了三种线，结合本节课知识和板书内容，你还想了解哪些与三种线有关的内容呢？

生： 我想知道这三种线之间有什么相同点和不同点？

生： 老师，射线比直线短吗？

生： 线段和直线能比较长短吗？

师： 同学们问题都提得很好，小组同学选择自己喜欢的问题说一说。

生： 相同点就是三种线都是直直的。

生： 从端点上来看，线段有两个端点，射线只有一个端点，而直线没有端点。

生： 线段不能延伸，射线可向一端无限延伸，直线可以向两端无限延伸。

生：线段能测量长度，射线和直线无法测量。

师：说得很全面了，老师还有一个小疑问，怎样从直线上得到射线和线段？

生：在直线上点一个端点，就得到了两条射线。

生：在直线上点两个端点就得到了一条线段。

师：可见线段和射线都能从直线上得到。我们就可以说——

生：线段和射线都是直线上的一部分。

师：那它们能不能比较长短呢？

生：射线和直线都可无限延伸，都比线段长。然后我觉得直线两端延伸，射线一端延伸，所以直线应该比射线长。

生：我觉得不是，我觉得它们一样长，都是无限长。

师：大家很有想法。其实，它们两个都无法测量，既然无法测量，也就无法比较长短啦！

设计意图：学生既要学会分析和解决问题，更要学会发现和提出问题，在此环节旨在引导学生自主提出问题，自发地解决问题，在生生互动中突破本节课的难点。

环节四 建联——建立联系，巩固应用

1. 建立联系

师：数学家为什么要想象创造出"直线"和"射线"呢？

师：这个数轴表示出了 0～5，它是一条——

生：线段。

师：比 0 大的数有多少？

生：无限多。

师：如果我想将比 0 大的数都表示出来，需要一条什么线？

生：射线。

师：今后我们还会学习比 0 小的数，可以表示在 0 的左边，也有无限多，如果要把这些比 0 大和比 0 小的数都表示出来，需要一条什么线？

生：直线。（课件出示表示时间的线段图）

师：这条线段表示出了开始上课到现在的时间，如果将以后的时间都表示出来，需要一条什么线？

生：射线！因为直到下课、放学、长大、变老……时间会一直继续下去，没有终点。

生：如果将以前的时间也表示出来，就需要直线了。因为以前的以前还有以前，时间没有起点也没有终点。

师：直线和射线的作用还有很多，数学家的想象和创造是为了解决数学或生

活中的问题，数学也需要想象和创造。

设计意图：以上环节除了用数轴（即数的无限性）帮助学生更好地理解射线、直线的无限性，还利用了时间的无限性（时间既没有终点也没有起点）帮助学生理解。

2．巩固应用

（1）谁说的是正确的？说说理由。（对的打√，错的打×）

丁丁说："射线只有一个端点，直线没有端点。"（　　）

明明说："我画了一条长 5 厘米的直线。"（　　）

佳佳说："射线 CD 和射线 DC 是同一条射线。"（　　）

（2）如图所示，哪些是线段？哪些是直线？哪些是射线？（填序号）

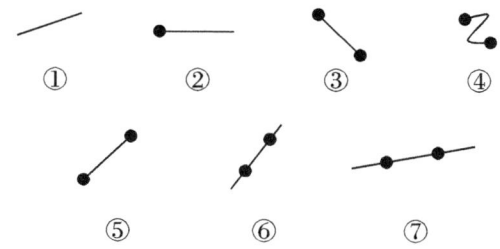

线段有（　　），直线有（　　），射线有（　　）。

（3）图中有（　　）条直线，有（　　）条射线，有（　　）条线段。你能运用不同方法数线段的数量吗？

3．总结

师：学完这节课，你感受最深刻的是什么？

【课后促学反思】

联系实际生活，培养应用意识

（1）当直线上有 5 个点时，可组成几条线段和几条射线？有 10 个点呢？有什么规律吗？在小组内讨论讨论。

（2）找找生活中各种线构造成的漂亮图案，尝试设计一幅用各种线组成的美丽图案。

设计意图：通过开放式问题的设置，延续"线段、直线、射线"这一主题，设置挑战性的评价，一方面促使学生主动思考合作交流，另一方面加强数学与生活实际的联系。

反思

在操作与想象中培植空间观念

亲眼所见却不是真相，这样的数学概念常常令人困惑，直线和射线就是这样的数学概念。这两种线明明在纸上看起来是有限长度，却要理解成一条无限长的线，这对小学生来讲有一定的困难。通过分析，我认为有以下两点原因：

（1）看得见的"无限"还是"无限"吗？是不是因为"无限"这个词比较抽象呢？大多数人认为学生对于"无限"较难理解。其实学生对"无限"是有认知基础的，因为在这之前学习自然数和整数时，小学生知道自然数的个数"数不完"，可以一直数下去，没有最大的自然数，等等。这种没有边界的现象就是"无限"，小学生能体会。但是，直线、射线和自然数不一样，最大的自然数本来就看不到，因此"无限大"，而对于直线和射线来说，眼睛能看到。要把眼睛看到的"有限"想象成"无限"，这有点难！

（2）生活中存在射线和直线吗？角、长方形、正方体等几何图形是根据现实生活物品的形状直接抽象建立的几何图形概念，但是射线、直线却不能用同样的方式建立概念，它需要根据现实生活物品的基本形状进行充分的再想象才能建立。从知识逻辑的角度来说，应该是先学习直线，然后通过截取得到射线和线段，但从认知逻辑来看，线段应该是最先学习的，因为其原型最容易找到，只需要简单地抽象就可以得到概念，而直线与射线的学习需要建立在线段的基础之上，通过想象创造出来。因为种种因素，如果教学射线和直线也遵循其他几何图形认识的方法，从现实生活中直接抽象出直线、射线，再返回到现实生活中寻找直线、射线，就变得很艰难了。

那么，如何突破以上描述的难点，构建直线与射线的数学概念呢？我认为最关键的是在充分的操作与想象中积累充足的活动经验，形成数学概念，进而培养空间观念。

（1）充足的操作活动。想象基于现实。学生对于直线与射线的理解基于对线段的理解，因此课一开始直接复习导入线段，在进一步的观察、交流中深层次建立线段的概念，对线段特征几个角度的探究也是接下来探究直线与射线的关键，学生会自发地将线段探究的经验迁移过去。在学会画线段之后，让学生分别尝试画直线和射线，学生心中的直线和射线是五花八门的，教师要充分肯定学生的想法，在学生思想生成的基础上才能生长出清晰的概念。整个过程中学生分别画了"线段""直线""射线"，并进行修正，在充足的操作活动中积累画图的经验，将自身关于直线与射线的思维可视化，给接下来直线和射线的想象与概念的建立奠定基础。

（2）充分的想象活动。概念基于想象。任何一种几何图形概念的建立都需要想象，哪怕是生活中的角、长方形、长方体等也需要通过想象来抽象出真正的数学图形，直线与射线这种生活中没有原型的更是如此，整个过程设置了四个层次的想象。

第一层次，想象自己心目中的直线和射线是什么样的并尝试画出来。可能学生想象中的直线和射线也是很长很长无限延伸的，但是需要画出来的时候却犹豫了，要鼓励学生想方设法用自己的方式表示"无限延伸"，激发学生创造意识，将思维可视化。

第二层次，想象其他同学画出的直线和射线。在思维可视化之后，看到其他同学的生成后会再次想象"为什么这么画"，在解构他人思维的过程中进一步理解"无限延伸"。

第三层次，想象"线段""直线""射线"并比较长短。在比较长短的过程中学生的想象力再次展开，会进入"直线比射线长""直线和射线一样长"的误区，但这样的误区是学生充分想象的成果，十分珍贵。教师要充分肯定学生的想象力，并从"无法测量"的角度来解析为何"无法比较"，从直观想象到逻辑推理，感受数学的魅力。

第四层次，想象数轴和时间，体会直线和射线的作用与"无限性"。学生往往觉得数学是枯燥的、没有活力的，原因就是学了没有用。直线与射线更是如此，生活中不仅没有用，还见不着，只能存在于数学中。通过数轴与时间的想象深化学生对它们"无限性"的理解，有助于理解三线之间的关系，同时沟通了数学知识之间、数学与生活之间的联系，做到为理解而教，为迁移而教，为发展而教。

《义务教育数学课程标准（2022年版）》将现行小学阶段的部分教学内容调整至初中阶段，省出的时间就是要让学生充分地想象，不断地发现、提出、分析和解决问题。对于"线段""直线""射线"乃至图形的认识的教学，只有实现了在操作与想象中培植空间观念，才能真正体现数学教育的价值。

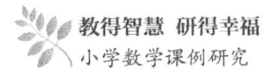

案例 ⑩ 平行四边形的面积

（人教版小学数学五年级上册第 84－88 页）

深研

一、内容解读

（一）知识透视

距今五六千年前，古埃及人在农业生产中出于测量土地的需求而开始关注面积，并由此催生了几何学。实际上，几何学本来就是土地测量的意思。在土地测量的过程中，人们创造出一些有效的土地测量方法和面积计算的公式，许多文明古国的历史资料中都有用长乘宽计算长方形面积的记载，而其他多边形的面积都是通过长方形面积推导出来的。

小学数学中的面积，指的是物体表面或封闭图形的大小。小学生学习平面图形面积计算方法，大体上也都是从计算长方形的面积开始，通过将其他图形转化为长方形，推导出更多的平面图形面积计算公式。

面积的度量与其他量的度量在本质上是一致的。人们总是用一个约定的度量单位去度量对象，所得到的量数就是度量的结果。面积单位通常是一个边长为单位长（1 厘米、1 分米、1 米）的正方形。面积计算公式的产生，使人们摆脱了使用面积单位直接度量对象的繁琐程序，转而通过测量某些边或线的长度（如三角形的底和高、圆的半径或直径），再利用公式计算出面积。因此，面积计算公式是一种表达图形线段长度与面积之间关系的数学模型。

小学生探索平行四边形等多边形面积计算公式，必须解决两个前提性问题：一是将多边形转化为长方形，图形的面积是否保持不变或存在确定的等量关系。二是转化得到的长方形，其长和宽与原图形的某些线段长度是否保持不变或存在确定的等量关系。虽然我们不必也无法让学生通过严格的数学证明来确认这两个前提，但应引导学生通过观察、操作、比较以及合情推理等思维活动，形成上述的前提性认识。这不仅是数学知识信然性的要求，也是培养学生形成严谨、客观的数学精神的要求。

（二）内容精解

1. 知识结构

"平行四边形的面积"在"图形的认识与测量"知识链接中相关知识之间的前

后关系如下图所示：

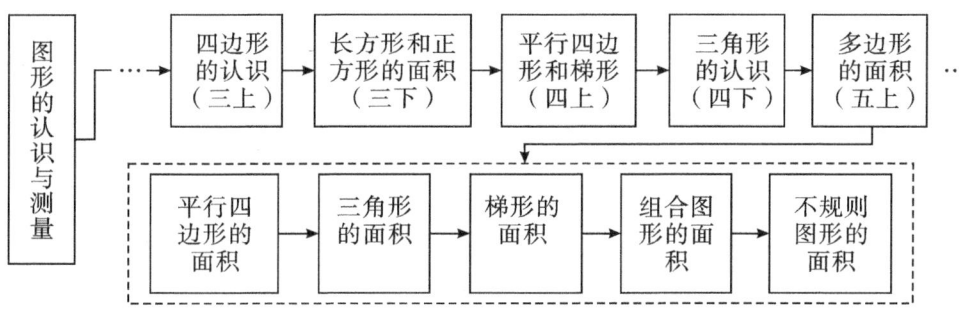

2. 教材编排

人教版小学数学五年级上册第六单元"多边形的面积"系统教学平行四边形、三角形和梯形的面积计算，以及面积估测、计算组合图形和不规则图形面积等知识。"平行四边形的面积"是本单元的第一课时，教材内容编排如下：

（1）创设实际问题情境，"两个花坛哪一个大？"学生间的对话具有启发性，能指导学生明确问题"要知道它们的面积"，也能引导学生选择探索方向"我会算长方形的面积""用数方格的方式试一试"。

（2）用数方格的方法求面积。教材提示了数方格的方法，并同时呈现了一个长方形，让学生数出两个图形的面积。学生将两个图形的面积以及底和高、长和宽的数据填写在教材提供的表格中，教师启发学生分析比较数据，并引出新的问题"不数方格，能不能计算平行四边形的面积呢？"

（3）探究平行四边形面积计算公式。教材呈现了学生将平行四边形转化为长方形的活动情境图，图中的学生对话提示了转化的方法。然后，用一组直观图，简洁而清晰地再现了转化的过程和方法，为学生的观察和思考提供了准确的素材，帮助学生形成图形转化的表象。接着，继续呈现学生对话，指导学生发现转化前后两个图形间的等量关系，沟通两个图形的内在联系，发现平行四边形面积计算公式。最后，结合图形，出示平行四边形面积计算公式的字母表示形式。

（4）完成推导公式的教学过程之后，教材通过例1，简洁示范了利用字母公式求取平行四边形面积的过程和步骤。"练习十九"中除了直接应用公式求取面积的基本练习外，还安排了图形变换的数学问题，进一步加深学生对公式含义的理解（如第8题，引导学生思考面积与邻边的关系、面积与周长的关系），延伸公式的应用情境（如第6、7题引出了"等底等高的平行四边形面积相等"的推广结论），从利用更丰富的途径发展学生的空间观念，培养其综合运用知识解决问题的能力。

二、目标设定

(一) 核心素养讨论

1. 空间观念的主要表现

对图形的面积进行度量和计算，是对图形的形状、大小等属性从直观感知向精确刻画的一次跨越。通过本节内容的学习，学生能够用确定的面积数量来描述平行四边形物体或图形的面积。在推导平行四边形面积计算公式的过程中，学生发现其底和高与面积间的明确关系，也观察到等底等高但形状不同的平行四边形面积相等的数学现象，进一步体会了平面图形中的线面关系，并逐步学会一些研究平面图形的有效方法。在将平行四边形转化为长方形的过程中，对转化前后的图形进行观察、比较、推理，充分感知图形的运动变化规律。

2. 模型意识的主要表现

学生探索平行四边形面积计算公式，经历了一个完整的数学建模过程：①从实际情境中发现问题（两个花坛哪一个大）；②明确问题（要知道它们的面积）；③确定模型中的参数（对平行四边形和长方形数方格算面积，同时提取底和高、长和宽的数据）；④提出模型假设（发现等量关系，归纳平行四边形的面积计算公式）；⑤实验论证假设（将平行四边形转化为面积相等的长方形，经过推理后确定平行四边形的面积计算公式）；⑥完善模型（形成公式，掌握更为简洁的字母表示形式）；⑦应用模型（运用公式计算平行四边形的面积，解决实际问题）。

3. 推理意识的主要表现

面积计算公式的推导，对于培养学生的推理意识有着重要的作用。比较平行四边形和经过割补平移后得到的长方形，发现几组等量关系之后，学生要运用演绎推理的方法推导出面积计算公式。具体的推理过程为：（大前提）因为长方形的面积 = 长 × 宽，（小前提）并且长方形的面积 = 平行四边形的面积，长方形的长 = 平行四边形的底，长方形的宽 = 平行四边形的高，（结论）所以，平行四边形的面积 = 底 × 高。

在教材"练习十九"第 6、7、11 题的解决过程中也包含了一系列的推理活动，应注意引导学生经历分析推理的过程。

(二) 学情分析

1. 学生认知特征分析

将平行四边形转化为长方形，前提是面积保持不变。支持学生理解"面积不变"的，是学生思维中的"守恒观念"。形成守恒观念的学生能认识到，客体在外形上发生了变化，但其特有的属性不变。平行四边形经过割、移、补，外形改变为长方形，但它的面积在这个过程中没有增加或减少，因此，面积这个属性不会发生变化。同样的道理，平行四边形的底（一条或两条，视"割"的位置）虽然被截断、移位，但总长度也不会发生变化。

在解决教材"练习十九"第6、7题时也可利用守恒观念引导学生推理：两个平行四边形等底等高，而底和高是决定面积的数量属性，在底和高分别相等的情况下，面积也会相等。这个推理过程具有形式运算的特点，体现了学生的思维水平从具体向抽象不断地发展。

教材"练习十九"第8题可以作为一个反例：长方形框在拉动的过程中，底是保持不变的，但它的高持续变短，这个决定面积的数量属性发生变化，必然导致面积的变化。

2. 学生生活经验分析

相对于长方形、正方形和圆，现实生活中与平行四边形面积有关的问题并不常见。教师更应该从数学知识结构体系角度激发学生的学习动机。因为长方形、正方形都是特殊的平行四边形，因此，平行四边形面积计算公式对它们也都适用。无论是在学习前提出"一般的平行四边形的面积应该怎样计算"，还是在学习后提出"你能用平行四边形的面积计算公式解释一下长方形、正方形的面积计算公式吗"，类似的问题都能有效地帮助学生建立知识间的联系，促进学生数学知识的结构化。

3. 学生知识基础分析

平行四边形的特征、平行四边形的底和高，以及长方形面积计算公式是平行四边形面积计算的直接基础。除此以外，学生关于面积意义的认识、转化的数学思想及其应用经验、图形运动与变化方面的知识和技能等，都是学习新知识的必要准备。

（三）目标设定

1. 教学目标及重、难点

（1）探索并掌握平行四边形面积计算公式，能正确地应用公式计算平行四边形的面积。

（2）经历操作、观察、比较，以及推理、归纳、概括等活动，自主探索平行四边形面积计算公式。体会转化的思想方法。

（3）应用平行四边形面积计算公式，解决一些简单的实际问题。在老师指导和同学帮助下，探索一些与平行四边形面积计算有关的图形变换的问题，感受数学问题的多样性，以及解决问题方法的多样性。

（4）积极主动参与数学学习活动，体验发现新知识的乐趣。有条理地表达自己的观察和思考过程，养成乐于思考、言必有据的良好品质。

教学重点：理解并掌握平行四边形面积计算公式。

教学难点：理解公式推导过程，体会转化的思想方法。

2. 目标达成的行为表现

（1）"探索并掌握平行四边形面积计算公式"行为表现：理解平行四边形面积的含义。理解平行四边形的底和高决定它的面积大小。经历探索面积计算公式的过程。会正确地应用公式计算平行四边形的面积。

（2）"经历操作、观察、比较，以及推理、归纳、概括等活动，自主探索平行四边形面积计算公式"行为表现：积极参与数学活动，充分体会公式的推导过程；能较完整地表述公式的推导过程；能较准确地表达图形变换前后的等量关系。

（3）"体会转化的思想方法"行为表现：能初步形成将未知转化为已知的思想方法；能理解图形转化的依据和方法；能对转化前后的图形进行比较，发现等量关系；能通过转化活动发现新知识。

（4）"应用平行四边形面积计算公式，解决一些简单的实际问题"行为表现：会正确地应用公式计算平行四边形的面积、能注意到底和高的对应关系、能用列方程的方法解决公式的逆向应用问题。

（5）"探索一些与平行四边形面积计算有关的图形变换的问题，感受数学问题的多样性，以及解决问题方法的多样性"行为表现：能在老师指导和同学帮助下，发现"等底等高的平行四边形面积相等"等推广结论；知道转化的方法可以应用于其他新知识的探索活动中。

三、评价设计

1. 基础性评价设计

教材第 87 页"练习十九"第 2 题：计算下面每个平行四边形的面积。

考查能力：检验学生掌握平行四边形面积计算公式、能进行简单应用的情况。三个平行四边形图形标注的底和高，呈现了多种对应情形，应着重指导学生观察。

2. 重点内容评价设计

教材第 87 页"练习十九"第 5 题：一块平行四边形的麦田，它的底是 250m、高是 84m，共收小麦 14.7t。这块麦田有多少公顷？平均每公顷收小麦多少吨？

考查能力：考查学生在理解和运用公式的基础上学以致用的能力。让学生感受数学来源于生活，应用于生活。

3. 难点内容设计

下面图中的平行四边形的面积相等吗？为什么？

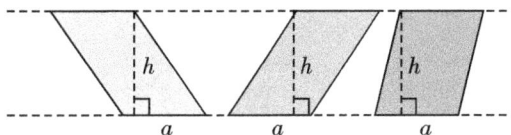

考查能力:考查学生是否深刻理解面积公式,明白公式所揭示的线面关系;能否发现"等底、等高的平行四边形面积相等"。

四、教学思路

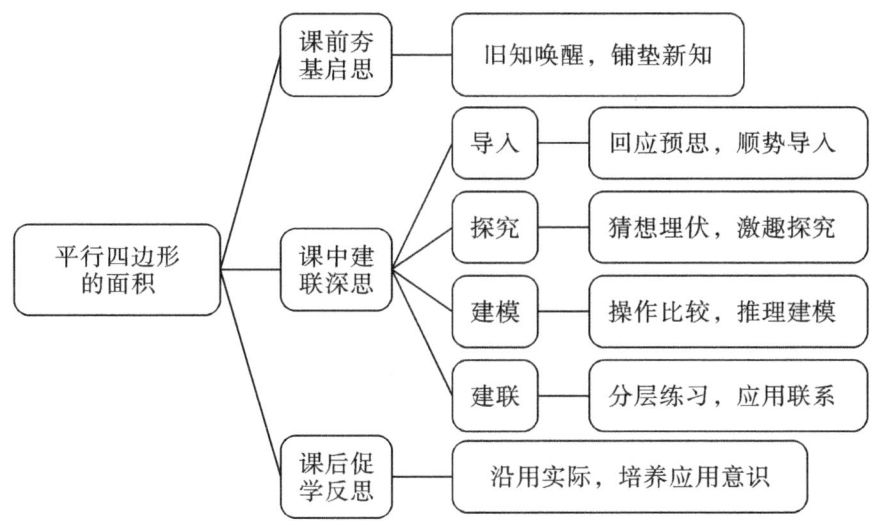

实践

"平行四边形的面积"教学实录

【课前夯基启思】

旧知唤醒,铺垫新知

1. 复习旧知。

(1) 还记得什么是面积吗?下面两个图形的面积是多少?你是怎样算的?

(2) 下面的图形你认识吗?说说它有什么特点?

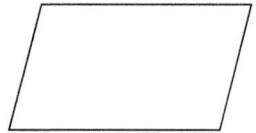

2. 自主尝试

学校给五（1）班和五（2）班分了两块菜地，一块是长方形的，一块是平行四边形的，哪块的面积大呢？把你的想法和做法写下来。

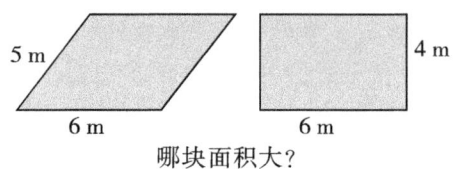

哪块面积大？

设计意图：第一题旨在了解学生对之前所学的长方形和正方形面积的理解与掌握情况；第二题把新知与旧知直接进行对比，激发学生借已有的知识经验进行尝试、猜想，引发其内心的探究欲望并了解学生在已有旧知的定势影响下思维的走势。

【课中建联深思】

环节一 导入——回应预思，顺势导入

（1）回顾学习单。

师：回顾一下课前的自主学习单，谈谈你的想法和做法。

生：面积就是指涂色部分的大小。

生：长方形的面积 = 长 × 宽 = 2 × 3.5 = 7（cm²），正方形的面积 = 边长 × 边长 = 2 × 2 = 4（cm²）。

（2）出示平行四边形图

生：平行四边形有两组对边，且对边相等。

生：平行四边形不同的底可以作出不同的高。

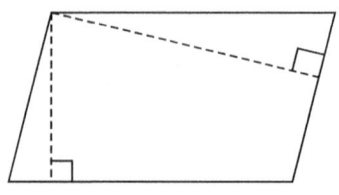

生：平行四边形具有不稳定性。

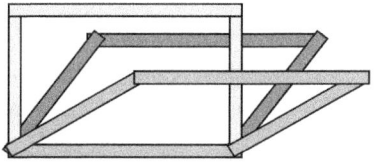

设计意图：通过对已学图形的面积计算复习以及对平行四边形特点的再回顾，为新旧知的链接点做好学习的准备。

环节二 探究——猜想埋伏，激趣探究

出示主题情境图：学校给五（1）班和五（2）班分了两块菜地，一块是长方形的，一块是平行四边形的，哪块的面积大呢？

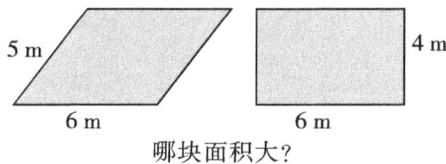

哪块面积大？

师：课前大家已经有所思考和尝试，请大家把你课前的想法在小组内交流，然后汇报。

生：我觉得平行四边形的面积大，看上去的感觉就是大一点的。

师：光靠看上去的感觉，结论可靠吗？谁来说说你的想法和做法？

生：我觉得平行四边形的面积大，我是这么想的：长方形的面积 = 长×宽 = 6×4 = 24（m²），我猜想平行四边形的面积 = 底边×邻边 = 6×5 = 30（m²）

师：有想法很好。

生：我觉得一样大，我是这样做的：我做了两个相似的图形，想办法把它们剪拼重叠了一下，发现是差不多大的。

师：这个方法操作起来怎么样？

生：是有点麻烦。

生：我还想到用单位面积的纸片摆一摆，看哪个图形摆得多面积就大。

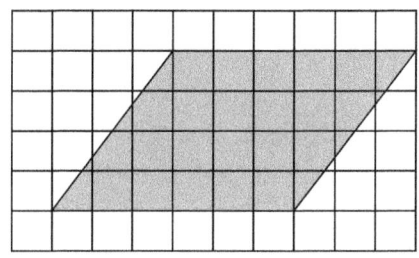

生：由长方形的面积=长×宽，我猜想平行四边形的面积=底×高。但只是猜想，我没想到怎样证明。

生：我想平行四边形是否可以转化成长方形，这样就可以把未知转化成已知来求出平行四边形的面积。

师：同学们的想法和猜测都很棒，似乎都有一定的道理，那么我们的猜想是否正确？（板书：??）数学讲求"有理有据"，这就需要我们去验证。（板书：验证）

设计意图：本环节在交流课前预思的基础上，通过发散思维的述说慢慢聚焦于"有理、有据"的思考。为后续操作验证由"个"到"类"的印证过程中，提前渗透了不完全归纳的思想。

环节三 建模——操作比较，推理建模

1. 活动一：用数方格的方法验证——底×它的邻边

师：刚才有的同学认为用底×它的邻边，算出这个平行四边形的面积是 $30cm^2$，这样算对不对呢？

生：我用数方格的方法来验证了一下，（板书：数方格）我把题目原来的单位米换成厘米，这样操作起来方便。我把每小格是 $1cm^2$ 方格纸铺在这个平行四边形上，数一数，看这个平行四边形的面积是不是 $30cm^2$。

师：你是怎么数的？请上来数给同学们看看。

用数方格的方法算出这两个图形的面积。一个方格表示 $1m^2$，不满一格都按半格计算。

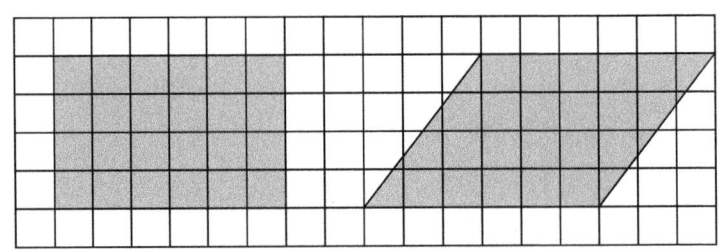

（实物投影展示数的过程。）

师：这些不够一格的怎么数？

生：不满一格的按半格计算。

生：我们数出这个平行四边形有 24 个 $1cm^2$ 的小方格，所以它的面积是 $24cm^2$，不是 $30cm^2$。

师：看来求平行四边形的面积时不能用底×它的邻边。

2. 活动二：用转化的方法验证——底×高

（1）操作——实现图形的转化

师：刚才有的同学由前面学过的长方形面积计算公式，推想到平行四边形的面积可能用底×高。还有的同学想到把要研究的新问题转化成已经学过的长方形的面积计算来解决。他们都给我们提供了一个很好的思路，下面我们来试一试好吗？

师：老师为每个小组的同学准备了一个平行四边形和一些工具，怎样把这个平行四边形转化成一个长方形？请在小组内先说一说，再动手尝试。操作的同时请完成以下学习单：

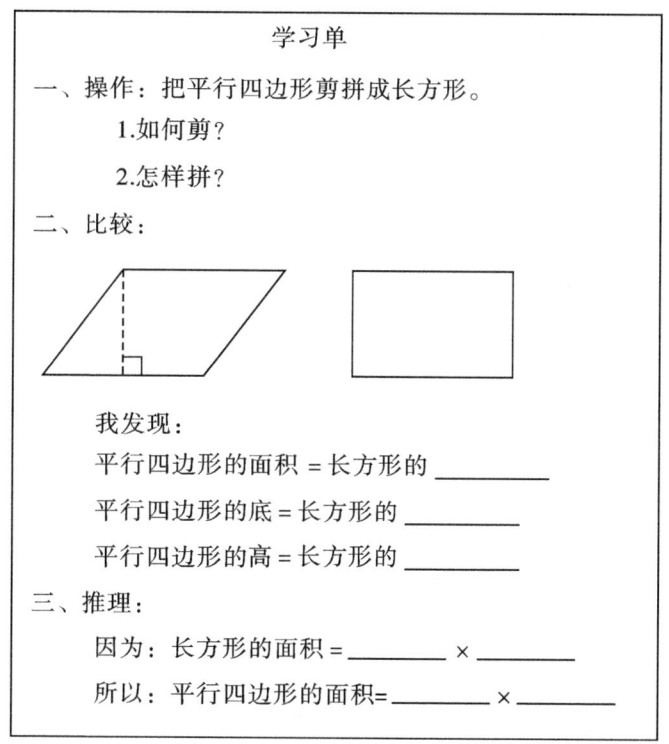

学习单

一、操作：把平行四边形剪拼成长方形。

    1. 如何剪？

    2. 怎样拼？

二、比较：

我发现：

平行四边形的面积 = 长方形的 _____

平行四边形的底 = 长方形的 _____

平行四边形的高 = 长方形的 _____

三、推理：

因为：长方形的面积 = _____ × _____

所以：平行四边形的面积 = _____ × _____

师：哪个小组上来说一说你们是怎样把这个平行四边形转化成一个长方形的？上来演示一下给同学们看看。（实物投影展示转化的过程）

生：沿着平行四边形顶点处的高剪下一个直角三角形，拼成长方形。

生：沿着平行四边形边上任一点的高剪下一个梯形，拼成长方形。

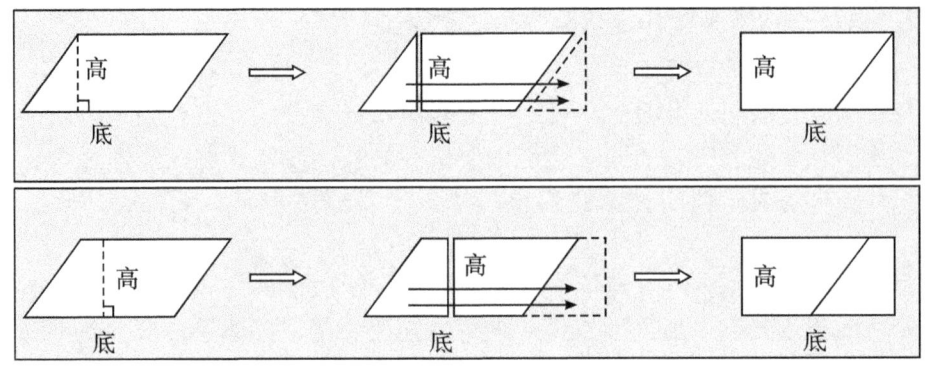

生：我还有其他的剪拼方法：

师：刚才同学们完成了我们研究的第一步：转化——把平行四边形转化成了长方形。

师：把平行四边形转化成长方形过程中，想到了多种方法。（出示课件动画演示）

师：观察一下以上的剪拼，他们有没有什么共同的特点？

生：有的同学沿着这条高剪下一个直角三角形向右平移拼成一个长方形，有的同学沿着那条高剪下一个梯形向右平移拼成一个长方形，好像只要沿着高剪开，都比较容易拼成长方形。

师：那么沿着这条高可以吗？这条呢？看来只要沿着高剪开都能把平行四边形转化成长方形。"高"在这次剪拼中起了一个关键的作用。

（2）比较——建立等量关系

师：平行四边形转化成长方形后，你能说说有什么发现吗？

生：剪拼后长方形的面积与原来平行四边形的面积是相等的。

师：这是一个重要的前提，保证剪拼前后面积是一样的。

生：长方形的长等于平行四边形的底，长方形的宽等于平行四边形的高。

师：你是怎么看出来的，请上讲台来演示一下。（实物及投影展示）

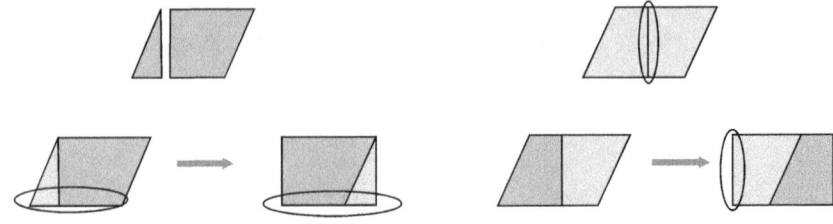

生：由刚才的发现，可以得出：

长方形的面积 = 长 × 宽
⇩　　　　⇩
平行四边形的面积 = 底 × 高

师：同学们的思考过程非常有意义，运用转化的思想把新知变旧知，这是数学学习的一种重要方法。

（3）推理——建模并初试应用

师：刚才通过剪一剪、拼一拼，把平行四边形转化成了长方形，再通过观察比较，发现它们之间的关系，从而推理验证了平行四边形的面积 = 底 × 高，用字母可表示为：$S = ah$

师：再回头看看两块菜地，现在用面积公式计算一下他们的面积究竟谁大？

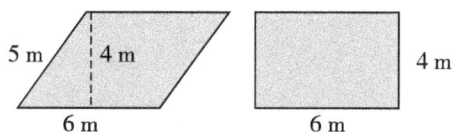

生：口算便得知，原来他们面积真的是相等的啊！

设计意图：本环节是本节课的重点，借课前启思的大胆猜想和验证猜想为任务驱动，让学生在自主探究和小组合作中自主构建推理模型：剪拼后，寻找相关的等量关系：原来平行四边形的哪些量是不变的？哪些是变的？在变与不变中如何推理？于变中抓不变量，以等积变形实现联结。在自主推理的过程中，发展学生的高阶思维。整个推理过程，引导学生将"新知"转化为"旧知"，从而顺利推导出平行四边形面积的计算公式。在转化过程中立意于高观点，学生的起点并不限于定位实际操作，通过学生引导用"手"比画、用"脑"想象，既渗透了转化的思想，又提升了学生的空间想象能力。

环节四 建联——分层练习，应用联系

1. 基础练习

计算下面每个平行四边形的面积。

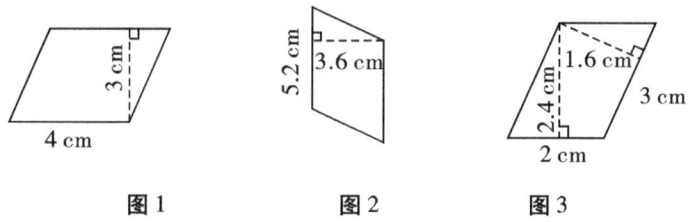

图1　　　　图2　　　　图3

设计意图：基础练习让学生运用所学的新知解决简单的问题，旨在对新知的巩固和应用。其中图3是进一步强化让学生理解求平行四边形的面积时底和高必须是相对应的。

2．应用练习

一块平行四边形的麦田，它的底是250m，高是84m，共收小麦14.7t。这块麦田有多少公顷？平均每公顷收小麦多少吨？

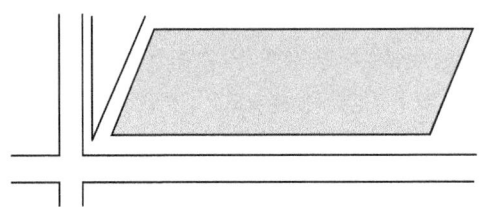

设计意图：学以致用，运用模型到现实生活中去，此环节旨在让学会用数学的思维解决一些简单的实际问题。

3．拓展练习下面图中的平行四边形的面积相等吗？为什么？

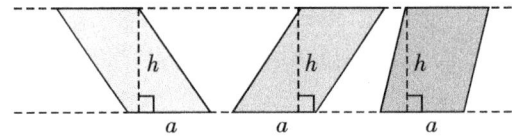

设计意图：在拓展中让学生在辨识新知的本质上，进一步深化知识的内涵与应用，从而得出结论：等底等高的平行四边形面积相等。

课堂练习是学生深层次理解知识、完成知识建构的过程。本环节遵循"从一般到特殊"原则，精心设计了三道题目，前两道题着重基础，强调平行四边形的底和高的对应关系。第三题立足于"面积计算公式的本质内涵"，让学生在理解的基础上活用活学。

4．课堂小结

师： 从这节课中，你得到什么启示？

师： 这节课我们经历了从新知变旧知，借猜想求验证，这是数学学习的一个很重要的方法，日后还会常学常用，希望同学们带着新的本领开启新知学习的大门。

引领学生全面回顾梳理本节课的学习过程，再次重温平行四边形面积公式的推导历程，不断学习基本的解决问题的方法，为学生的后续学习提供动力，积累基本的活动经验。

【课后促学反思】

沿用实际，培养应用意识

（1）平行四边形的面积计算能帮我们解决生活当中的哪些问题？编一道有关的题目考考你的同桌同学。

（2）你能运用今天所学的知识和方法，尝试求出下图中其中一个三角形的面积吗？

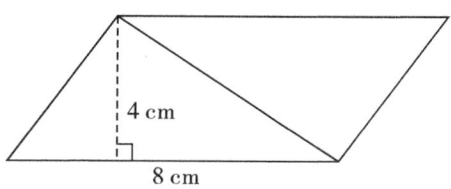

设计意图：课后促学反思，一方面是让学生带着所学的新知，学会用数学的眼光发现问题并学会用数学的思维去解决生活中的问题；另一方面本课时学生积累了"操作—比较—推理"的数学活动经验，一个简单的变式求解面积，可让学生尝试"像数学家一样去探索"，获得学习数学的乐趣以及树立学好数学的自信心。

反思

突出关键　实施结构化教学

从数学教学角度看，一堂课"新"往往就新在思维过程上，"高"往往就高在思想性上，"好"往往就好在学生参与活动的深度和广度上。有思想深度的课，给学生留下长久的心灵激荡和对知识的深度理解，以后即使具体的知识忘了，但用数学思考问题的思想方法却将长久存在。

本课从准确度、深度、联系度三个维度精准解读教学内容，从整体性、准确性、可测性三个方面精准设定教学目标，教学过程设计和实施突出了推导平行四边形面积公式的几个关键要点，并以此为线索，实施有效的结构化教学。

1. 清"面积"之意义

以学生的已有经验为基础，让学生开展方格纸的比对度量活动。这是度量活动之前，唤起学生对平行四边形面积的意义感性认识，也是为后面计算平行四边形面积、理解平行四边形面积提供了支撑。虽然学生在之前有学习"认识面积"和"长方形与正方形的面积"作为基础，但对于学生来说，经验积累还不厚实。引入新课时，要引导学生用数学的眼光观察图形，从熟悉的长方形面积入手，回忆长方形面积公式表达形式的实际意义，再通过类比与正向迁移，进一步理解平行四边形的面积内涵。

2. 破"底边×邻边"之误判

长方形面积的计算方法是长乘宽，继而容易引发学生"负猜想"：平行四边形的面积计算是否也类比于用邻边相乘的方法？学生有此猜想，是因为受长方形面积公式表达形式负迁移的影响，而忽视了长方形面积公式是一个度量结果的实际意义。本课教学设计就是抓住这样的"误判"为教学切入口，引发学生深思的同时，也为探究求证埋下伏笔。

3. 找"转化"之关键

将平行四边形转化成长方形，通常有两种方法：一种是通过变形将平行四边形"拉成"长方形；另一种是通过剪拼转化。相比较，第一种转化采用变形的方法，转化前后图形的形状发生了变化，面积也随着发生了变化，是属于不等量转化。而另一种转化采用剪拼的方法，转化前后图形的形状虽然发生了变化，但面积大小依然不变，属于等量转化。这是本课运用转化思想的最关键之处，也是推导出面积计算公式的必然之本。本课引导学生计算转化前图形的面积，需要学生有等量代换的活动经验，变化中抓住面积不变可以帮助学生找到图形之间的关系，从而顺利地解决问题。

4. 理"比较"之思路

纵观整节课的教学，不管是哪一种方法导学，教师都会引导学生经历将平行四边形转化成面积相同的长方形等积变形的过程，再让学生通过观察、比较，寻找图形之间的关联：观察转化前后的两个图形，你有什么发现？然后进行比较、沟通，得出平行四边形面积的计算公式。

先让学生从整体认识入手，发现面积总量不变的原理，然后探寻图形各部分之间的关联，借用数学语言描述转化前后图形各部分的关联，得出平行四边形的面积等于底乘高。

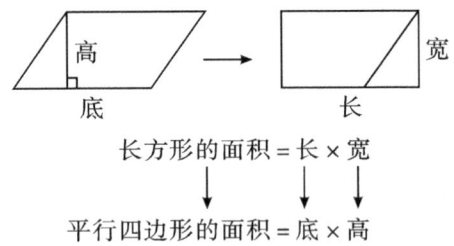

5. 导"推理"之表述

此课设计的"三扣环节"，从"操作—比较"再到最后的"推理"，印证了数学思维与表达的严谨，步步体现着高阶思维与数学核心素养。推导平行四边形的面积计算公式，引导学生理解"推理奥妙"和逻辑思维，有了"因为"，才有推理的"所以",做到在思维严密的基础上,对学生进行数理思考训练,进而培养学生的高阶思维。

6. 练"公式"之应用

对于平行四边形的面积,学生往往知其然而不知其所以然,其重要原因是教师在教学中注重公式的机械记忆和低阶运用,而忽略其意义理解和高阶运用。本课设计了基础、变式、拓展三梯度的练习,旨在巩固基础知识的同时能深刻理解、变通运用,做到学以致用。

7. 辩"底高"之对应

本课的练习设计是学生深层次理解知识、完成知识建构的过程。其中练习一辩"底高"之对应,既突出了本节课的学习重点,又帮助学生实现了知识的整体建构,彰显了数学的简洁和逻辑。

8. 拓"等底等高"之认识

学生通过对比、反思,深切地感悟到平行四边形面积计算公式中"等底等高"在面积计算中的特殊意义,从而帮助他们打破面积计算时建立起来的根据图形的边线长度计算面积的思维定式。

案例 11　图形的旋转

（人教版小学数学五年级下册第 83 – 84 页）

深研

一、内容解读

（一）知识透视

几何图形都是由点组成的，所以图形变换可以通过点的变化来实现。图形在变换过程中，平面图形上的每一个点，与同一平面内某个新图形的每个点都对应，并且新图形中每个点只对应于原图形中的一个点，这样的对应就叫作图形变换。

小学生主要认识四种变换，其中轴对称变换（反射变换）、平移变换、旋转变换属于全等变换，即变换后的图形与原图形的形状、大小完全相同。根据一定的比例对图形进行放大和缩小，属于相似变换，变换后的图形形状保持不变，大小发生了变化。全等变换又称为保距变换，因为原图形中任意两点之间的距离，与新图形中相对应的两点之间的距离保持不变。相似变换又称为保角变换，因为原图形中所有的角的大小，在新图形中都保持不变。

小学阶段对于旋转的学习，一般分为两个阶段。第一学段（二年级）初步感知生活中的旋转现象，从感性层面描述其特征，并将之与平移、轴对称等其他图形变换方式进行直观的区分、辨别；第二学段（五年级）主要是在方格纸上研究图形的旋转，突出旋转的三个要素：旋转中心（一般都以线段的端点或图形的顶点为旋转中心）、旋转方向（顺时针或逆时针方向）、旋转角度（一般都是直角或直角的整倍数）。要求学生根据这三个要素正确描述图形的旋转特征，或画出简单图形按特定要求旋转后的图形。此外，还安排了一些趣味性较强的观察和操作活动。

（二）内容精解

1. 知识结构

"图形的旋转（二）"在"图形运动"知识链中相关知识的前后联系如下图所示：

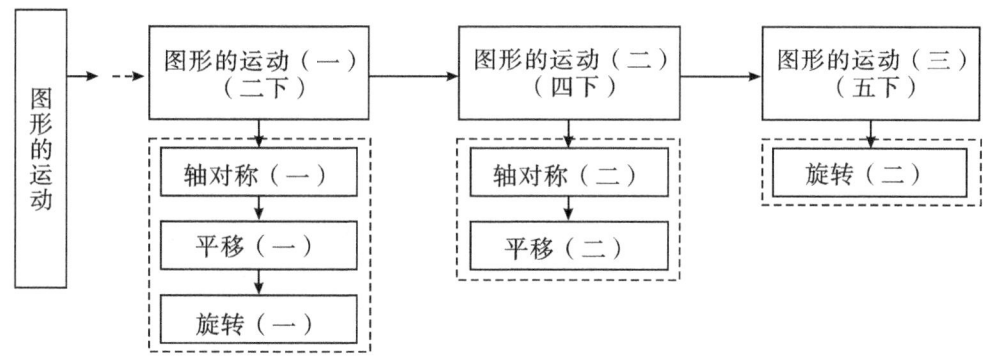

2. 教材编排

人教版小学数学五年级下册第五单元"图形的运动（三）"是在二年级初步认识生活中的旋转现象的基础上，进一步认识图形的旋转变换，了解旋转的含义和特点，对简单图形进行旋转90°的画图操作，以七巧板为素材，综合运用学过的关于图形运动的知识解决问题。

本课为单元第一课时，教学例1和例2。教材内容如下呈现：

（1）教师呈现生活中旋转现象的图片，激发学生进一步研究旋转现象的学习动机。

（2）例1及其后的"做一做"教学旋转的含义，选择了钟面指针、停车场出入口的车杆等典型素材，以示例的方式指导学生认识旋转的三要素，并要求学生在具体情境中根据三要素对旋转现象进行描述。两道题都创设了"线段绕其一个端点旋转"的情境，有利于学生观察，抓住旋转变换的关键特点。

（3）例2借助三角尺在方格纸上的旋转，让学生进一步感知旋转的特征，包括旋转中心位置不变、所有边旋转的方向和角度相同、旋转后图形的形状、大小保持不变等。例2后的"做一做"是对例题的巩固。

二、目标设定

（一）核心素养讨论

1. 空间观念的主要表现

学生对旋转的特点进行抽象和归纳，应以充分感知、描述图形旋转现象为基础。在例1的教学中，学生经历了较丰富的实例观察与操作活动之后，才能顺利抽象出描述旋转现象的三个要素。在例2的教学中，引导学生运用几何概念如点、边、角、形状、距离、位置等，进一步深入认识旋转的特征，促进其关于旋转的感性认识向理性阶段发展，也为下一例题的画图操作做好知识准备。

（二）学情分析

1. 学生认知特征分析

第三学段（五、六年级）是小学生抽象能力发展的重要时期。抽象能力主要是指通过对现实世界中数量关系与空间形式的抽象，得到数学的研究对象，形成数学概念、性质、法则和方法的能力。在本内容的学习中，学生从观察生活中的旋转现象过渡到研究简单图形的旋转，从直观感知到归纳特点、总结特征，从生活语言描述到运用数学概念准确表述，都需要经历不同形式的数学抽象。

2. 学生生活经验分析

学生对现实生活中的旋转现象有广泛的体验和丰富的经验。由于现实生活中的旋转，对象多元、背景复杂，容易导致学生注意力分散，较难把握旋转特点的提炼方向，对数学抽象形成干扰。教材选择了典型实例，并且以"线段绕其一个端点旋转"为情境素材，省略了诸多非本质属性，简洁明了，有利于学生发现旋转的关键特点。

3. 学生已有知识基础分析

学生在二年级下册第一次了解旋转，侧重于整体感受、直观认识，知道旋转是一种常见的生活现象，也是数学学习的一个研究对象。学生积累的关于图形运动的一些基本活动经验，为本节内容的学习提供了知识基础和方法准备。

（三）目标设定

1. 教学目标及重、难点

（1）进一步认识图形的旋转，体会旋转的含义，探索图形旋转的特征和性质；

（2）让学生经历观察、想象、验证、描述等活动，发展空间观念；

（3）引导感受数学与生活的密切联系，培养其数学应用意识。

教学重点：能用"旋转中心、方向、角度"三要素描述物体或图形的旋转。

教学难点：探索图形旋转的特征和性质，能运用点、边、角、形状、距离、位置等数学概念分析旋转前后图形的联系和区别。

2. 目标达成的行为表现

（1）"进一步认识图形的旋转，体会旋转的含义"行为表现：能准确判断物体或图形的运动现象是否是旋转，能用旋转中心、方向、角度三要素描述物体或图形的旋转。

（2）"探索图形旋转的特征和性质"行为表现：能运用点、边、角、形状、距离、位置等数学概念分析旋转前后图形的联系和区别。

（3）"经历观察、想象、验证、描述等活动，发展空间观念"行为表现：积极参加数学活动，主动进行空间想象，正确运用数学概念和表达方式进行交流。

三、评价设计

1. 基础性评价设计

教材第 83 页例 1 所附"做一做":填空描述停车场车杆旋转运动的含义。

考查能力:关于图形旋转含义的基础题型,检验学生对旋转三要素的掌握情况。

2. 重点内容评价设计

教材第 85 页"练习二十一"第 1 题:下面的图案分别是由哪个图形旋转而成的?

  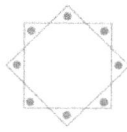

考查能力:关于图形旋转含义的变式题型。主要检验学生对旋转三要素的掌握和运用情况,同时考查学生对图形的观察能力。这是一个半开放的问题,学生可以根据自己的观察和想象,选择不同的基本图形进行描述。

3. 难点内容评价设计

教材第 85 页"练习二十一"第 2 题:观察图中风车的连续旋转,填空,做出正确的描述。

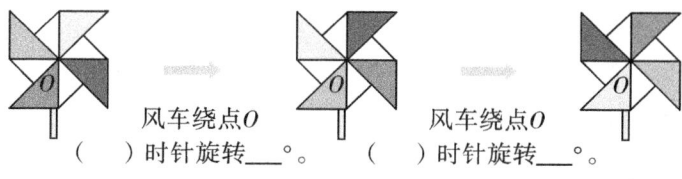

风车绕点 O　　　　　　　　风车绕点 O
(　　)时针旋转___°。　　(　　)时针旋转___°。

考查能力:要求学生运用点、边、角、形状、距离、位置等数学概念分析旋转前后图形的联系和区别。考查学生对教学难点的达成情况。

四、教学思路

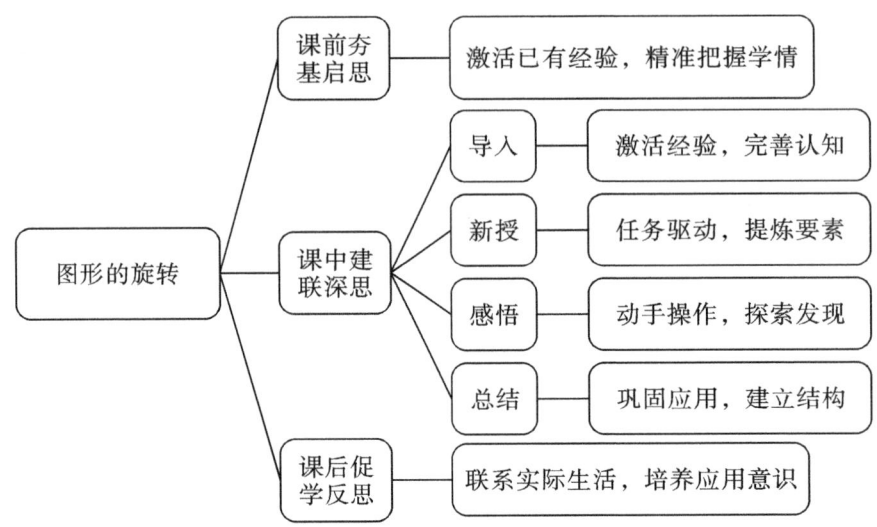

实践

"图形的旋转"教学实录

【课前夯基启思】
激活已有经验，精准把握学情

1. 复习旧知

（1）你知道哪些图形运动的现象？

（2）列举生活中旋转的实例（2到3个）。

2. 自主尝试

屏幕上的时间和实际的时间相差15分钟（如下图）。分针要怎么调整呢？（画一画，并用自己的语言把过程描述出来）

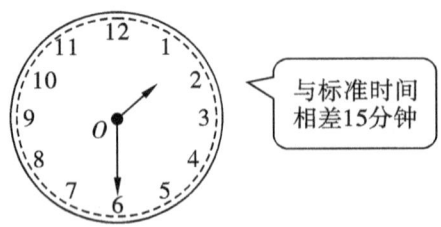

设计意图：课前3道思考题旨在激活学生已有经验，提取其作为素材，但更重

要的是根据反馈精准把握学生的学情，从而制定合理的学习目标与适当的学习任务。

【课中建联深思】

环节一 导入——激活经验，完善认知

师：下面物体的运动是旋转吗？

生：都是旋转。

生：我觉得车辆进出和荡秋千不是旋转，旋转应该要转一圈才是。

生：不一定，转半圈也是旋转，只要是像这样子转，就是旋转。

师：是的，它们都是旋转。仔细观察它们，你有什么发现吗？

生：它们都会绕着一个点来转，转的时候点不能动。

生：旋转有时候方向不一样，有时候是向左转，有时候是向右转。

生：都有一条棍子或者说一条边在转。

设计意图：在学生的认知中旋转往往要转一圈（360°）才能称之为旋转，教材选取的素材正是为了打破学生的思维定势，完善认知结构。同时，让学生初步观察旋转运动，寻找共同之处，为后面的学习埋下伏笔。

环节二 新授——任务驱动，提炼要素

1. 创设问题情境

师：看来旋转里面还真蕴含着不少知识等待我们去探索，今天就让我们进一步认识"旋转"。

师：生活中最容易见到的旋转现象是什么？

生：钟表里面一直在转。

师：是的。我们就从时钟里的指针开始探究。屏幕上的时间和实际的时间相差15分钟（如下图）。分针要怎么调整呢？课前大家已经进行了思考，请大家在组内交流交流。

汇报时先请学生用教具时钟真实地调一调，再呈现画法。

师：你们认为哪幅作品是正确的？

生：我认为第一幅作品是正确的。

生：我认为第二幅作品也是正确的。

师：为什么？

生：因为题目说和标准时间相差15分钟，没有说快还是慢，所以相差有可能是快，也有可能是慢，所以有两个答案。

设计意图：运用最常见的物品创设常见的问题情境，能有效激发学生的探究兴趣，降低认知的难度，并且让学生先想象再操作，最后得到冲突，进而解决冲突，在非线性的交流中引导学生走向学习深处。

2．提炼旋转三要素

师：这两种调整方法有什么不同？

生：方向不同，旋转的就不一样了。

师：（用教具演示）这幅图中分针是按什么方向旋转的呢？

生：顺时针。

师：和顺时针方向相反的是——

生：逆时针。

师：顺时针和逆时针我们在数学中叫作"旋转方向"。

师：现在你能用自己的语言来说一说第一种是怎样旋转的吗？

生：分针顺时针旋转。

生：我觉得不准确，旋转到哪里不知道。

师：那怎么办？

生：分针顺时针旋转90°。

师：大家同意吗？太厉害了！像这里的90°在数学上称为旋转角度。有了旋转方向、旋转角度就可以了？

生：我觉得还得说绕着什么东西转，我们上课一开始看到风车、秋千，还有头顶上的电风扇都是绕着一个中心点旋转的，如果不绕着这个来转，可能就不是这样。

师：什么意思？上来比划一下？

学生上台比划，如果不是围绕中心而是绕着针尖就会完全不一样。

师：太棒了！大家其实已经默认了围绕这个中心点旋转，但是只有你提出来了不绕着它就会不正确。数学是严谨的，我们加上你的想法，谁能结合起来说说看？

生：绕中心点顺时针旋转90°。（掌声）

生：分针绕O点顺时针旋转90°。

师：这样的中心点我们把它叫作旋转中心。至此，我们知道了，要想精准地描述清楚图形的旋转，需要说清楚⋯

生：旋转中心、旋转方向、旋转角度。

师：我们把旋转中心、旋转方向、旋转角度叫作旋转三要素。好了，现在谁说一说第二种方法怎样旋转？

生：分针绕O点逆时针旋转90°。

设计意图：从知道怎么旋转到怎么精准地描述旋转是本节课的关键所在，借助问题情境顺利地引向怎样描述，在描述中一步步提炼"旋转方向""旋转角度""旋转中心"，在师生交流、生生交流中不断地完善，最终用"数学的语言"精准地描述旋转这一运动。

3. 巩固旋转三要素

师：自己想象指针怎样旋转，画一画，再说给你的同桌同学听听。

学生充分发挥自己想象，借助学习单先动手画一画，再用旋转三要素描述，最后再上台运用教具拨一拨、说一说。

设计意图："怎么旋转""怎么描述旋转""怎么巩固旋转三要素"三个要点一"境"到底，在同一个问题情境中不断设置问题串，最后运用已有的问题情境即时巩固旋转三要素。

> **环节三** 感悟——动手操作，探索发现

1. 初步认识旋转特点

师：刚刚是钟表里面指针旋转，大家平时都接触过，根本难不倒大家。现在我要加大难度了，看看大家行不行！

（课件动画呈现增加了一根指针，变成了一个直角三角形，背景变成方格图）

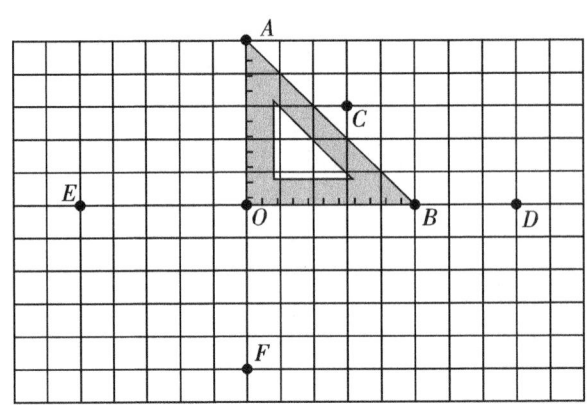

师：绕 O 点旋转可能同时碰到哪些点？不可能同时碰到哪些点？先想象，然后小组交流，说说为什么？

生：能同时碰到 B 点和 F 点，OA 绕 O 点顺时针旋转 $90°$ 碰到 B 点，OB 绕 O 点顺时针旋转 $90°$ 碰到 F 点。

生：能同时碰到 E 点和 F 点，蓝边绕 O 点逆时针旋转 $180°$ 碰到 E 点，红边绕点 O 逆时针旋转 $180°$ 碰到 F 点……

师：大家想象得对不对？用三角尺在准备好的方格图上操作验证一下吧！增加感性认识。

师：现在我们回顾刚才的旋转过程，你有什么发现？

生：每一次旋转时，旋转中心不变，所有边旋转的方向相同、角度也相同。

设计意图：从一条线段（指针）进到一个图形（直角三角形），增加任务难度，引导学生通过空间想象、操作验证，初步感悟和发现图形的旋转特征。

2．进一步认识旋转特点

师：哪些点不能同时碰到？

生：不可能同时碰到 C 点和 F 点。

生：因为 OA 旋转 $45°$，OB 旋转 $90°$，三角形就会烂了，它是一个整体，旋转的角度是相同的。

师：假如只限定绕点 O 旋转 $90°$ 一次，能同时碰到 E 点和 F 点吗？

生：也碰不到。如果这样，三角形又烂了，旋转的方向要相同。

师：D 点能碰到吗？

生：D 点根本碰不到，太远了，边不够长。旋转前这个顶点到中心的距离是 3 格，旋转后还是 3 格。

师：顶点到中心点的距离不变。旋转前后图形的形状、大小都不变。

设计意图：这一环节，意在通过反例，进一步巩固刚才的发现，进一步深化体会旋转的特点。

环节四 总结——巩固应用，建立结构

1. 巩固练习，迁移应用

（1）左侧有车通过，车杆要绕点_____按_____方向旋转_____。右侧有车通过，车杆要绕点_____按_____方向旋转_____。

（2）下面的图案分别是由哪个图形旋转而成的？是怎样旋转的？

  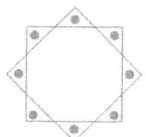

（3）填一填，并说一说你是怎样想的。

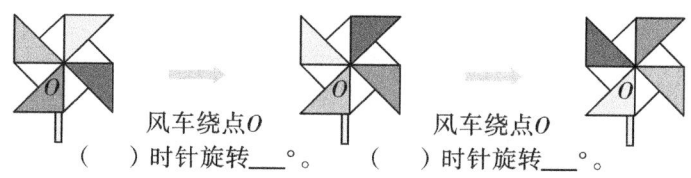

风车绕点O　　　　　　　风车绕点O
（　　）时针旋转___°。　（　　）时针旋转___°。

设计意图：通过有层次的练习，从简单的填空到半开放式的考核旋转三要素，最后巩固细化感知图形的旋转特征，进一步培养学生的空间想象力和思维能力。

2. 前后联系，建立结构

师： 回顾轴对称、平移与旋转相比，它们三者有什么相同或者不同的地方？

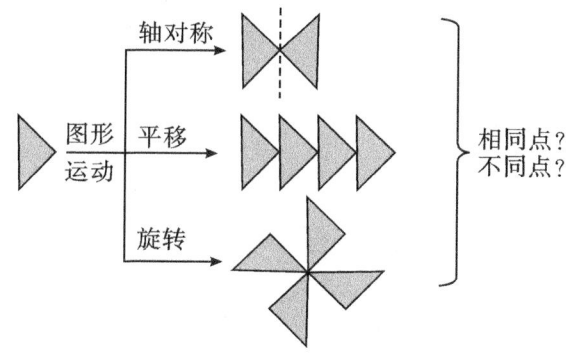

生：都是一种运动。

生：运动之后原来图形的形状和大小都不会变化。

生：运动后样子不一样，轴对称和平移比较简单，旋转还要注意旋转三要素。

设计意图：同中求异，异中求同，建构成网，形成知识体系。

3. 总结

师：学完这节课，你感受最深刻的是什么？

【课后促学反思】

联系实际生活，培养应用意识

（1）生活中还有哪些旋转现象？找出几个用旋转三要素进行描述，与小组内的同学分享。

（2）今天我们已经深入了解了旋转，那么你会画旋转之后的图形吗？试一试，并想一想你是怎么画的，下节课我们一起探究。

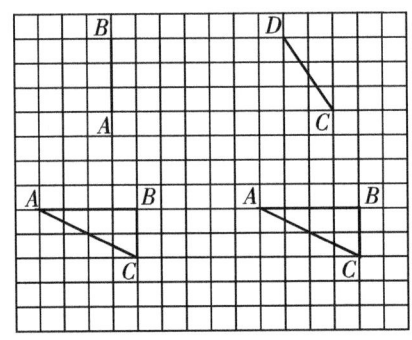

（1）画出线段 AB 绕点 A 逆时针旋转 $90°$ 后的图形；

（2）画出线段 CD 绕点 C 逆时针旋转 $90°$ 后的图形；

（3）画出三角形 ABC 绕点 B 顺时针旋转 $90°$ 后的图形；

（4）画出三角形 ABC 绕点 A 顺时针旋转 $90°$ 后的图形。

设计意图：通过开放式问题的设置，延续"图形的旋转"这一主题，在寻找旋转现象的过程中感受与实际生活的密切联系，同时设置挑战性的评价，一方面促使学生主动思考，另一方面为下节课做铺垫，充分了解学情。

反思

从任务驱动中走向深度学习

任何一节课都要从学生的生活经验和已有知识出发，根据数学内容的特点，精心设计多层次多形式的任务驱动，丰富学生的活动体验，让学生积累了丰富的探索图形运动的活动经验，在不断的观察、操作、交流、想象中培养了空间观念与推理意识，促使数学核心素养真正落地。"旋转"难，难在要素多，难在难想象，因此在紧扣前文的理念下，实际教学需要做到以下四点。

1. 精选生活素材

生活中随处都可以找到数学的原型，可以形成不少的数学表象。通过观察风车、闸门、方向盘、秋千等旋转的过程，进行初步的对比就可以迅速纠正"旋转至少要360°"的思维定式，并且初步体会旋转的三要素。同时，学习任务的设置也从学生生活经验入手，将数学与生活问题有机结合，让学生感受到数学就在身边，增强学生学习数学的兴趣。时钟的时间不准是学生经常在家或者学校都能遇到的实际问题，每一个学生也基本上会进行调整，但是这样一个最常见的物品中出现的常见的问题就蕴含着旋转三要素。类比，一个简单的生活素材就能引起学生的共鸣。

2. 注重动手操作

皮亚杰认为，要想建立空间观念，必须有动手做的过程。这个做的过程，不仅是一个实践的过程，更是尝试、想象、推理、验证、思考的过程。只有在这样的过程中，学生才能把握概念的本质，建立空间观念。在教学的过程中，教师把学习的主动权交给学生，让学生自主探索、观察发现、合作交流、主动参与教学实践活动，以独立思考和相互交流的形式开展教学。给学生充分的探索时间与空间，使学生在观察、想象、操作、交流、展示、倾听和评价中逐渐提炼出"旋转中心""旋转方向""旋转角度"，从而获得对图形旋转运动的深刻理解，形成空间观念，从真正意义上完成对知识的自我建构。在图形的运动的教学中，经历"先想一想，再做一做，再想一想"无疑是发展学生空间观念的有效途径。操作能帮助学生体验图形运动的过程和验证想象的过程，操作和想象的结合也有利于学生在头脑中建立正确的表象，促进学生空间观念的发展。学生在时钟指针旋转与三角形旋转的两个任务中充分发散空间想象力，能动手动脑相结合。

3. 善于归纳总结

在"时钟指针旋转"的任务驱动中，学生分享了不同的结果，在充分想象与操作的基础上知道了"怎样旋转"，教师话锋一转，将任务过渡到"怎样准确描述旋转"，学生在这一过程中不断地发散思考，表达自己的想法，肯定与否定其他同学的想法，在"思维火花不断闪现"的分享与辨析中感悟空间观念，进而归纳总结出要想准确地描述旋转运动需要表达清楚"旋转三要素"。

无独有偶，在"三角形旋转"的任务驱动中，学生通过想象、操作、再想象，在分享与辨析中深刻感悟，进而尝试归纳总结：旋转中心不变，旋转的方向相同、角度也相同，顶点到中心点的距离不变，旋转前后图形的形状、大小都不变。从而培养了推理意识与空间观念。

4. 重视建立结构

对于图形变换这部分内容，整个义务教育阶段都不要求从比较严格的几何变换定义出发来研究变换的性质。在此之前，绝大部分教师认为小学生能通过操作活动直观感受到平移就是沿着一定的方向移动了一定的距离，旋转就是绕一个点转动一定的角度就够了，但是《义务教育数学课程标准（2022年版）》的课程理念追求结构化教学，因此有必要追求建立知识内容乃至思想方法之间的联系，同中求异，异中求同，建构成网，形成知识体系。在课堂的最后的环节设置了对比"轴对称""平移""旋转"的活动，从特征上初步建立三者之间的联系，为今后建立更完整的结构奠定基础。

精选生活素材、注重动手操作、善于归纳总结、重视建立结构，每一点都值得重视，但每一点又都指向"任务驱动"，只有精选生活素材才能设计好的学习任务，只有在任务中倡导"做中学"理念，注重动手操作，才能加深学生的感知，进而才有可能进行归纳总结，最终建立结构。因此，大单元理念下的学习，聚焦到每一节课中就是任务驱动式的学习，教师的任务就是引导学生从任务驱动中走向深度学习。

案例 12　根据方向和距离确定位置

（人教版小学数学六年级上册第 18－19 页）

深研

一、内容解读

（一）知识透视

"根据方向和距离确定位置"是数形结合思想的重要知识载体，也是解析几何知识在小学数学中的再一次渗透。

数与形是数学中的两个最基本的研究对象，它们是有联系的，在一定条件下可以相互转化。这个联系被称为数形结合或形数结合。作为一种思想方法，是指通过数和形之间的对应关系和相互转化来解决问题的思想方法。

解析几何的基本思想就是在平面上引进"坐标"的概念，建立平面上的点和坐标之间的一一对应，从而建立曲线的方程，并通过方程研究曲线的性质。17 世纪伟大的数学家笛卡尔和费马共同创立了解析几何学，使得几何图形可以用代数形式来表示，代数方程也可以转化为平面上的曲线，真正实现了几何方法与代数方法的结合。

作为解析几何的核心，坐标法的思想和方法不断发展，不仅推动了数学作为一门科学的自身进步，也在实际生产和生活中得到广泛应用。在小学阶段适当渗透坐标法的思想方法，既能对小学生进行现代数学知识的启蒙，也能进一步沟通数学世界与现实生活的联系，为学生数学学科核心素养的发展提供新的途径。

在小学数学中，"用数对确定位置"是平面直角坐标系知识的雏形，"根据方向和距离确定位置"则是对极坐标系的初步感悟。

极坐标系是指在平面内由极点、极轴和极径组成的坐标系。在平面上取定一点 O，称为极点。从 O 出发引一条射线，称为极轴。取定一个单位长度，用以度量平面上任意一点 P 到极点 O 的距离，称为 P 的极径 ρ。线段 OP 与极轴间的夹角（通常规定角度取逆时针方向为正）称为 P 的极角 θ。这样，我们就可以用有序数对 (ρ, θ) 来表示 P 的位置。

在"根据方向和距离确定位置"中，通常给定一个具体地点作为极点，以之为端点引出表示东、南、西、北四个方向的四条射线，设定为极轴。直观给定一个单位长度用以确定极径，再给定目标点的极角度数（一般用类似"东偏南 30°"

的方式表述），于是就构成了一个包含极点、极轴、极径和极角全部要素的极坐标系。

（二）内容精解

1. 知识结构

"根据方向和距离确定位置"在"图形的认识""图形与位置"两条知识链中相关联知识之间的前后关系如下图所示：

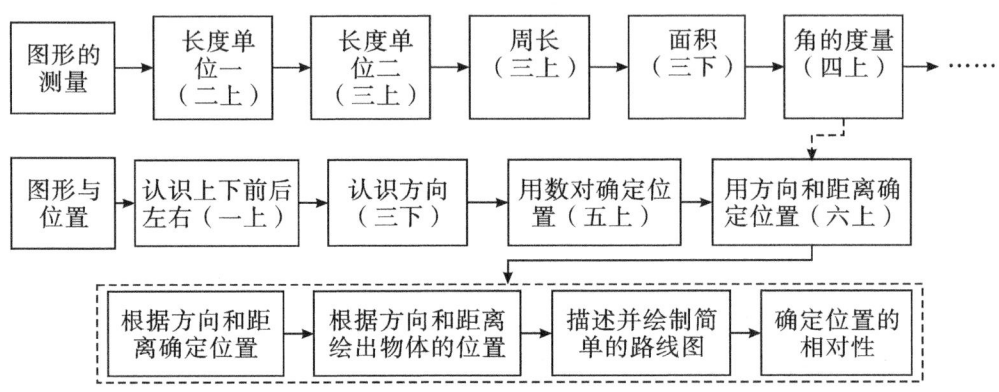

2. 教材编排

人教版小学数学六年级上册第二单元"位置与方向（二）"包括用方向和距离描述平面上两个点的相对位置并在此基础上描述简单的路线图。例1根据平面示意图，用方向和距离描述某个点的位置，是从图像到数据，侧重"以数解形"；例2根据方向和距离的描述，在图上确定某个点的位置，是从数据到图像，侧重"以形辅数"。例3描述简单的路线图，是对前两例的综合应用。本课时教学例1，教材内容如下编排：

（1）创设问题情境。电视播报台风警报信息，具有很强的生活气息，能有效引起学生的学习兴趣和探究欲望。

（2）直接给出标有台风中心和A市位置的方位图，A市设为极点。用探究性问题驱动学生思考，"东偏南30°是什么意思？"指向本例题的难点，学生可结合对方位图的观察，直观理解其含义。"如果只有这个条件，能够确定台风中心的具体位置吗？"启发学生主动寻求另一个重要参数——距离。"台风大约多少小时后到达A市？"解决实际问题，突出了知识的应用性。

（3）在例1教学的基础上，"做一做"进一步深化知识，强化技能。要求学生以小明家为参照点，说出其他几个地方的确切位置。要求学生自己测量出各个地点在坐标系中的极角。习题以填空方式呈现，有利于学生进一步熟悉"用方向和距离确定位置"的规范的描述形式。

二、目标设定

（一）核心素养讨论

1. 空间观念的主要表现

跟认识各种图形相比,"根据方向和距离确定位置"给学生创设了一个更广阔的想象空间。在大尺度的平面范围内描述两个点的相对位置,主动探索并理解方向和距离两个变量的具体含义,在此基础上逐步学会规范的描述方式、建立数学模型,对学生来说很具挑战性,同时也是锻炼其空间想象力的重要体验。

2. 模型意识的主要表现

将台风中心看作目标点,将 A 市看作参照点,利用方向和距离确定台风中心的位置,从而准确描述它与 A 市的位置关系。在提出问题、分析问题的基础上,利用坐标系的直观特点画出表示方向的射线,截取表示距离的线段就能确定点的位置、描述两个点之间的位置关系,从而形成了建立数学模型的基本思路。在两个基本问题的驱动下,学生逐步理解方向和距离是两个必备的参数,通过例题和习题,逐步归纳出规范的描述形式,从而经历数学模型建立的基本过程。

3. 应用意识的主要表现

对于即将来临的台风,准确推算它来袭的方向和时间,是现实生活的客观需要。在低年级运用 8 个方位词大致描述位置的基础上,进而用方向和距离描述确切的位置,并用于解决实际问题,能让学生真切感受到数学在生活中的广泛应用。

（二）学情分析

1. 学生认知特征分析

随着学生年龄的增长,他们的数学知识和数学活动经验不断积累,学习数学的能力不断增强。他们逐步从直观活动中发现问题、依靠具体事物理解知识的具体运算阶段向形式运算阶段过渡,综合应用知识,具备根据生活情景自主抽象出新数学问题、解决问题的能力。而本单元内容安排的三道例题,选择了台风中心的位置与活动的现实背景,层层递进,不断提出新的学习任务,让学生整体感受三个阶段的学习过程,体会新知识从发现到应用,再到进一步发展的线索,体会到自己解决问题的能力不断增强,进一步树立学习数学的自信。

2. 学生生活经验分析

在学生的日常生活中,学生自主使用方位概念解决生活现实问题的经验很有限。对两地之间距离的知识与经验,多来自于学校课程或课外阅读,直接经验相对较少。学生在日常生活中描述位置和路线时方法多样,一般很少使用精确的角度和距离,而关于综合运用方向和距离确定物体位置的经验更是不多。因此,教学本节内容时,应注意从数学知识的发展角度激发学生的学习兴趣和学习动机,

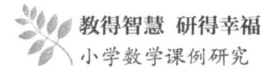

让他们感受到应用新知识可以有效提高位置描述、路线描述的精确程度，是数学知识发展的具体体现，也是将来进一步学习数学的重要基础。

3. 学生已有知识基础分析

学生对东、南、西、北、东南、东北、西南、西北八个方向的认识是学习本节内容的知识前提；掌握角的测量和画图方法，是学习本节内容的技能基础；用有序数对表示平面上的点，对平面直角坐标系的初步体验，是学习本节内容的数学方法基础。学生虽然还没有学习比例尺的有关知识，但借助平面示意图的直观提示和范例指导来理解并掌握画图的直观方法，一般困难不大。

（三）目标设定

1. 教学目标及重、难点

（1）学生能理解并掌握根据方向和距离确定位置的基本规则，理解北偏东（西）、南偏东（西）的含义；能根据平面示意图，用方向和距离描述某个点的位置。

（2）通过观察、操作、比较和归纳，总结根据方向和距离确定位置的基本规则，进一步培养学生观察、识图和有条理地进行表达的能力，体验数形结合的数学思想方法，感受数学方法的便捷性和简洁性，体验位置关系的相对性，渗透坐标法的数学思想。

（3）学生能应用数学知识解决简单的实际问题，体会数学表达的多样性。了解根据方向和距离确定位置在日常生活中的广泛应用，增进对数学应用价值的认识。

教学重点：根据平面示意图，用方向和距离描述某个点的位置。

教学难点：理解并掌握用角度表示更精确的方向的数学规则。

2. 目标达成的行为表现

（1）"理解并掌握根据方向和距离确定位置的基本规则，理解北偏东（西）、南偏东（西）的含义"行为表现：知道用方向和距离两个量结合起来可以确定更准确的位置。知道具体的角度（如东偏南30°）的含义，掌握表示角度的通用方法，掌握用单位长度表示距离的一般方法。

（2）"能根据平面示意图，用方向和距离描述某个点的位置"行为表现：理解具体角度的含义，能正确测量目标点所在射线与"坐标轴"间的夹角度数。能根据指定的单位长度算出目标点与参照点间线段所表示的实际距离。能用规范的数学语言描述某个点的位置。

（3）"通过观察、操作、比较和归纳，总结根据方向和距离确定位置的基本规则"行为表现：参与观察、交流和画图等活动，对观察结果和活动过程进行归纳概括，适当总结规则和方法。

（4）"应用数学知识解决简单的实际问题，体会数学表达的多样性"行为表现：应用根据方向和距离确定位置的知识，解决一些简单的实际问题，如结合速度计算目标点运动的时间等，在解决问题中感受解决问题方法的多样化以及表达方式的多样性。

三、评价设计

1. 基础性评价设计

量一量，填一填。

（1）亮亮家在学校西偏（　　）（　　）方向上，距离是（　　）米。
（2）明明家在学校东偏（　　）（　　）方向上，距离是（　　）米。
（3）东东家在学校（　　）偏（　　）45°方向上，距离是（　　）米。
（4）丽丽家在学校（　　）偏（　　）30°方向上，距离是（　　）米。

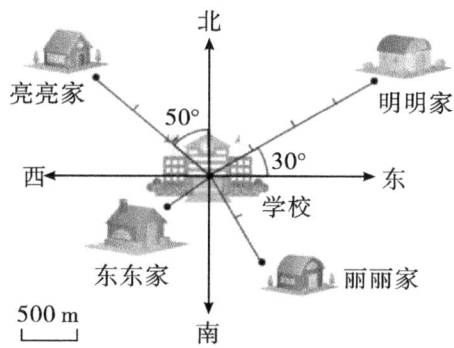

考查能力：考查学生对认读方位图基本方法的掌握情况。要求学生以填空方式补充几个地点的位置信息。

2. 重点内容评价设计

教材第22页"练习五"第2题：以市政府广场为观测点，

（1）市政府在_____方向上，距离是_____m。
（2）电信大楼在_____偏_____方向上，距离是_____m。
（3）工人文化宫在_____偏_____方向上，距离是_____m。
（4）科技大厦在_____偏_____方向上，距离是_____m。
（5）银行在_____偏_____方向上，距离是_____m。

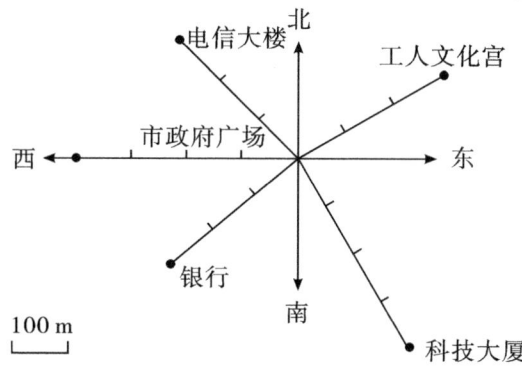

考查能力：考查学生对认读方位图基本方法的掌握情况。要求学生自主测量角度，以填空方式补充几个地点的位置信息。

3. 难点内容评价设计

石油勘探队在 A 城附近发现了两口油井。

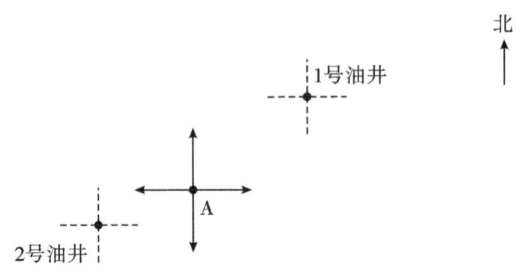

（1）1号油井在 A 城（　　）偏（　　）（　　）方向，大约（　　）km 处；A 城在 1 号油井（　　）偏（　　）（　　）方向，大约（　　）km 处。

（2）2号油井在 A 城（　　）偏（　　）（　　）方向，大约（　　）km 处；A 城在 2 号油井（　　）偏（　　）（　　）方向，大约（　　）km 处。

考查能力：检验学生自主测量角度和距离，并正确描述位置的能力。引导学生思考观测点与被观测点互换后的位置表述变化，考查学生灵活运用知识的能力。

四、教学思路

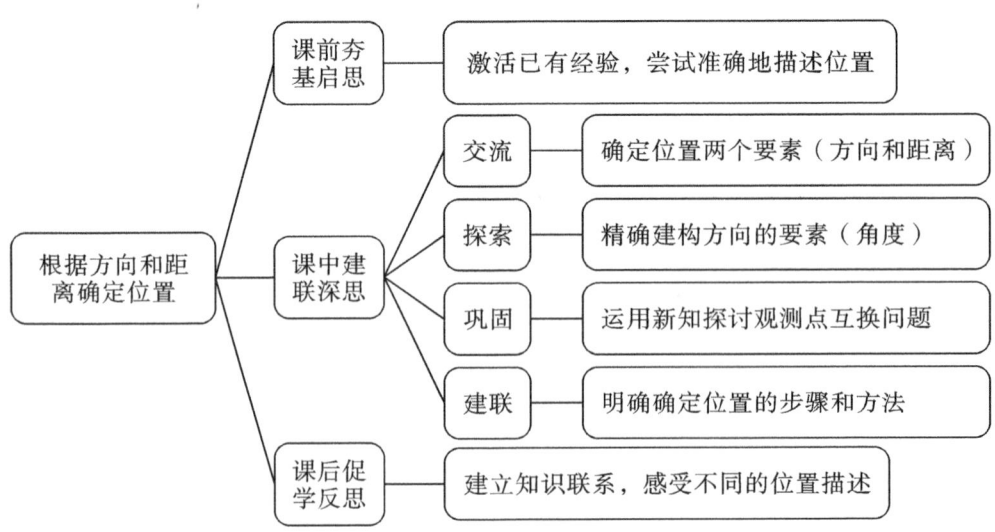

实践

"根据方向和距离确定位置"教学实录

【课前夯基启思】

激活已有经验，尝试准确地描述位置

· C市

· A市

· 台风中心

100 km

（1）以 A 市为观测点，C 市在什么位置？

（2）以 A 市为观测点，台风中心在什么位置？

（3）想一想：准确描述位置需要哪些条件？

设计意图：将具体形象的实际问题抽象出数学问题，回顾八个方位词，初步确定 C 市和台风中心的方向。在现实的问题情境中，产生认知冲突，引发学生深入思考，初步感受到确定位置还应考虑到什么，为进一步探究打下基础。

【课中建联深思】

环节一 交流——初步确定位置的两个要素（方向和距离）

师：沿海地区，台风频发。课前我们进行了尝试，我们一起来看看。

1. 描述 C 市的位置

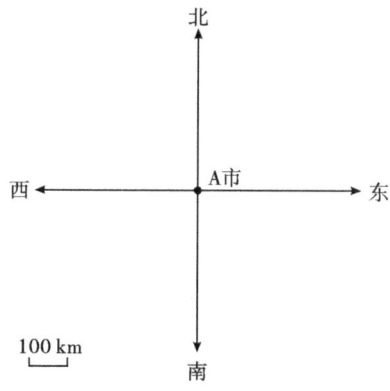

师：坐标的中心是 A 市，也就是以 A 市为观测点，我们先看看这位同学是如何来描述 C 市和台风中心所在的位置。

生：C 市位于 A 市的正北方向，台风中心位于 A 市的东南方向。

师：C 市在 A 的正北方向上，这个比较容易，我们先来研究它。如果用一个点表示 C 市，刚刚同学们说 C 市位于 A 市正北方向上，那应该把这个点该放哪？

生：（同学上来指）可能在这，也可以在那，只要在北的方向上都有可能。

师：从中心到向北的每一个点都处于正北方向。那有无数种可能，看来只有方向，能确定位置吗？

生：不能确定具体的位置。

师：那怎么准确描述 C 市的位置呢？我们来看这位同学是怎么描述的。

生：C 市位于 A 市正北方向 300 千米处。

师：现在，能确定 C 市的位置了吗？是怎么看出 300 千米的？

生：能，一段表示 100 千米，三段就是 300 千米。

师：那请你把 C 市放到正确的位置上。（根据学生的描述，在图上画出三格长度，并邀请学生贴磁铁，补充板书：C 市）

设计意图：逐步递进的方式，引导学生在探索中逐步建构，先让学生研究正方位的位置问题，帮助学生复习了过去所学过的"东、南、西、北"等方向概念，使学生明确，只有既说清楚了方向又说清楚了距离才能确定物体的位置。

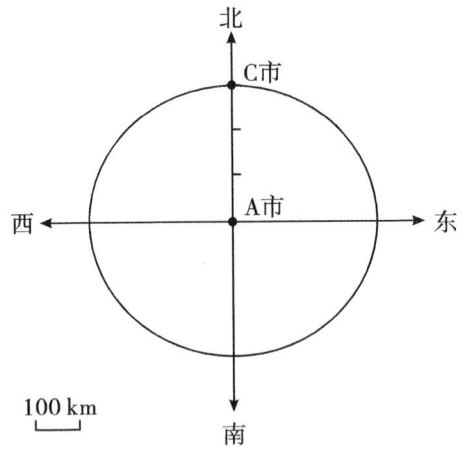

2. 揭示课题

师：正北指的是 C 市的——方向；300 千米呢——距离。（板书：方向和距离）光说 C 市位于 A 市正北方向不行，为什么？

生：处于正北的点有无数个。（课件闪烁正北方向上的射线）

师：那只说 C 市位于 A 市 300 千米处行不行呢？为什么呢？

170

生：距离基地 300 千米的点也有无数个。（课件显示半径为 300 千米的圈）

师小结：在平面上，我们确定了一个中心点，要确定其他点的位置，只有说清方向和距离才能确定它的位置。（板书：确定位置）

设计意图：小结中利用课件配合展示，让学生真正理解了要确定位置只有方向或只有距离是不够的，需同时说清楚方向和距离才能准确确定位置。

3. 强化练习

课件中多次出示点（东南西北任意方向上）所在位置。学生回答：B 点在 A 点（　　　）方向（　　　）千米处。集体评价是否正确。

设计意图：要确定位置必须指明物体的方向和距离。检验学生是否掌握四个方位的位置描述方法和距离的计算方式。

环节二　探索——精确建构方向的要素（角度）

1. 运用角度描述位置

师：接下来我们来确定台风中心的位置。（出示台风中心）它还是正东、正南方向吗？

生：不是，它在 A 市的东南方向，距离 A 市 600 千米。

师：这样能准确描述台风中心的位置吗？东南方向，距离 A 市 600 千米。那可能在哪里？（课件显示四分之一的圆）似乎还不行，光说东南还不够精确。我们来看看这两位同学是怎么描述的。

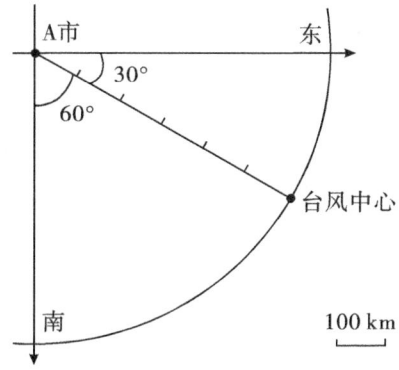

生：东南方向 30°，距离 A 市 600 千米。

生：东南方向 60°，距离 A 市 600 千米。

师：他们都不约而同地用上了角度，但两个角度并不相同，我们来听听他们怎么说。

生：我测了的是这个角，为 30°。

生：我测了的是这边的角，为 60°。

设计意图：迁移方向和距离表示位置的方法，采用了揭示矛盾冲突引导学生自主探究的方式，凸显运用角度描述的必要性，在知识的形成过程上做足了文章。

2. 理解"东偏南30°"

师：这一看来，他们的方法，都能准确描述台风中心的位置，但测量的两个角不一样，如果都说东南方向会让大家产生混乱，怎么表达这两个角更合适呢？

师：这一个角可以是……（课件动画显示：以A为顶点，正东方向的射线向南方向旋转30°）从正东方偏向南旋转，我们把它叫东偏南吧，那这个角就叫作东偏南30°。

师：如果说角度是60°，那就应该怎么转呢？

生：从正南方向开始，向东的方向旋转……（学生上了指着说，课件动画适时配合显示，以A为顶点，正南方向的射线向东方向旋转60°）

师：那这个角度完整的应该怎么说？

生：南偏东60°。

师：东偏南30°和南偏东60°表达的角度其实是一样的，两种说法都可以，但人们更习惯于用小的度数来表示，所以用东偏南30°这种说法的更多。

设计意图：学生从两种不同的角度描述引发进行探究的必要性，借助课件动画，帮助学生理解"东偏南30°"和"南偏东60°"的区别与联系。再以约定俗成的方式简化了学生思维，减轻了学生语言表述的困难。

3. 总结用方向和距离确定位置的步骤

师：那么我们如何准确描述台风中心的位置呢？

学生先自己尝试总结。（根据学生汇报板书：定点→定向→定角→定距离）

师总结：首先我们要确定观测点（定点）。确定方向为东南方向，根据"方向"可以先确定了一个区域，一个大的范围（定向）；然后测量角度，确定角度为东偏南30°，根据"角度"将范围缩小到一条射线上（定角）；距离为6段，每天100千米，也就是600千米，根据"距离"可以将位置锁定到一个点（定距离）。看来确定位置的需要三个要素——观测点、方向和距离。

设计意图：角度的描述是学生学习的难点，也是本堂课的重点所在。借助课件动画引导学生在自主探究、合作交流中轻松地化解难点，再加强反馈练习，及时巩固所学知识。

环节三 巩固——运用新知探讨观测点互换问题

1. 基础练习：书本 20 页做一做。

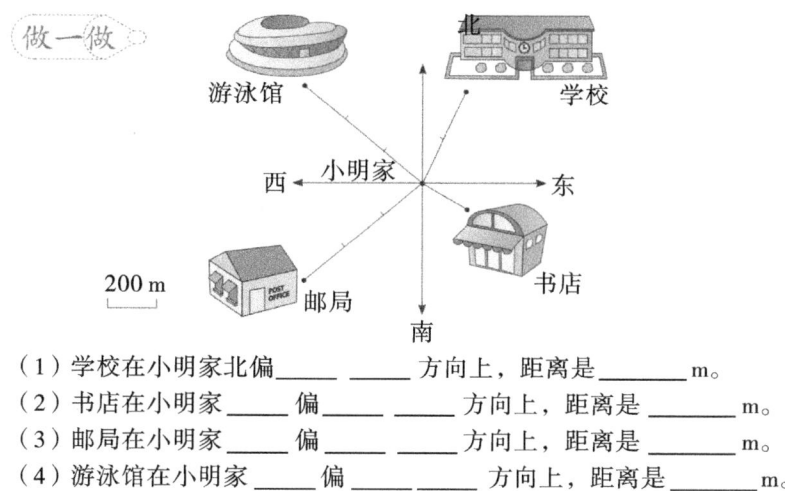

（1）学校在小明家北偏____ ____方向上，距离是_____m。
（2）书店在小明家____偏____ ____方向上，距离是_____m。
（3）邮局在小明家____偏____ ____方向上，距离是_____m。
（4）游泳馆在小明家____偏____ ____方向上，距离是_____m。

师：同学们先独立完成。谁来说一说。（分别邀请四位同学分享）

设计意图：学校的角度描述引导学生观察为什么从北开始；书店、邮局的方向上，如出现两种不同的角度描述方式，引导讨论选用哪种描述角度的方式更好；而游泳馆因角度为 45°，选择两种都可以。距离的计算对于学生而言相对容易，不做重点讲解。

2. 提高练习：改编自教材 24 页练习五第 4 题。

先完成下面填空，再回答问题：①小刚和小芳的观测点相同吗？②观测点和被观测点互换后，描述位置的什么改变了，什么没有改变？

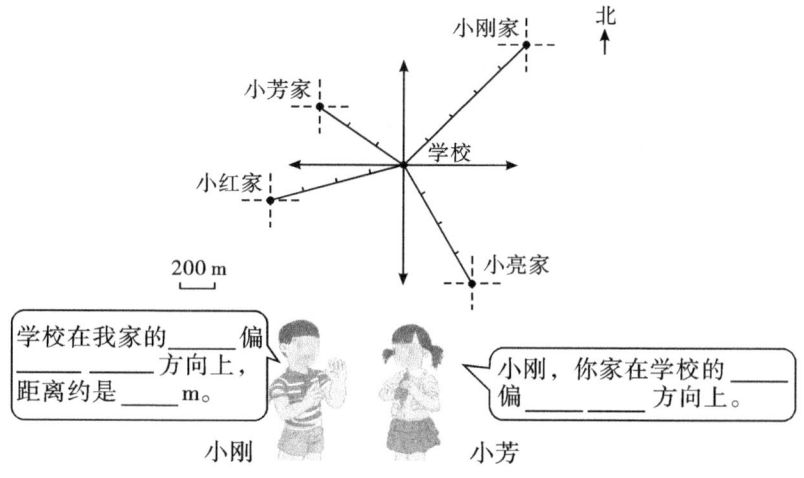

师：我们先来补充小刚和小芳的对话。

生：小刚说，学校在我家西偏南45°方向上，距离是1000m。

生：小芳说，小刚家在学校东偏北45°方向上。距离也是1000m。

师：都是描述学校和小刚家，为什么两位同学的说法不一样？

生：小刚的话以小刚家为观测点，小芳的话以学校为观测点。

师：观测点和被观测点互换了，那什么变了，什么没变？

生：方向相反（西南和东北相对），而距离不变（都是1000m）。

师：你能尝试选择其中一位小朋友的家，说一说它与学校之间的位置关系吗？

生：小红家在学校的……学校在小红家的……（学生应用发现，交流三位同学家的位置）

设计意图：通过动手操作测量角度和距离，培养学生动手操作、观察识图和有条理地进行表达的能力，考查学生对其他不同答案的理解能力，提高练习检测学生灵活运用知识的能力，引导学生思考观测点与被观测点互换后的位置表述变化。

环节四 建联——明确确定位置的步骤和方法

师：确定位置要关注哪三要素。

生：观测点、方向和距离；方向、角度和距离。

师：定点就是确定观测点，定向和定角就是确定方向，最后定距离。定向、定角、定距离分别能确定什么？

生：定向是根据"方向"可以先确定了一个区域、一个大的范围，定角根据"角度"将范围缩小到一条射线上，最后定"距离"可以将位置锁定到一个点，最终确定了精准位置。

师：如果缺少距离或者角度这个要素位置会有什么不同？

生：如果没有距离，那么，所在的位置只能确定在一个固定的方向的一条射线上；如果没有角度，那么位置只能确定在一个扇形区域。

师：所以说，要准确地确定位置，必须是方向、角度和距离三者缺一不可。

设计意图：通过对比与回顾，使学生明确确定位置的三个要素及每个要素所承载的作用，知道三个要素缺一不可才能准确指向具体的位置，同时沟通面、线、点三者之间的联系，有效培养学生的空间思维能力。

【课后促学反思】

建立知识联系，感受不同的位置描述

爸爸妈妈带可可到欢乐游乐场游玩。

(1) 在图中标出各游乐设施的位置：①旋转木马（2，1）；②云霄飞车（2，4）；③摩天轮（4，8）；④激流勇进（7，3）；⑤海盗船（10，5）。

(2) 云霄飞车在旋转木马（   ）方向，距离（   ）米；

旋转木马在摩天轮（   ）偏（   ）（   ）方向，距离大约（   ）米；

激流勇进在海盗船（　　）偏（　　）（　　）方向，距离大约（　　）米。

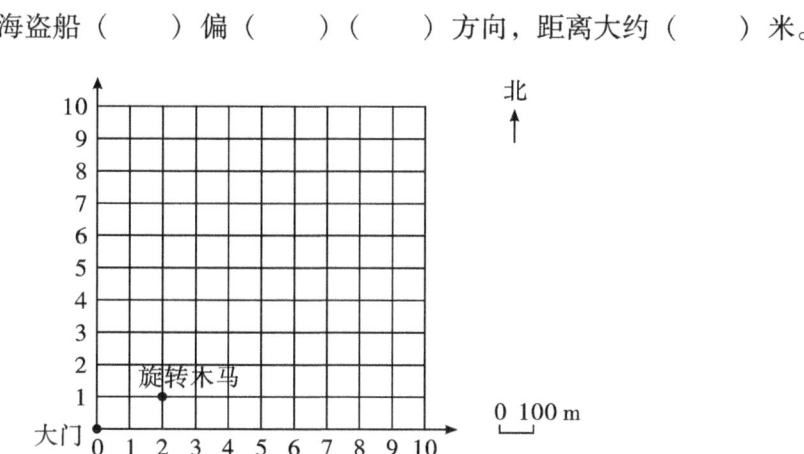

设计意图：本题设计一方面是在解决问题的过程中，让学生感受到确定位置在生活应用的广泛性和重要性，进一步巩固了用方向和距离确定位置的方法；另一方面巩固学生对位置表达方法的理解，任意一个点的位置既可以用数对表示，也可以用方向和距离表示。

附板书设计：

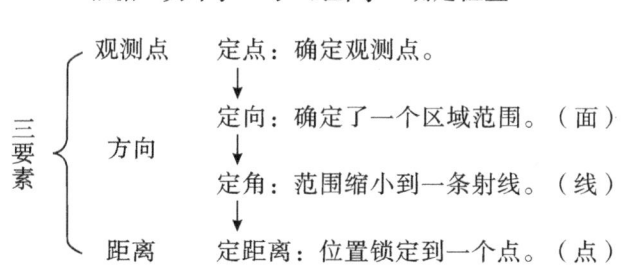

反思

技术赋能　突破教学难点

"确定位置"的内容在小学一年级就开始接触，从"前后左右上下"到三年级的"东南西北"正方向的射线定位，东北、西北、东南、西南的区域确定，都是以学生生活中的常规经验积累为知识的起点，一步步地深化知识的学习，但都还不能准确确定位置。直至五年级的"数对"，运用行和列对位置有了更准确的把握。而本次的教学是小学阶段对平面中"确定位置"知识的最后一次细化和认知，"用方向与距离确定位置"对学生而言有一定难度，如何逐步构建确定位置的方法？技术赋能，使得学生在矛盾冲突中凸显问题，引导学生自主探究、合作交流、逐步精准，学习的难点在学生以及媒体动态的演示中轻松地得到化解。

方向与距离缺一不可。以观测点为中心，先以稍简单的正方向初步确定位置的两个要素——方向和距离。以互动的方式，让学生在课件呈现的方位图上正北方向上点出 C 市所在位置，正北方向的射线上闪烁多个点，学生能直观感受仅有方向并不能确定准确位置；而在仅有距离的情况下，同样让学生在课件呈现的方位图上尝试找出距离中心点 300 千米的点，在点的基础上呈现圆形，在圆上任意一点离中心点的距离都是圆的半径长度 300 千米，说明只有距离也不能确定准确位置。而正北方向的射线与圆相交于一点，这一点正是我们要描述的 C 市所在位置，由此让学生真正理解了要确定位置只有方向或只有距离是不够的，需同时说清楚方向和距离才能准确确定位置。

角度是精确建构方向的要素。"东偏南""南偏东"的概念如何渗透原理而不是生硬告知，如何帮助学生真正理解两者的区别与联系？这是本课的一大难点，学生在理解认识某个区域的时候，以约定俗成的以东和西为基准，叫东南、东北、西南、西北，学生理解在东南方向上的角度时往往会有两种不同的测试方式，根据学生回答的生成性资料，课件上标注两个角度分别指的是哪一个角，再引导学生规范表达以免造成误解。"东偏南 30°"先以动画的方式呈现以 A 为顶点，正东方向的射线向南方向旋转 30°的过程，东偏南理解为从东开始向南旋转。再邀请学生互动操作课件展示"南偏东"如何旋转，在操作中理解从南开始向东旋转，而旋转的角度是 60°。让学生建立与原有知识链接的记忆网，在东南的方向上建立理解"东偏南""南偏东"的概念，学生才不会因为死记硬背加大知识的掌握难度。对比中明白两种描述方法的区别在于开始选择的边不同，因而角度也不相同，但是一条线能把 90°的角划分为二，因而两个角度和为 90°，帮助学生掌握两种表达方式的互化。

构建面、线、点逐步确定位置的模型。在知识梳理的建模阶段，帮助学生顺利建立确定位置的流程至关重要，配合讲解的课件呈现，能帮助学生理解逐步精准的过程。确定观测点是第一步；接着确定方向分为定向和定角，先根据"方向"可以先确定了一个区域，课件显示一个大的范围（面），定角根据"角度"将范围缩小到一条射线上，课件此时配以闪烁的直线（线）；最后定"距离"可以将位置锁定到一个点，最终确定了具体的准确位置。用动画的方式逐步呈现，沟通面、线、点三者之间的联系，有效培养学生的空间思维能力。

技术的赋能，把抽象的内容直观化、复杂的思路具体化，大大降低了理解的难度，帮助学生更好地理解。但需处理好直观与抽象之间的平衡，避免过于直观而忽视对学生空间想象、空间观念的培养。教师巧妙引导，教学过程逐步呈现矛盾，引发学生解决问题的欲望，学生主动参与、自主探究，一步步地完善思维，为整个新授过程增光添彩。

案例 13　条形统计图

（人教版小学数学四年级上册第 94 - 95 页）

深研

一、内容解读

（一）知识透视

统计图是根据统计数字，用几何图形、事物形象和地图等绘制的各种图形。它具有直观、形象、生动、具体等特点。统计图可以使复杂的数字简单化、通俗化、形象化，使人一目了然，便于理解和比较。统计图直观形象，有以下作用：①可以帮助我们从数据中提取信息；②将信息传递给别人；③发现数据中的模式。因此，统计图在统计资料整理与分析中占有重要地位，并得到广泛应用。

条形图也称为柱状图，是用宽度相同的条形的高度或长度来表示统计数据的大小或多少的一种图形。条形统计图的纵轴和横轴分别用于标注数量和类别。根据整组数据的总体大小，数量轴上每个刻度可以表示 1 个或多个单位。

数据统计的全过程有收集数据、整理数据、绘制图表、分析数据、得出结论五个环节。在统计教学中，应创造条件让学生完整经历统计的全过程，促进学生数据分析观念生成和发展。在指导学生观察统计图时，准确读取图中的数据是基础；对数据进行比较和分析，结合数据说明问题或提出建议，更有利于帮助学生建立数据分析观念。常见的条形统计图、折线统计图和扇形统计图各有特点，分别用于表达不同类型的数据。在指导学生绘制统计图时，要启发学生分析数据类型，从该次统计的目的和意义角度做一些思考，进而选择合适的统计图形式。

（二）内容精解

1. 知识结构

"条形统计图"在"统计与概率"知识链中相关联知识之间的前后关系如下图所示：

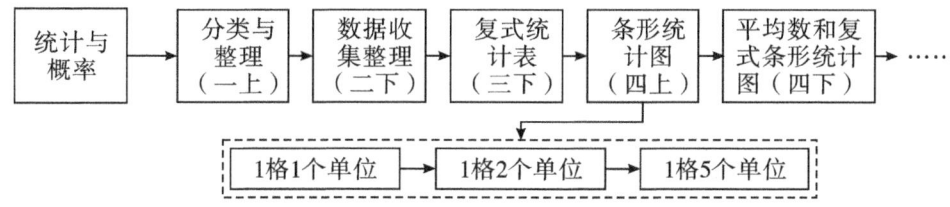

2. 教材编排

人教版小学数学四年级上册第七单元"条形统计图"是在学生多次接触初步的统计知识，经历了简单的数据整理、认识简单的统计表和象形统计图的基础上，开始系统学习单式和复式的条形统计图、折线统计图，逐步建立和发展数据分析观念。本单元分3道例题，分别教学"以一当一"（1格代表1个单位）、"以一当二"和"以一当多"等条形统计图。教材对本节课的内容做如下安排：

（1）创设统计活动情境。呈现北京市2012年8月天气情况的原始数据，介绍一些表示天气类型的符号。

（2）以问题形式提出学习任务。鼓励学生用自己的方式整理并表达原始数据。教材提供了两种示例：统计表和象形图。

（3）出示条形统计图，引导学生将其与统计表和象形图进行对比，体会三种统计数据整理和表达方式的各自特点，逐步掌握条形统计图的基本构成要素和绘制方法。

（4）"做一做"是在例题的基础上，从知识理解向知识应用过渡。提出"统计本班同学出生的月份"活动任务，利用场景图、统计表、统计图和一组问题，有序指导学生经历数据收集、整理、表达和分析等过程。

二、目标设定

（一）核心素养讨论

1. 数据意识的主要表现

观察天气情况的原始数据、经历全班同学出生月份的数据收集和整理过程等，能让学生对数据的意义和随机性获得直接的感悟。综合生活经验，针对统计表和统计图所表达的天气情况数据进行简单的分析，学生可以结合生活经验，对这1个月的总体天气情况进行概括性描述，从而形成一些超越数据本身的结论或建议。通过对比统计表、象形图和条形统计图，既能体会不同数据表达方式的特点，也能感悟到新方法在表达数据时更全面、更直观。

2. 几何直观的主要表现

条形统计图是很典型的数与形相结合的数学知识，数形结合是几何直观的体现。高低不同的直条，简洁地反映了每个对象数量的多少，便于直观地进行对象之间的比较，有利于分析总体的水平，且更容易突出某些极端数据。学生学习条形统计图，了解其形式特征、体验其特点和优越性，会形成对数与形相结合的数学方法的深刻印象。

（二）学情分析

1. 学生认知特征分析

四年级小学生的认知活动，对动作表征的依赖程度已经明显下降，相对于语言表征、符号表征的信息，他们对图形表征的信息反应更敏感。在如何呈现数据的整理结果方面，学生先后体验了象形统计图的直观描述和简单统计表的抽象表达，而条形统计图让数据整理的结果再次走向直观，这并非降低学生思维水平的要求，而是借助条形统计图的直观性，向学生提出了更多关于数据分析的挑战性问题。这体现了学生观察和比较数据、分析和解决问题能力的逐步发展，也突出了数据分析在统计知识教学中的核心价值。

2. 学生生活经验分析

学生在日常生活中有很多机会接触条形统计图，他们可能通过报刊、电视、网络、其他课程、课外读物等途径，直观感受了条形统计图的整体结构和形式特征，初步理解长短、高低不同的直条可以用来表示数量的多少。这种直观的生活经验有效降低了学生对新知识的陌生感，教材利用学生的生活经验，直接引入条形统计图。这有利于将教学重点落实在读图、画图和数据分析等教学活动上。

3. 学生已有知识基础分析

学生经历过几次统计知识的学习，掌握了象形统计图、单复式的统计表，初步体会了数据的收集、整理过程，积累了关于统计的一些数学活动经验。学生已具备观察统计表的基本技能，能较熟练、准确地从统计表中提取需要的数据。学生也经历过一些简单的数据分析活动，初步形成了数据分析的意识和方法。

（三）目标设定

1. 教学目标及重、难点

（1）学生经历简单的数据收集、整理、描述和分析的过程，掌握单式条形统计图的读图和画图的基本技能，能根据要求在方格纸上补充绘制条形统计图。

（2）学生体验条形统计图的优越性，通过读图和画图，结合实际情况，分析并解决相关的实际问题。

（3）学生体会统计在现实生活中的作用，表达自己分析数据的想法。感受数学与生活的密切联系，进一步认识数学的价值。

教学重点：掌握单式条形统计图的读图和画图的基本技能。

教学难点：体验条形统计图的优越性。

2. 目标达成的行为表现

（1）"经历简单的数据收集、整理、描述和分析的过程"行为表现：选择与生活联系密切的主题，完整经历数据的收集、整理、表达、分析过程。

（2）"掌握单式条形统计图的读图和画图的基本技能，能根据要求在方格纸上补充绘制条形统计图"行为表现：了解条形统计图的整体结构、形式特征（横坐标是统计的种类、纵坐标是统计的数量），能从条形统计图中获取各种数据信息。能根据 1 个单位长度表示的数量 1 的基础上正确画图。

（3）"通过读图和画图，结合实际情况，分析并解决相关的实际问题"行为表现：能用统计数据回答具体的问题、能对数据间的关系进行简单的比较和分析；利用数据信息，结合实际情况，尝试进行一些合理的推断、预测等。

三、评价设计

1. 基础性评价设计

根据统计图回答问题。

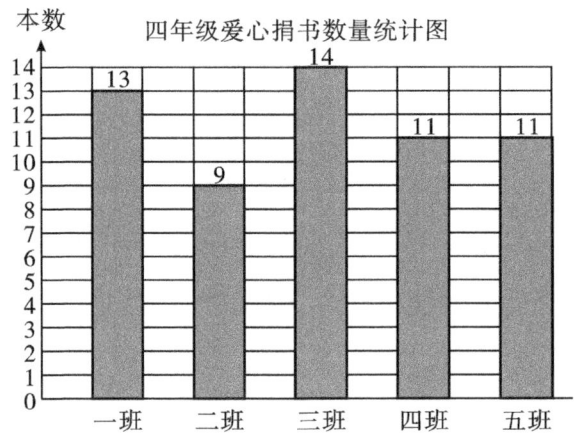

（1）图中横轴表示（　　）。纵轴表示（　　），一格表示（　　）本书。

（2）（　　）班捐书最多，捐了（　　）本；（　　）班捐书最少，捐了（　　）本；（　　）班和（　　）班捐书一样多，都捐了（　　）本。

（3）一班比二班多捐了（　　）本；四班比三班少捐了（　　）本。

考查能力：检测学生对单式条形统计图的基本读图能力。要求学生正确判断并描述具体条形统计图中纵、横纵所表示的含义，准确提取指定的数据，并能对数据间的关系进行简单的比较和分析。

2. 重点内容评价设计

教材第 100 页"练习十九"第 1 题：调查班里同学的睡眠时间，完成条形统计图，并对数据及结论进行简单的分析。

考查能力：创设情境让学生完整经历数据的收集、整理、表达、分析过程。检测学生绘制条形统计图的基本能力，要求学生在方格纸上补充条形统计图。根据数据信息，尝试进行一些合理的推断、预测等。

3. 难点内容评价设计

学校食堂开展"同学们最喜欢哪种水果"的调查，下面是某班的调查结果。请你把统计结果制作成条形统计图，并回答问题。

最喜欢的水果	苹果	小番茄	梨	香蕉	橘子
人数	6	10	6	8	20

（1）在制作条形统计图的时候你遇到了什么困难？你是如何解决的？
（2）如果你是食堂负责人，你在安排水果的时候有什么想法？
考查能力：检测学生对所学知识和技能进行综合、灵活应用的能力。

四、教学思路

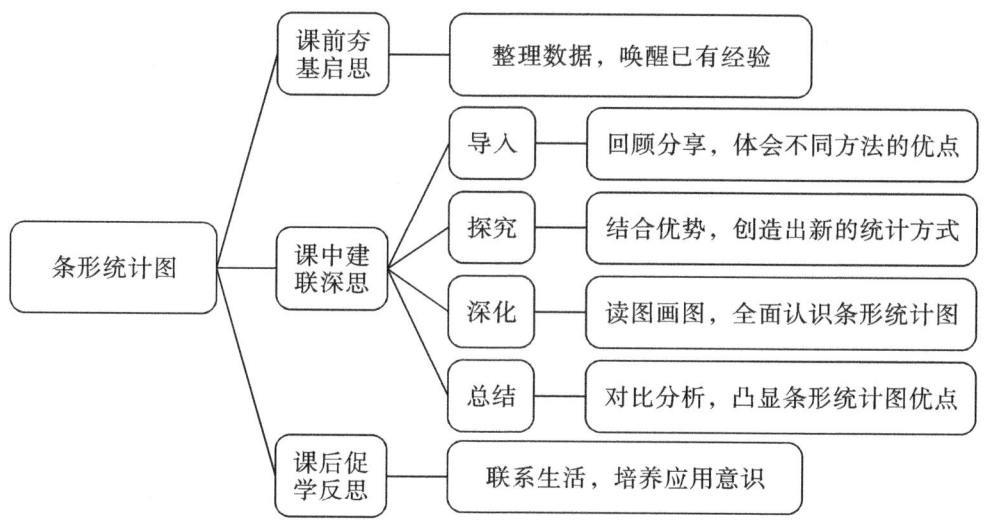

实践

"条形统计图"教学实录

【课前夯基启思】

整理数据，唤醒已有经验

（1）回顾：你还记得收集数据有哪些方法吗？你会用哪些方法整理数据？
（2）尝试：以下是 2012 年 8 月北京市的天气情况图。

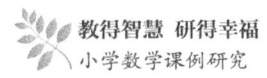

这是北京市2012年8月的天气情况。

这个月每种天气各有多少天？你能用我们学习过的统计表和象形统计图或你喜欢的方式把它们清楚地表示出来吗？

设计意图：帮助学生回顾收集数据和整理数据的方法，创设贴近学生生活的情景，体现进一步整理和统计数据的必要性，让学生经历统计过程，唤醒学生有关统计的知识经验基础。

【课中建联深思】

环节一 导入——回顾分享，体会不同方法的优点

1. 整理数据

师：同学们，你还记得收集数据有哪些方法吗？你会用哪些方法整理数据？哪些方法表示数据？请跟同桌同学交流一下。

生：先明确我们要统计什么，再开展调查，收集数据。

生：可以数数，用画"√"、画"○"、写"正"字等方法来记录数据。

师：那大家是用什么方法收集数据的？为什么选用这个方法？

学生在交流的基础上，突出用写"正"字法来进行统计，比较方便。

2. 表示数据

师：课前，我们进行了尝试，这个月每种天气究竟有多少天呢？同学们都已经用自己喜欢的方法，在作业纸上把它们清楚地表示出来了，老师挑选了一些有代表性的作品，大家一起来看。（展示多张学生作品，包含有画图和表格的表示方式）

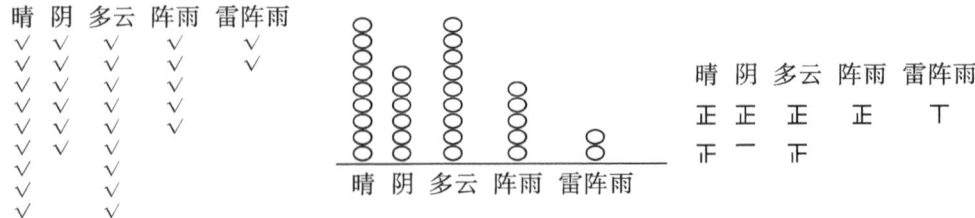

天气	晴	阴	多云	阵雨	雷阵雨	……
天数	9	6	9	5	2	

师：观察一下，他们统计的天数和你的一样吗？

预设学生统计结果基本正确，但表示的结果的方法并不相同。

师：这些方法各不相同？

生：有的用数字来表示，有的用图形来表示，还有的数和图形都用上了。

（1）统计表的优势

师：我们先来看用数表示的作品。观察一下，各种天气状态各有多少天？

生：晴天9天，阴天6天，多云9天，阵雨5天，雷阵雨2天。

师：用统计表来表示天数，你觉得怎么样？

生：可以很清晰地看出各种天气的天数。

师：看来，统计表用数来表示天数，非常清晰。（板书：数据清晰）

（2）象形统计图的优势

师：我们再来看用图形表示的这些作品。观察一下，它们各有多少天容易看出来吗？

生：还得数一数才能知道有多少天。

师：那这种表示方法有什么优点？为什么还要用它呢？

生：这种能一眼看出谁最多，谁最少。（若学生体会不到，教师通过手势比划高矮，唤醒学生的生活经验）

师：通过看它们的高矮、长短，就能一眼看出谁多谁少。

师：看来，用图形表示的方法能够直观地进行比较！（板书：直观、便于比较）

设计意图：在交流中唤醒学生数据整理与数据表达的已有知识经验基础，通过分类对比、手势比划等方法，让学生深刻体会统计表和象形图的各自优点，为创造条形统计图打好基础。

环节二 探究——结合优势，创造出新的统计方式

师：用数来表示，数据清晰；用图形表示直观便于比较，两种表示方法都各有其优势。能不能想个新方法，让两种优势都能具备，数据既具体、清晰又直观，便于比较？快和同桌或者前后的同学商量商量。可以在你原来的图表上进行调整，也可以重新设计。

展示学生作品，学生之间进行评价。预设学生能在图的上方标上数据，或在统计表的后面画上图形。

师：这样具体数据清晰吗？能直观进行比较吗？

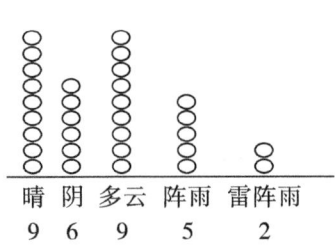

生：可以，看数字就可以看出具体数据，看图形的高矮便于比较。

师：但老师也在大家的作品中发现了一些问题，我们再来看这幅图，你发现问题了吗？

生：看不清谁多谁少了。

师：为什么会出现这种现象？

生：画的图形大小不等。

生：图形没有对齐，图形之间的距离也不相等。

师：如果画图仅仅是为了统计天数，画得大小不一，不对齐是没有问题的，但如果要直观地比较它们的多少，还得有统一大小，对齐排列。

师：在这张白纸上想要画出正确排列大小一致的图形有难度，怎么办？

生：用尺子画，对准来画，用格子画。

师：对的，像我们刚开始练习写字一样，希望大小相同，正确规范，可以用格子来帮忙，有个格子图形排列整齐多了……画图形总有个大小问题，把格子当作一个图形，大小更一致……把下面的数字标注在左边，从柱子的高度看数量……

（动画演示：加入格子，对整齐；格子内的图形全涂满，变成柱子；标上坐标和数字……最后变成条形统计图）

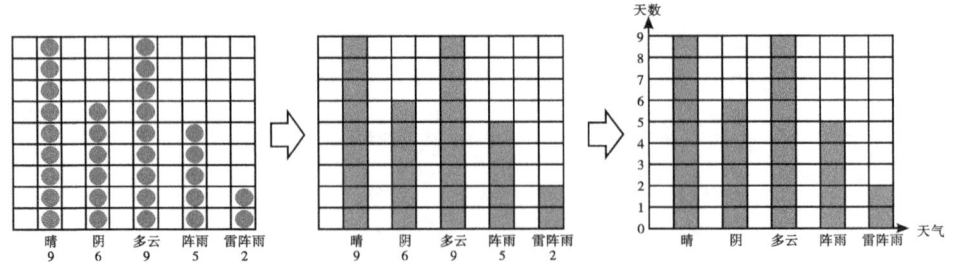

师：我们在不知不觉中就领悟出了一种新的统计方法。像这样用直条的高矮来表示数量多少的统计图，我们把它叫作条形统计图。（板书：条形统计图）

设计意图：有意识地引导学生对统计表和象形图的优点进行融合，从而领悟新的统计方式——条形统计图。学生经历知识产生的过程，在自主探究和合作交流中，尝试把数与形合二为一，深刻体会"以形助数"的好处。

环节三 深化——读图画图，全面认识条形统计图

1. 读懂条形统计图

师：仔细观察条形统计图有什么特点？请跟你的同桌同学说一说。

在学生的回答中梳理中介绍横轴表示天气、纵轴表示天数、单位数量（每格表示1）等。

师：你能发现哪些信息？

生：能看出晴天和多云的天数最多。

师：怎么看出来的？

生：柱子最高。

师：能具体看多多少天吗？

生：都是9天。

师：这又是怎么看出来的？你能上来指一指吗？

生指着柱子顶端横向对着数字9。

师：真棒，用这样的方法，我们可以看出各种天气各有多少天，以及谁多谁少。还可以看出什么？

生：还可以看出晴天比阴天多3天。

师：你是计算9减去6等于3得到的吗？如果我把左边的数字盖住，你还能看出来吗？

生：可以，晴天比阴天多3个格子。一格代表1天，3个格子表示3天。

师：真了不起，不仅能看出谁多谁少，还能看出多多少，少多少！

设计意图：引导学生深入了解条形统计图的整体结构、形式特征（横坐标是统计的种类、纵坐标是统计的数量），能从条形统计图中获取具体数量，直观看出谁多谁少等各种数据信息。突出在条形统计图中，一个表示几的重要性，已知每个表示多少，尽管不知道具体的数据是多少，也能推算出两个量之间的差距是几。

2. 绘制条形统计图

师：了解了条形统计图的优点，那你会画条形统计图吗？我们一起来看课本第95页"做一做"内容。

师：如果我们需要统计全班同学出生的月份，怎样收集数据比较快？（引导学生举手快速统计各月份出生的人数，并完成统计表）

师：请用条形统计图表示出来，并回答下面的问题。

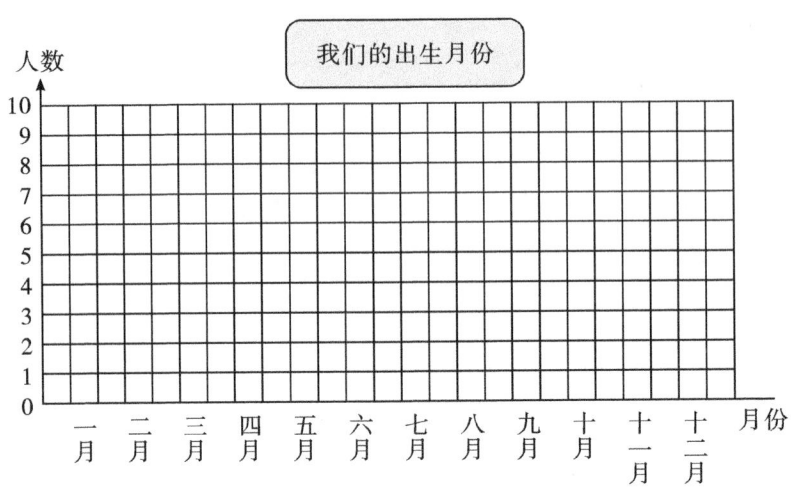

展示学生所画的条形统计图,重点检查条形的位置是否对准相应月份,条形的高度是否正确。再交流以下问题,邀请学生在投影前对着条形统计图,说明是如何判断的。

(1) 参加统计的同学一共有（　　）人。

(2) 有出生人数相同的月份吗?是哪几个月?

(3) （　　）月出生的人数最多,（　　）月出生的人数最少。

(4) 如果选择其中的 4 个月份举办班级生日会,你会如何安排?（可以将临近的几个月份生日的同学安排在其中一个月庆祝）

设计意图:选择与学生生活联系密切的出生月份为统计对象,让学生完整经历数据的收集、整理、表达、分析过程,运用刚刚掌握的条形统计图的知识,在方格纸上把条形统计图补充完整,回答问题中重点检验学生的读图能力,初步尝试根据数据进行决策,体现学习统计的价值和意义。

环节四 总结——对比分析,凸显条形统计图优点

师:象形统计图、统计表,都可以把数据表示清楚。那为什么还要学习条形统计图呢?与它们相比,条形统计图有什么优势呢?

学生交流回答。

展示对比一:象形统计图与条形统计图　　展示对比二:统计表与条形统计图

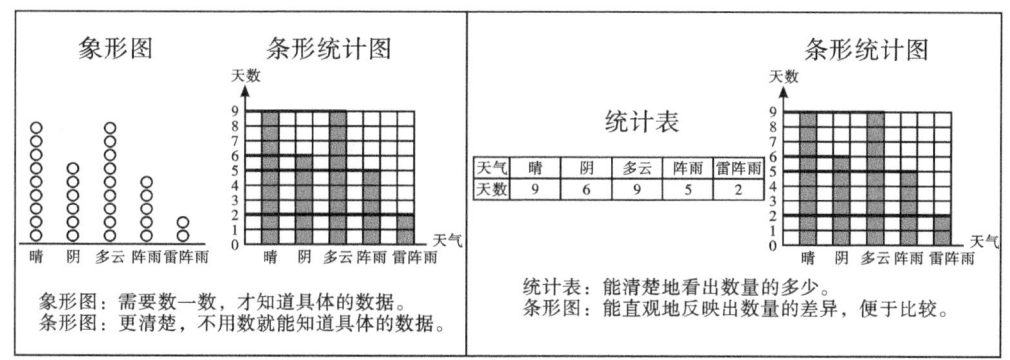

师总结：条形统计图一样能看出数据的大小，还能直观反映出数据，看出数量的差异，便于比较。（回顾板书：数据清晰、直观，便于比较）

师：其实，统计图还有很多种，（展示这些统计图、扇形统计图等）它们都各有优点，这节课我们对统计图的学习只是个开始，以后我们还将进行更加全面、更加深入的学习。

设计意图：通过与象形统计图、统计表的对比，再次巩固条形统计的特点，展示小学阶段的学习历程，凸显条形统计图承上启下的作用，引导学生关注不同的统计图都能表示数据，需要根据各种问题背景选择合适的方法。

【课后促学反思】

联系生活，培养应用意识

（1）找一找：生活中，你能找到不一样的条形统计图吗？
（2）说一说：你收集的条形统计图，有什么不同之处？
（3）看一看：你能看懂这些条形统计图吗？从图中分别知道了哪些信息？

设计意图：学生了解生活中的条形统计图，丰富条形统计图的多种样式——方向有竖向、横向，引导学生发现不同的条形统计图的相同之处，迁移读图的方式，丰富读图的经验；也有学生能收集到一个格子表示2、5或多的条形统计图，为下一课的学习做好铺垫。

反思

把握生长点　突显优越性

同样的数据可以有多重分析的方法，小学阶段，学生需要掌握象形计图、统计表、条形统计图、折线统计图、扇形统计图等多种数据表示方式，从教材分析上不难发现，每种统计图的引出都是在已掌握的统计图的基础之上，针对其存在的不足而提出的。例如，条形统计图不能清晰地描述数据的变化，所以引出了折线统计图；需要表达数据某部分与整体的关系，条形统计图和折线统计图都不能很好反映，因而引出了扇形统计图。可以说，各种统计图各有其优势，"根据问题背景选择合适的方式"是数据意识的表现之一，也就是统计的方法没有简单意义的对和错，只有"好"与"不好"。

1. 创造中合"好"为一

单式条形图是在象形统计图和统计表的基础上进行教学的，让学生体验数据的整理，教学时我充分利用学生已有的经验，以知识迁移的方式建立了新旧知识之间的联系，先放手让学生运用已掌握的统计方式呈现，在交流中分析其各自优点。接着提出问题，如何将"数"和"图"的优点合二为一，让学生在已有知识经验的基础上主动地去建构新的认知结构。放手让学生独立思考，互相合作进行创作，探索新的统计图的设计。以培养学生的创新意识与思维能力。四年级的学生完全具备了自主探究的能力，大部分学生能想到在统计图中加入数据，或在统计表上加入图形，这便形成了条形统计图的雏形。在师生的互动交流中，以格子形式统一大小，以涂色方式替代图形，逐步优化，形成规范的条形统计图，学生经历了统计图设计创作、优化完善的全过程，更好地感受到条形统计图"好"在哪。

2. 读图中凸显"好"

学生"亲近"数据，才能培养数据的感情，切实发挥数据的作用。学生已掌握了初步的统计知识，能迁移方法读懂条形统计图，把主动权交给学生，让学生在具体的情境中进行感受条形统计图的"好"。在这一过程中，除了"数据清晰、直观"外，还特别突出了"便于比较"这一优势。一是条形统计图以格子作为单位，相比象形图更为标准，相差几个一目了然；二是每个格子表示的单位数量可以根据数据需要而设定，在不知具体的数据为多少的情况下，只需要直观看出相差几格（已知一格表示多少），就可以进行计算得到相差多少。引导学生关注每格表示多少，是读条形统计图的关键所在，也凸显了条形统计图的另一优点——能简明地表示更大的数据，为下面学习每格表示数量2、5和更多的条形统计图做好铺垫。

3. 对比中回顾"好"

条形统计图的优点是合二为一，兼具两者之优势，是否就能完全取而代之？并非完全如此，每种数据呈现方式都各有其优势，总结阶段再次把条形统计图、象形统计图和统计表进行对比，针对数据的呈现突出各自的优点。条形统计图与象形统计图相比，其优势是包含的关系，可以说象形统计图发展为条形统计图，在往后的统计学习中不再出现；条形统计图和统计表相比，一个是表一个是图，侧重点并不相同，表格侧重于清晰呈现数据，而图则侧重于发现数据之间的关系。为给学生一个更广阔的空间，在总结中梳理小学阶段统计图的学习历程时，应将条形统计图归入其中，凸显其承上启下的作用，同时再次引导学生了解不同的统计图都能表示正确数据，需要根据各种问题选择合适的方法，也就是根据需要选择合适的统计图。

回顾整节课，为让学生充分体验条形统计图的优越性，围绕理解"好"的数据表示方式来展开教学。在教与学的过程中充分利用知识的规律性，通过激发学生的好奇心和求知欲，让学生主动参与，自主探究新的数据呈现方式，在创作中合"好"为一；注重生活与数学的联系，结合真实情境的全方位读图，挖掘条形统计中不容易发掘的"好"；在最后的对比中，注重知识呈现的完整性、思维过程的灵活性、思维方法的多样性，再次凸显各有其"好"，呈现统计的知识网络，将条形统计图的知识点归入其中。

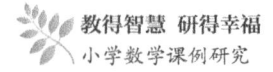

案例 14 确定性和不确定性

（人教版小学数学五年级上册第 44—45 页）

深研

一、内容解读

（一）知识透视

概率论是从数量角度研究随机现象在大量重复中所呈现出来的规律性的一门数学分科。它起源于 17 世纪人们对赌博、航海、测量误差等问题的研究，并逐步从数学角度形成相关的概念和性质。20 世纪 30 年代以后，数学家为概率论建立了严格的数学基础，提出概率的公理化定义，使之成为数学的一个分支学科。此后，随着科学技术突飞猛进，概率论发展迅速，并且在工农业生产和其他学科中得到广泛的应用。

概率论的主要目的是研究与概率有关的各种问题。概率，旧称"或然率""机率""几率"。用来表示随机事件 A 发生可能性大小的量称为此事件的"概率"，常记为 P（A），其值介于 0 和 1 之间。例如，一只口袋里装有两只黑球、一只白球、一只红球，这四只球的大小、形状、重量完全一样。现从口袋中任取一球，"取得红球"的概率是 $\frac{1}{4}$，"取得白球"的概率也是 $\frac{1}{4}$，而"取得黑球"的概率是 $\frac{1}{2}$，"取得黄球"（不可能事件）的概率是 0，"取得不是黄球"（必然事件）的概率为 1。

小学阶段学习关于概率的知识，主要目的是帮助学生了解简单的随机现象，感悟并定性描述随机现象发生的可能性的大小。所谓随机现象，是指在一次试验或观测中，其结果有多种可能，事先无法精确判定发生哪一种结果的现象。与之相对，在一定条件下必然出现或必然不出现，具有确定性，事前可预言的现象称为必然现象（决定性现象）。在上例中，"取得红球""取得白球""取得黑球"都是随机现象。在小学里，称这类现象具有"不确定性"或"可能性"，并且发生其中某种现象的可能性有大小之分，从概率层面看，出现上述情况的概率都大于 0 而小于 1；"取得黄球""取得不是黄球"则是必然现象，小学数学称这类现象具有"确定性"，前者"不可能"发生，其概率等于 0，后者"一定"发生，其概率等于 1。因此，必然现象和随机现象既有区别，也有联系，我们可以将必然现象理解为随机现象的一种特殊情况。

之所以说小学阶段研究的随机现象是"简单的",是指所涉及的随机事件中,所有可能发生的结果是有限的,每个结果发生的可能性是相同的。在上例中,每次取出的球只能是袋子里四个球当中的某一个,其结果种数是有限的;每次取到任何一个球的可能性都是相同的,且每次取得哪只球,与此前此后其他各次取球的结果无关。

(二)内容精解

1. 知识结构

"确定性和不确定性"在"可能性"知识链中相关联知识之间的前后关系如下图所示:

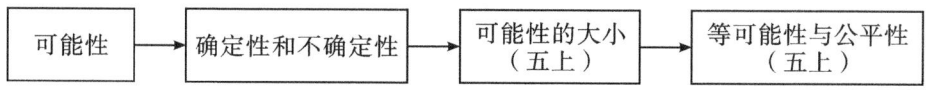

2. 教材编排

人教版小学数学五年级上册第四单元"可能性"编排 3 道例题,分别指向"体验事件发生的确定性和不确定性""列出所有可能发生的结果并感受可能性的大小""根据可能性大小进行推测"等教学内容。本课教学例 1,教材大体按以下层次逐步呈现相关内容:

(1)创设了"联欢会上抽签表演节目"的情境,用直观的数学活动引导学生体验现实生活中的随机现象。通过人物对话,引导学生分析各个阶段的抽签结果,充分体验事件发生的不确定性与确定性。

(2)小明第一个抽签,他抽得的结果是不能确定的,三种情况都可能。

(3)小丽第二个抽签,她抽得的结果也是不能确定的,但只有两种可能的情况,她不可能抽到跳舞。

(4)小雪第三个抽签,她抽到的结果是确定的,只能是唱歌。

三个阶段要把握的教学要点是:①组织学生预测,每一轮抽签的结果是确定的,还是不确定的?为什么?②如果这一轮抽签的结果是不确定的,那么可能会有几种情况?为什么?③如果有多种可能的结果,那么抽到哪种结果可能性大?为什么?④在什么情况下抽签的结果是确定的?为什么?

二、目标设定

(一)核心素养讨论

1. 数据意识的主要表现

统计与概率都是研究随机现象的学科。统计侧重于从数据来刻画随机,概率侧重于建立理论模型来刻画随机。抽卡片、摸棋子的结果,本质上都是数据,它

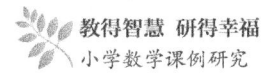

说明了某一事物与其他事物在属性上的不同，统计学中称这类数据为"称名数据"。例题和"做一做"设计的实践活动，不仅可以让学生真切体验数据的现实性、随机性、多样性，还能经历分析数据、提炼结论的过程，有利于促进学生数据分析观念发展。

2．推理意识的主要表现

肯定与否定，偶然与必然，量变与质变……在概率学知识中蕴含着丰富的辩证思维方法。学习概率学的初步知识，是发展学生辩证思维和逻辑推理能力的重要途径。如在例1的"抽卡片"活动中，小明抽到跳舞，是偶然的结果，但由此可推断小丽抽到的肯定不是跳舞，必然是唱歌和朗诵二者之一。当卡片数变为唯一时，小雪的抽签结果由偶然变为必然，由不确定变为确定，也是可以通过逻辑推理形成的判断。充分利用教材，让学生经历上述的思考过程，对发展学生逻辑推理能力将大有裨益。

（二）学情分析

1．学生认知特征分析

第三学段的学生，归纳和概括的能力发展很快。基于对具体情境的观察，他们不仅能得出关于事件本身的一些判断，也可以将事件发生的过程一般化，形成一些规律性的结论。例如，在例1的"抽卡片"活动中，他们可以对三个阶段的抽签结果进行判断，得出诸如"小明可能抽到唱歌，也可能抽不到唱歌""小丽不可能抽到跳舞""小雪一定抽到唱歌"之类的结论，还可以将这种思考过程推广到新情境，形成一般化的思考方法。"做一做"中设计的摸棋子活动，就是学生能力发展的具体表现。

2．学生生活经验分析

用抽签的方法决定某个事件的结果，是现实生活中常常用到的解决问题的一种方法。学生对抽签的结果是有限的，必然是"二者之一"或"三种当中的一种"或"只有这么多种结果"，凭借生活经验较容易理解。学生之所以认同抽签的公平性，是因为他们直观认识到"抽到每个签的机会是一样的"，在此经验基础上理解"等可能性"，能降低抽象思维的难度。

3．学生知识基础分析

本节内容是学生第一次正式学习关于"概率"的知识，教学时要注意利用学生的生活经验，引导学生充分感受随机现象，也要注意规范学生的数学表达，正确使用"确定""不确定""可能""一定""不可能"等词语，描述现象或表达对结果的预测，加深对规范表达方式的印象。

（三）目标设定

1. 教学目标及重、难点

（1）在具体情境中让学生感受简单的随机现象，体验事件发生的确定性与不确定性。能对事件发生的可能性进行简单的预测、初步体会事件发生的可能性。

（2）学生经历观察、比较、分析和交流等数学活动，结合具体情境进行简单的推理，有条理地思考和表达。

（3）学生能分析具体情境，对事件发生的结果进行合理的推断、预测。

（4）体会现实生活中的随机现象，感受数学与生活的密切联系。

教学重点：能对事件发生的可能性进行简单的预测。

教学难点：体会事件发生的等可能性。

2. 目标达成的行为表现

（1）"在具体情境中感受简单的随机现象，体验事件发生的确定性与不确定性"行为表现：结合例题的学习过程，感受每个阶段抽签的结果，有些是确定的，有些是不确定的。

（2）"能对事件发生的可能性进行简单的预测"行为表现：对每个阶段的抽签结果进行简单的推断、预测，并能简要说明理由。

（3）"初步体会事件发生的等可能性"行为表现：知道在结果不确定的情况下，存在哪几种可能性。知道每种结果发生的可能性是相同的。

（4）"结合具体情境进行简单的推理，有条理地思考和表达"行为表现：根据每个阶段的实际情况，进行合理的推理判断，并能有理有据地表达自己思考的内容。

（5）"体会现实生活中的随机现象，感受数学与生活的密切联系"行为表现：能用"确定""不确定""可能""一定""不可能"等词语，描述生活中的简单随机现象。

三、评价设计

1. 基础性评价设计

教材第47页"练习十一"第2题：一个正方体，六个面分别写着数字1-6。掷一次，可能掷出哪些数字？

考查能力：考查学生能否根据实例判断事件发生的不确定性，能否列出简单随机现象所有可能发生的结果，是否对各种结果可能性相等做出正确的判定。

2. 重点内容评价设计

教材第47页"练习十一"第3题：从盒子里摸出一个球，结果会是什么？连一连。

一定摸到黄球	一定摸到蓝球
可能摸到黄球	可能摸到蓝球
可能摸到红球	不可能摸到蓝球
不可能摸到红球	不可能摸到黄球

考查能力：考查学生在多样化的具体情境中综合运用"确定性与不确定性"相关知识的能力。本题具有一定的开放性和综合性，每个选项可能与多个盒子匹配，每个盒子也可能与多个选项匹配。

3．难点内容评价设计

教材第47页"练习十一"第4题：按要求涂一涂。

摸出的一定是 ▢ （蓝色）；

摸出的不可能是 ◯ （黄色）；

摸出的可能是 △ （红色）；

考查能力：反向设计型的习题。满足第1个要求的涂色方法是唯一的，5个图形都只能涂蓝色；满足第2个要求的涂色方法是开放的，但必须无一个是黄色；满足第3个要求的涂色方法是多样而有限的，涂红色的图形个数可以为1－5。此小题涉及必然现象（一定摸出红色的）与随机现象（可能摸出红色的）之间的关系，学生对能否将5个都涂为红色可能会产生争议。学生能根据自己的理解决定涂色方法，并做出相应的解释即可。

四、教学思路

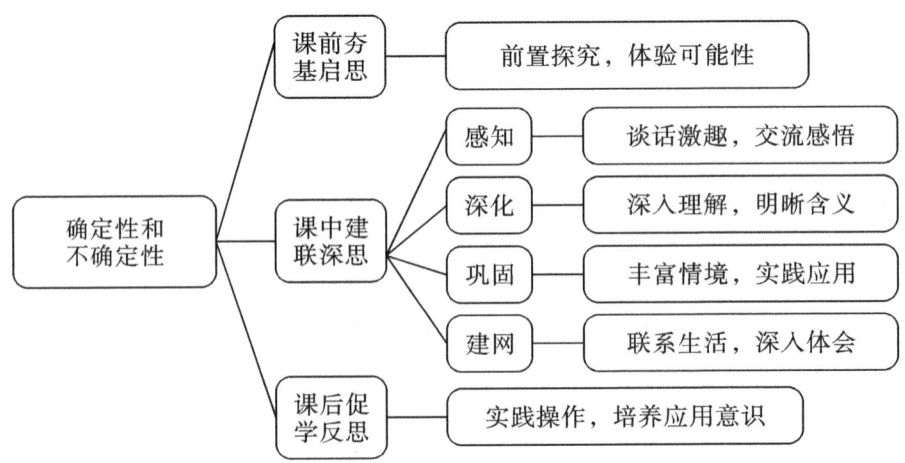

"确定性和不确定性"教学实录

【课前夯基启思】

前置探究，体验可能性

准备三张扑克牌（1、2、3），分别代表不同的出场顺序。把牌翻过去，每次任意抽一张，并完成下表：

第一轮：

第一次抽牌，一共有 3 张，我猜会抽到（　　），我实际抽到（　　）。

第二次抽牌，还剩下 2 张，我猜会抽到（　　），我实际抽到（　　）。

第三次抽牌，只剩下 1 张，我猜会抽到（　　），我实际抽到（　　）。

第二轮：

第一次抽牌，一共有 3 张，我可能会抽到（　　），我实际抽到（　　）。

第二次抽牌，还剩下 2 张，我可能会抽到（　　），我实际抽到（　　）。

第三次抽牌，只剩下 1 张，我可能会抽到（　　），我实际抽到（　　）。

想一想：你猜的和你抽到的一样吗？两轮抽卡的结果顺序一样吗？

设计意图：这样的前置性学习设计，让学生在课前有充分的时间和空间进行操作，让在抽牌中初步体验随机事件发生的确定性和不确定性。

【课中建联深思】

环节一　感知——谈话激趣，交流感悟

1. 谈话激趣：体验确定性与不确定性

教师拿出一枚硬币。

师：同学们，抛过硬币吗？

生：抛过。

师：每次抛硬币会出现什么情况呢？

生：不是正面，就是反面。或者有可能是正面也有可能是反面。

师：那抛硬币之前，你能确定硬币落地时是哪面朝上吗？

生：不能。

生：能。

师抛一次硬币并追问：你能确定一定是（　　）面吗？

假如恰巧学生猜对，师再抛一次硬币：你能确定每一次都是这一面朝上吗？

直到学生发现并认同不能确定为止。

师总结：是的，像这样，结果不能事先确定的现象在生活中还有很多，这也是我们这节课要学习的内容——可能性。（板书：可能性）

设计意图："可能性"对于五年级的学生来说并不是完全空白的，生活先于学习，学生在生活中已经具有一些简单随机现象的知识基础和生活经验。新课从学生的生活中常见的抛硬币聊起，在激发学生学习兴趣的同时，唤醒学生的生活经验，为学生进一步探究奠定坚实的基础。

2. 交流感受：初步感受事件发生的确定性和不确定性

师：我们在前置探究中进行了两轮的抽牌游戏，大家有什么发现呢？我们一起来交流一下。你猜的和你抽到的一样吗？

生：①我有时候猜的和我抽的一样，有时候不一样。

②我猜的和我抽的都不一样。

③第三次我猜什么就一定能抽到什么。

……

师：看来同学们的发现并不相同，我们一起来试一试。（准备三张扑克牌1、2、3，把牌翻过去）

（1）可能。

师：现在有三张牌，有同学想抽什么就抽到什么，是吗？

生：是，我想抽1，就真的抽到1了。

师追问：每次想抽的一定抽到吗？请你上来抽牌试试吧。

（进行多次模拟抽，引导学生发现偶尔能抽到是运气好，而并不是一定能抽到）

师：有三张牌，能确定抽到什么？

生：不能。

师：可能会抽到什么？

生：1，2，3都有可能性。

师：所以不确定。只能说可能抽到。（板书：可能）

请一个同学上来随机抽第一张。老师做好记录。假设抽到1。

（2）不可能。

师：剩下两张了，你可能抽到什么？

生：可能会抽到2和3。

师：还会抽到1吗？

生：不可能。

师：为什么不能抽到1了？

生：因为已经被抽了。（板书：不可能）

请一个同学上来随机抽第二张。老师做好记录。假设抽到2。

（3）一定。

师：有不少同学说第三次不用抽都能确定，你同意吗？为什么？

生：不用抽了，1、2都已经抽了。

生：只剩下3，一定能抽到3。

（板书：一定）

老师翻开最后一张牌进行检验：果然是3。

（4）感受随机性。

师：课前我们进行了两次抽牌时间，你在第一轮和第二轮抽的三张牌顺序一样吗？

生：不一样，第一轮我抽到231，第二轮132；

生：我两轮抽到的顺序是一样的，都是123。

师：请抽到顺序一样的举手（学生举手），并不多。请抽到顺序不一样的举手（学生举手），很多同学的不一样，这是为什么？

生：每次抽牌都不能确定会抽到什么，那抽三张牌的顺序也就更不确定了。

生：但有时候运气很好，也有可能，但机会不大。

（5）总结：在抽牌之前无法预料哪一个结果会出现。

设计意图：在活动中形成对"可能性"的初步认识，学生初步感受简单随机事件中所有可能发生的结果是有限的，结合具体情况列举简单随机现象中所有可能发生的结果，初步感受事件发生的确定性和不确定性。

环节二 深化——深入理解，明晰含义

师：接着，我们来玩抽球游戏（出示纸盒），纸箱中有6个小球，男生、女生来比拼，抽到红球就加一分，最先得到10分的获胜。

（1）共同制订抽球规则。

师：游戏之前，我们一起来制定抽球的规则，大家认为怎么抽球才公平呢？

生：要盖住眼睛，不能偷看。

生：每次只能抽一个。

生3：把球放回去要摇匀。

教师总结：男生女生轮流抽，抽球的时候不能偷看，每次只能抽出一个球，抽完后放回去摇匀下一个同学抽……大家同意吗？

生：同意。

师：那我们开始抽球游戏吧。

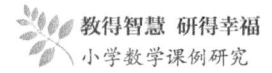

（2）第一轮抽球（箱子中有6个白球）

男生女生轮流抽球。每次抽到的都是白球。

生抱怨：怎么又是白球……

师：我们每次都抽出白球，这是为什么呢？

生：箱子里只有白球。

开盒验证，发现学生的猜测是正确的。

师：箱子里全是白球，任意摸一个球，会怎样？

生：那就怎么摸都只能摸到白球了，不可能摸到其他颜色的球。

师：只有白球，摸到的一定是白球。（板书：在"一定"前板书"只有"）

（3）第二轮抽球（箱子中有6个不同颜色的球：白、黄、蓝、绿、橙、紫）

师：看来只有白球不行，老师更了换纸盒中的6个球。我们继续来抽球。

男生女生轮流抽球。学生抽出不同颜色的球，就是一直没有抽到红球。

生抱怨：又抽不到红球。

师：一直没有抽到红球，为什么呢？

生：我们怎么都摸不到红球，箱子里没有红球。

开盒验证，展示箱子中的六个球，发现确实没有红球。

师：我们在这箱子中意摸一个球，会怎样？

生：可能摸到白、黄、蓝、绿、橙、紫色的球。

师：可能摸到红球吗？

生：都没有红球，不可能摸不到红球。

师：没有红球，就不可能摸到红球。（板书：在"不可能"前板书"没有"）

（4）第三轮抽球（根据学生要求，加入红球）

师：同学们，那如果我们想从这个盒子里摸出一个红球，怎么办？

生：要在箱子中放入红球。

师：怎么放，放几个？

生：可以放入1个、2个、3个……红球。

师追问：放入红球的数量不同对抽出红球有影响吗？

生：红球的数量多，就更容易抽到红球。

师：是这样吗？我们验证一下。

机动安排，完成游戏。分别是红球1个、红球3个、红球5个三种情况让学生抽球。简单记录比赛得分，学生直观感受有红球就有可能抽到，数量多更容易抽到。

师：有红球就有可能摸到红球，存在即有可能。（板书：在"可能"前板书"有"）

设计意图：丰富学生对确定事件和不确定事件的体验，学生在观察、实践、描述和交流的活动中充分感受事件发生的随机性和必然性，深入理解"一定""不可能""可能"的含义，自我建构新知。

环节三 巩固——丰富情境，实践应用

（1）基础性练习：指针可能停在什么颜色上。（教材"练习十一"第1题）

答：可能停在_____。

老师电脑展示转盘游戏。

师：转动指针，指针可能停在什么颜色上？

生：可能停在蓝色、粉色、黄色、绿色。

师：如果我们男女生继续用转盘来比赛，转到粉红色女生获胜，转到蓝色男生获胜，公平吗？

生：公平。

师：为什么？

生：两种颜色的大小是一样的。

设计意图：丰富学生不确定事件的体验，考查学生列出简单的随机现象中所有可能发生的结果的能力，并渗透等可能性。

（2）理解性练习：根据盒子中的小球颜色分析，从盒子里任意摸出一个球，结果会是什么？连一连。（教材练习十一第3题）

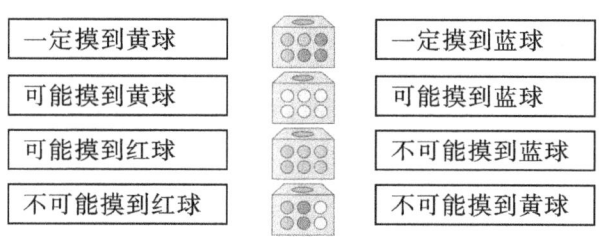

师：从这四个盒子里任意抽出一个球，结果会怎样，大家动笔连一连。

学生完成，邀请同学汇报交流，要求说明理由。一开始学生只连其中一种情况，没有连全。

生：第一个盒子里有蓝球，所以可能摸到蓝球。

师：分析得真不错，关于第一个箱子，还有同学有补充吗？

生：有红球，可能摸到红球。

师：对，有理有据，还有补充吗？

生：不可能摸到黄球，因为没黄球。

师：那关于第一个盒子，哪位同学可以完整地表达它的结果会是什么呢？可以连哪些？

生：第一个箱子里有蓝球和红球，所以可能摸到蓝球，也可能摸到红球；没

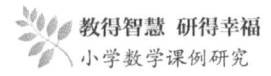

有黄球，所以不可能摸到黄球。

师：说得非常完整，请同学们说说其他箱子的结果会如何？

生：第二个盒子里全是黄球，所以一定摸到黄球，没有红和蓝球，所以不可能摸到蓝球也不可能摸到红球。

生：第三个盒子里全是蓝球，所以一定摸到蓝球，没有红和黄球，所以不可能摸到红球也不可能摸到黄球。

生：第四个盒子里有蓝、红、黄三种颜色的球，所以三种颜色都可能摸到，也就是可能摸到黄球、可能摸到红球、可能摸到蓝球。

师追问：如果还是和我们之前抽球比赛的规则一样，抽到红色的小球获胜，你会选择这四个盒子中哪个来抽球呢？为什么？

生：肯定不在二、三中抽，没有红球，不可能抽到红球……

生：我选第一个，里面有三个红球，红球的数量多……

设计意图：考查学生对"一定""不可能""可能"含义的理解，培养学生具有理有据、完整的表达能力，并渗透"可能性"大小的知识。

3. 发展性练习

环节四 建网——联系生活，深入体会

1. 生活中的确定性与不确定性

师："可能性"与我们的生活息息相关，请大家阅读课本第49页"生活中的数学"。

师：我们一起寻找生活中存在的可能性，你能用"一定""可能""不可能"描述你身边的一些现象吗？

生：今天可能会下雨，也可能是晴天。

生：公鸡不可能下蛋。

……

在学生提出"我今天一定很开心……""我考试一定能得一百分……"时给予纠正，这只是个人的主观意愿，帮助学生区分可能现象和模糊现象（事物本身含义不确定的现象），随机现象是指事件的结果不确定，而模糊现象是指事物本身的定义不确定。

师：生活中处处都有可能性，数学就在我们身边。

设计意图：通过"生活中的数学"，让学生进一步加深对可能性的理解，用数学语言"可能""一定""不可能"描述生活中事件发生的可能性，学以致用，并体会到数学与生活的密切联系。

2. 回顾反思，总结评价

师：今天我们在各种欢乐的抽奖中学习了可能性的数学知识，笑声过后要有

思考，你学会了什么？

结合板书引导学生回顾本节课学习内容。

师：你对这节课自己的表现满意吗？

师：也许你的表现可能并不是最出色的，但数学课上只要多动脑、勤思考，你就不可能没有进步，一定会有所收获！（回顾板书）

设计意图：自主回顾本课的主要内容，归纳获得的经验和方法，关注学生的情感体验。

【课后促学反思】

实践操作，培养应用意识

动手操作：设计手工小转盘游戏。（游戏转盘、抽奖转盘等）

1．工具和材料

硬纸板、白纸、彩色笔、剪刀、双面胶、指针等。

2．制作过程

（1）在纸板上画一个圆剪下来，作为底盘。

（2）在白纸上画同样大小的圆，将圆分割成若干份，自由设计涂上颜色或写上文字，当然还可以画上漂亮的图画作为装饰。

（3）在圆形硬纸板上填上双面胶，将彩色圆圈粘在纸板上。

（4）找出圆心位置，安装指针，转盘就完成了。

3．设计转盘规则，我们一起来玩转盘游戏吧

设计意图：在制作手工转盘综合实践活动中，学生灵活运用可能性的知识进行设计与制作转盘，感受数学的价值、体验数学的美；在游戏中感受数学知识与生活的联系，体验成果的乐趣，激发学生学习数学的热情。

重视经历与体验　感悟随机现象

概率的教学重点是随机性的感悟，而感悟离不开亲身的经历和体验。在可能性的学习中，学生有足够的生活经验，对知识的理解没有太大的困难，但在教学中，经常遇到这样尴尬的状况，老师教了和没教区别不大，甚至教了之后有的学生反而更迷茫。从数学的角度，生活中和自然中的现象可以分为确定现象、随机现象和模糊现象。确定是必然，也就是结果一定。随机现象和模糊现象都是不确定，但随机现象是结果不确定，而模糊现象是事物本身的定义不确定，这需要帮助学生及时区分。

1．联系生活体验，亲身感受随机现象

为帮助学生理解区分这三种现象，本课设计了两项体验活动。先是抽卡活动，

从三张卡片（1、2、3）中抽得分数高的获胜：第一次意在熟悉规则，帮助区分主观意愿与客观实际；第二次重在感受随机，让学生用这次与第一次抽取卡片的结果进行对比，感受相同的条件下，抽取的结果不一定相同；第三次初步体验可能、不可能、一定。接着是抽球的活动中，从三个不同的装球箱中抽到红球获胜：第一个箱子中全是白球，学生多次抽取发现不管怎么抽都是白色，从而猜测全是白球，总结出"只有则一定"；第二个箱子中有各种颜色的球，但没有红球，学生多次抽取发现不管怎么抽都没有抽到红球，从而猜测没有红球，总结出"没有则不可能"，追问"那怎样才能抽到红球呢？"再按照学生的要求放入红球，总结出"有则有可能"，设计放入不同数量红球的环节，并引导学生先进行直觉的判断，箱子中的 6 个小球中，有一个红球，两个红球，三个红球……哪种情况下抽到红球更大，为下节课做好铺垫。通过两项具体情境的数学活动，学生在具体的情境中，初步感受事件发生的确定性和不确定性，亲身经历概念形成的全过程，有体验、有感受，从而真正体会随机的观念，并列出简单的随机现象中所有可能发生的结果。

2. 区分生活经验，规范表达随机现象

"可能性"与我们的生活息息相关，在教学中结合学生已有的生活经验出发，让学生体会在我们的身边存在大量的等可能性事件，平时的游戏活动中隐含着许多公平性的问题。但在使学生充分感受教学与生活的密切联系的同时，也需要防止生活经验的负迁移的干扰。因而设计了"寻找生活中存在的可能性"这一交流活动，让学生用"一定""可能""不可能"描述你身边的一些现象，当学生说出"今天可能会下雨，也可能晴天""公鸡不可能下蛋"……引导学生运用所学确定性与不确定性的知识进行说明；当学生提出"我今天一定很开心……""我考试一定能得一百分……"时给与纠正，这只是个人的主观意愿，帮助学生区分可能现象和模糊现象（事物本身含义不确定的现象），随机现象是指事件的结果不确定，而模糊现象是指事物本身的定义不确定。规范学生的数学表达，也要注意规范学生的数学表达，正确使用"确定""不确定""可能""一定""不可能"等词语描述现象或表达对结果的预测，加深对规范表达方式的印象。

在"可能性"单元后续的课时教学中，需重视实验与实践。通过实验探究揭示内在联系，沟通概率与统计，让学生充分经历数据的产生、收集、整理，从汇总的数据中进行分析和大胆的推测，感悟足够多的数据蕴含着统计规律，逐步形成统计观念，进而形成尊重事实、用数据说话的观念和科学的世界观与方法论。在实践体验中重视理论分析，教材中只有"可能性"大小的讨论，没有给"可能性"赋予数值，但对于五年级的学生来说用分数表示"可能性"大小并不困难；而量化"可能性"的大小可以帮助学生更好理解"可能性"的大小是根据不同事件有所不同，从而更好地运用概率思想方法来解决日常生活中大量的随机现象。

案例 15 数字编码

（人教版小学数学三年级上册第 77-78 页）

深研

一、内容解读

（一）知识透视

编码是按某种规则将信息用一组代码来表示的过程。这里所说的代码，是指用来表示事物的记号，它可以用数字、字母、特殊的符号或它们之间的组合来表示。例如，在电子计算机中，输入的数据、程序等都转化为二进制数码，这种代码只使用"0"和"1"这两个数字。我国第二代居民身份证上显示的 18 位数字代码，是每位公民终身不变的唯一的公民身份号码。其中最后一位是校验码，有些是用"X"表示的，实际上是罗马数字"10"。因此，公民身份号码使用了 0-9 和 X 共 11 个数字。我国现在使用的普通民用汽车车牌也是一种代码，是汉字、字母和数字的组合代码。

编码规则首先要符合实际应用的需要。计算机之所以使用二进制代码，是因为"0"和"1"两个符号可以转化为电脉冲、电位、电路的状态，从而为机器所识别；或转化为磁芯的磁化方向，从而将信息准确记录在磁介质的存储元件中。

编码规则应具有统一性。公民身份号码最后一位校验码罗马数字"X"，就是满足所有公民身份号码都是 18 位这个统一的规则要求。汽车车牌包含一个汉字、一个字母，以及 5 位或 6 位的数字与字母组合，其中，第 5 位或 6 位的数字与字母组合分别使用于传统燃油汽车和新能源汽车，便于区分同时也体现了规则的统一性。

编码规则强调唯一性。第一代居民身份证只有 15 位号码，第二代居民身份证除了增加一位检验码外，把出生日期码数段由 6 位增加至 8 位，能有效避免发生重号现象。例如，在第一代居民身份证规则下，给同月同日同地区的两位年龄正好相差 100 岁的人编制身份号码，是很容易出现重号问题的。

编码规则也应尽可能体现简洁性。我国使用的邮政编码，只需要一种仅 6 位的数字代码，就能够在辽阔的国土、复杂的行政区域中准确指向具体的投递局（镇、街道等）。

值得注意的是，阿拉伯数字广泛应用于各种代码中，但不再保有全部的"数的意义，通常这些数字都不再表示量的大小，有些还含有一定序数的意义（如门牌号、座位号等），有些则完全只体现了符号的意义（如车牌号）。

随着科学技术的进步，以条形码、二维码为代表的新型编码形式得到越来越广泛的应用。这类图形编码基于图像识别技术的发展，除了具备一般编码规则的实用、统一、唯一和简洁特性之外，还具备更强的信息安全性和使用便捷性。

（二）内容精解

1. 知识结构

"综合与实践"突出综合性，包括学科内部或跨学科的知识综合、知识内容与生活实际的综合，也包括能力、方法、工具的综合。"综合与实践"重在问题性，以问题为载体，要求学生经历发现问题、提出问题、分析问题、解决问题的过程，培养学生的问题意识和解决实际问题的能力。"综合与实践"强调过程性，学生自主参与，经历相对完整的活动过程，体验多样化的学习方式，积累数学活动的经验。"综合与实践"体现开放性、教学目标相对多元、内容视野更加宽阔，活动时空富有弹性，学习评价也更加灵活。

小学阶段的"综合与实践"以主题活动为主要形式，有的侧重于在主题活动中学习数学知识，增强对知识意义的理解和感悟，有的侧重于在主题活动中应用学科或跨学科知识，体会知识的价值、感受学科之间的联系。本项活动相对来说更符合后一种类型的特征。

2. 教材编排

人教版小学数学三年级上册安排了"数字编码"主题活动，活动内容和形式主要分成两个层次：

（1）第一层次，从生活中的实例引入数字编码，如邮政编码、身份证号码等。让学生通过观察、比较、猜测来探索编码的规则和方法，体会在基数和序数意义之外，数还具有编码的功能；感受数字编码的简洁、规范、唯一等特性。

（2）第二层次，尝试编码，要求学生给学校每名学生编一个学号。让学生通过自主探索、交流合作经历设计编码的过程，加深对编码特点和方法的理解，积累数学活动经验，提高学生解决实际问题的能力。解码环节要解出数字的功能、信息和编码的特点；学生在解码的基础上尝试编码，进一步体会编码统一、简洁和唯一的一般原则。

二、目标设定

（一）核心素养讨论

1. 模型意识的主要表现

数字编码广泛应用于现实世界，学生对这些现象进行观察和分析，能进一步感受数字编码模型的普适性，体会利用编码模型解决现实问题的价值和方法。在数字编码的实践应用中，结合实际需要确定并解释编码规则，经历了简单数字编码数学模型的建构过程。

2. 应用意识的主要表现

分析现实生活中简单数字编码的情境，抽象出其中的编码规则和方法，并运用这些规则和方法解决一些简单的实际问题，有利于学生进一步感受数学知识和数学思想方法在现实生活中的广泛应用，增强数学应用意识。

3. 符号意识的主要表现

在理解数的基数和序数意义的基础上，利用数字编码这一典型素材，增强学生对数字的符号属性的认识。在分析和解释编码、设计和编制编码的活动过程中，感悟数字作为符号的具体含义，体现用数字编码解决实际问题的意义和价值。

4. 创新意识的主要表现

在现实问题情境中利用数字进行编码，是一类开放的、非常规的数学问题。遵循基本的编码原则设计不同的编码规则，或赋予数字不同的含义，产生的编码就有所不同。学生在自主探究与合作交流中，不断进行归纳、类比、猜想、验证，勇于创新，敢于质疑，而获得充分的创新实践活动体验。

（二）学情分析

1. 学生认知特征分析

理解编码规则或构建新的编码，都需要学生具备对现实世界中的复杂事物进行一定水平综合分析的能力。掌握编码对象某种或多种特征的本质，明晰其分类依据并能正确地分类，是理解和构建编码规则的思维基础。这样的思维活动对学生的数学抽象能力带来了挑战。

2. 学生生活经验分析

学生在对生活中的编码现象有一定的了解。身份证编码与邮政编码相比，具有一定的复杂性，但也更贴近学生的生活经验，更容易被接受、学习，所以教学时选择身份证编码作为切入点更符合学情。

3. 学生知识基础分析

三年级学生已经理解了数字具有表示数量（基数）和顺序（序数）的功能，本节内容能丰富学生对数字功能的认识，感悟在一定规则下利用数字的符号属性还可以表示明确的、多样性的信息。教学中应注意引导学生主动比较数字的这三种功能。

（三）目标设定

1. 教学目标及重、难点

（1）让学生了解数字可以用来编码，知道编码可以表示信息；在观察与比较中解码，了解编码的规则，感受编码的统一、简洁和唯一。

（2）学生能掌握自主编码的方法，在编码过程中，体会数字在表达、交流和传递信息中的作用，体会符号思想。通过自主探索和合作交流，在解决编码问题中培养学生的应用意识。

（3）学生能体会数字编码在日常生活中的广泛应用，增强对生活中数学问题的领悟，在解决问题中生活背景问题中感受成功的喜悦。

教学重点：知道数字可以用来编码并尝试解码、编码。

教学难点：经历编码的过程，体会编码的统一、简洁和唯一。

2. 目标达成的行为表现

（1）"了解数字可以用来编码，知道编码可以表示信息"行为表现：能准确判断生活中的编码现象，了解数字编码在日常生活中的广泛应用。

（2）"在观察与比较中解码，了解编码的规则，感受编码的统一、简洁和唯一"行为表现：具有数字解码能力，能在观察与比较中发现编码规律，提取编码中蕴含的信息。

（3）"掌握自主编码的方法"行为表现：能制定编码规则，并按照规则能用数字进行编码解决生活中的简单问题。

三、评价设计

1. 基础性评价设计

医院给每位入住的病人设计一个病历号，根据病历号"内20240418032"可以判断以下病人是（　　）科，入院时间（　　），床号是（　　）。

考查能力：考查学生对简单编码的解读能力。在观察与比较中发现编码规律，正确解释编码，感受编码的统一、简洁和唯一特性。

2. 重点内容评价设计

根据提供的车牌、高铁票等实物图片，结合生活经验，分析具体编码中出现的汉字、字母、数字的含义。

考查能力：考查学生查阅资料、综合运用各种知识和方法的能力，进一步感受数字编码在日常生活中的广泛应用。

3. 难点内容评价设计

先到学校图书馆进行调查，再尝试给班级图书角设计一个编书号的方案，注意做到统一、简洁、唯一。

考查能力：考查学生自主编码解决简单现实问题的能力。学生自主或合作制定编码规则，经历编制、检验、修改、解释等完整的编码过程，体会数字编码在表达、交流和传递信息中的作用。

四、教学思路

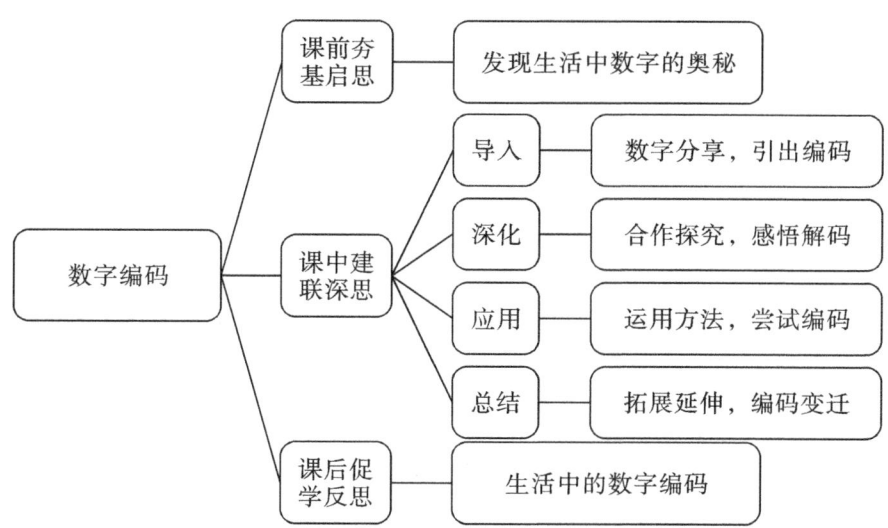

实践

"数字编码"教学实录

【课前夯基启思】

发现生活中数字的奥秘

1. 和生活中的数字合影

同学们，数字在生活中随处可见，请你搜集生活中的数字应用现象并与之合影。

（1）找一找：生活中有哪些数字？

（2）拍一拍：与这些数字合影并发给老师。

（3）说一说：这些数字表示什么？

2. 探索身份证的奥秘

（1）记一记：身份证上也有数字哦，记录你的身份证号码

（2）查一查：身份证中的这些数字和字母表示什么意思？

（3）问一问：身份证有什么作用？

设计意图：本课为"综合与实践"的内容，需关注课内外相结合。通过与数字合影的活动和探索身份证的奥秘，让学生走出课堂，到现实生活中去收集信息，培养学生的应用意识和实践能力；通过积累数学活动的经验，从中感受数学的生活应用价值。

【课中建联深思】

环节一 导入——数字分享，引出编码

师：同学们，课前大家收集了生活中的数字，并与它们进行合影，下面请同学们来分享。

生：我在日历上找到数字，它们表示月份和日期。

生：我在电梯上找到数字，它们表示楼层。

生：我找到了电话号码……

师：刚才分享的数字中，物品的价钱、质量等是数量的多少（板书：数字）；电梯上的数字、车票上的座位等是表示顺序。（板书：顺序）像车牌号码、电话号码、门牌号码等，它们又表示什么呢？

生：是编码。

师：是的，数字除了可以表示数量、顺序，还可以用来编码。这节课我们就一起来学习数字编码。（板书：编码）

设计意图：学生将课前分享的生活中的数字进行分类，了解数字的多样用途，通过将生活中的数字进行分类归纳，感受生活中数字编码的存在，从而引出课题——数字编码。

环节二 深化——合作探究，感悟解码

1. 合作探究身份证解码

（1）分段出示身份证号，初步感受数字可以代表具体信息。

师：课前我们还探索身份证的奥秘，老师这里也有一数字，是老师身份证上的前两位，（出示数字"44"）读一读。

生：四十四。

师：还可以怎么读？

生：四四。

师：对的，你知道它表示什么？

生：年龄……省份（预设有学生查阅资料，已经了解）

师：它表示"广东省"，这是老师出生地所在的省。我们继续往下猜（出示数字"0902"），这又表示什么？想一想，广东省，省份的后面一般跟着什么？

预设学生能猜出表示市。

师：对的，07 表示市——江门市，11 表示区——蓬江区。（出示数字"19880930"）这又是老师的什么？

预设学生能解出表示出生的年月日。

师：（出示数字"42"）这是老师出生所在的社区派出所代码。（出示完整身份证号）对，这一组数字就是老师的身份证号码。

设计意图：用猜测活动激发学生的学习兴趣，让学生发现数字在表示数量、顺序或编码时读法上的差异。动态呈现身份证编码生成过程，学生先猜测再一一对应呈现与之对应的文字信息。

（2）整体感知身份证号，初步感受编码需要遵循一定的规则。

①身份证的唯一性

师：老师有身份证号码，同学们有吗？拿出身份证号码，跟老师的对一对，一样吗？

（学生拿出自己的身份证号码，与老师的对一对）

师：（指着身边的个别同学问）我的身份证号码和你的一样吗？和你的一样吗？

生：不一样。

师：是的，每个人的身份证号码是不同的。

②不同的身份证有着共同的特点

师：那这些身份证号码有什么共同点吗？

生：都是 18 个数字，都是身份证号码，都会有出生地点、日期、性别……

师：我们的身份证号码表示哪些信息、哪个信息在前、哪个信息在后、每个信息用几个数字表示，这些都有统一的规定，这个规定就是编码的规则。（板书：按一定的规则）

设计意图：通过身份证的对比，感受身份证号码的唯一性，在不同种找相同，感受编码是有规则的。

（3）分段细读身份证号，解出编码规则遵守的原则。

①分析地址码

师：大家一起读一读老师身份证号，我叫停你们就停。

生：440711。

师：停，这 6 个数字表示出生地，叫地址码。它是按照省、市、区的顺序，每一项用 2 个数字表示。一起读出你身份证号的地址码。

学生读出自己身份证号码中的地址码（前六位）。

师：怎么这么多 442000？看看你们的出生地，是哪里？

生：广东省中山市。

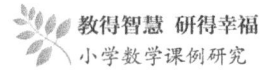

　　师：身份证编码中统一用6个数字表示地址码，而且同一个地方的地址码是一样的。（板书："统一"）

②分析生日码

　　师：再来看看还有哪些统一的规定？我们接着读一读。

　　生：198×0803。

　　师：停，这是生日码，生日码有几个数字？

　　生：8个。

　　师追问：08表示是8月，为什么不直接用一个8表示就行了？

　　生：一年有12个月，10月、11月、12月需要用两个数字，所以统一用两个数字表示月份。

　　师：用三个数字也可以啊？001表示1月，009表示9月。

　　生：多了一个数字，浪费了。

　　师：对，1个不够，3个多了，用2个正合适。编码时尽量让数字简洁。（板书：简洁）

③分析其他数字

　　师：接下来这两个数字表示出生地所在的派出所。倒数第二个数字表示性别。大家一起读出你身份证号码中的性别码。（学生找出性别码并读一读）

　　师：请男同学再读一次（男生读）。男同学的性别码中只有1、3、5、7、9。身份证号码中用单数代表男性，双数代表女性。女同学看看你们的性别码是不是都是双数？

　　学生验证：身份证号码中用单数代表男性，双数代表女性。

　　师：身份证号码的最后一个数字很特别，谁知道叫什么？

　　预设可能有学生对验证码有所了解，先让学生进行分析，教师再进行适当补充。

　　师：这是校验码，是根据前面17个数字特别计算出来的，警察叔叔用它来辨别身份证号码的真假。X是罗马数字的10，校验码中只有10是两位数，用X来表示，可以更简洁。

　　师：按这样的规则编出来的身份证号码就是唯一的了。制定编码规则时还要注意编出来的号码应该是唯一的。（板书：唯一）

　　设计意图：分段解读老师的身份证号，逐步发现编码规则的一般原则。

（4）小结编码的优势：便于信息的存取。

　　师：对比身份证上的信息和身份证号码，你能说说数字编码有什么用吗？

　　学生自由分享后教师进行小结。

　　师：有了数字编码，我们可以根据规则提取需要的若干信息。例如身份证号中可以知道一个人的出生地、出生日期、性别等。身份证号码中藏着这么多个人信息，所以不能随意出示给其他人看。要注意个人信息的安全。

设计意图：通过观察身份证上显示的文字信息和身份证号码，发现编码信息的存储过程。

（5）巩固练习，编码提取。

①互动游戏：选出正确的生日码。在石头掉下来之前正确判断这个生日码的对错，对了就得100分。两位同学比拼，看看谁更厉害。

游戏后展示结果并邀请学生分享判断依据，进一步强化了学生对编码的特点的理解。

②出示情境：我们班准备出去亲子游，家委收到了小天家的4个身份证号，可是却没有说明哪个身份证号是谁的，你能帮帮他吗？

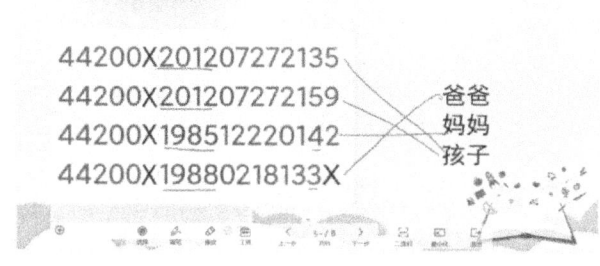

学生独立思考完成后再进行分享，清晰展示如何通过生日码判断成人与小孩，通过性别码判断父母等。教师进一步圈画引导学生对比两个孩子的身份证号码并判断他们之间的关系——双胞胎兄弟，进而补充顺序码的相关知识，分析谁是哥哥谁是弟弟，再次凸显编码的唯一性。

设计意图：双人对战的互动游戏的代入感强，学生比拼气氛活跃，通过游戏检验学生提取生日码信息的能力。以一个身份证在生活情境中应用的练习检验学习成果，学生在解决真实生活背景的问题中感受身份证在生活实际的重要作用。

2. 自学邮政编码信息解读

师：44在身份证中是广东省，44在编码中一定代表广东省吗？请你打开书本77页自学了解邮政编码。并说说邮政编码中这些数字分别代表什么？

学生汇报对邮政编码的了解，教师补充：邮政编码共六位的；前两位表示省、自治区、直辖市；第三表示邮区、第四位表示县市；第五、六位表示镇区的邮递所。

生：44在邮政编码也同样表示省份，但是表示的湖北省。

师小结：看来编码规则不同，同样的数字可能表示不同的信息。

设计意图：邮政编码作为自学材料，检验学生解码的能力，通过关键数"44

表示什么"沟通两部分解码，激发学生的探究欲望，并让学生在探索发现中感受编码规则是人为设定的，为编码操作准备。

环节三 应用——运用方法，尝试编码

师：了解了那么多关于编码的知识，想不想自己设计一套编码规则，给全校所有同学编学号？接下来我们一起来编码吧。同学们，你们有学号吗？

生：有。

师：（提问任意一名学生）你的学号是多少？

假设学生回答：12号。

追问：隔壁班也有一个12号，怎么区分？看来还需要其他的信息。

1. 信息删选

师：要使得编出来的学号统一、简洁、唯一，我们先来看看学校的学号中需要包含哪些信息？

引导学生说出入学年份、班别、班里序号、性别等。

2. 信息排序

师：这些信息怎样排顺序会更合理一些？要找到某个同学，我们会先了解什么？

引导学生排序：年级（入学年份）→班别→班里序号→性别。

3. 信息表达

师：这些信息分别用几个数字表示合适？

引导学生总结：入学年份（4个）；班别（2个）；班里序号（2个）；性别（1个）。

4. 自主编码，分享交流

师：学校学号的编码规则制定好了，你能把自己的各项信息写一写，然后根据这个规则给自己编一个新学号吗？

分层展示学生编码的成果，针对统一、简洁和唯一层层递进，在数次展示反馈交流中不断完善。

	4个	2个	2个	2个	
姓名	入学年份	班别	班里序号	性别	学号
王小明	2008	03	06	01	2008030601

设计意图：引导学生经历"信息删选→信息排序→信息表达"的过程，逐步明晰后尝试自主编码，给予学生充分交流、展示的机会，使学生加深体会编码规则的统一性、唯一性和简洁性。

环节四 总结——拓展延伸，编码变迁

1. 课堂小结，分享收获

（1）同学们，这节课你有哪些收获？

生：这节课我认识的了数字编码……

（2）编码时要先制定什么？制定编码规则时要注意什么？

生：编码时要先制定一套编码规则，注意编码的统一、简洁和唯一。

2. 优化编码，变化发展

（展示新旧身份证照片和网站信息）

师：编码的规则也随着信息的变化而有所调整。例如，身份证号码原来是15位，后来变成18位。还有，我国的小汽车车牌号码原来只有三位，随着车子越来越多，车牌号码的数字也越来越多，甚至还用到了字母。

设计意图：回顾本节课的主要内容和收获，将所学知识延伸到课堂之外，深入思考并联系实际生活做实践。使学生对生活的其他编码现象发生兴趣，凸显数字编码的优势以及应用价值，让学生体会"数学源于生活，又服务于生活"，学会用数学的眼光看待生活中的现象，凸显数学知识的应用价值。

【课后促学反思】

生活中的数字编码

生活中的数字编码小调查

（1）生活中的数字编码的应用随处可见，你还发现了哪些？选择你所感兴趣的编码记录下来，并解析编码的含义。

类型	编码	意义

（2）选择其中一种编码进行深入研究，你认为这一编码的设计合理吗？还可以如何进一步改进？

设计意图：学生发现身边的编码，例如书本的条形码、门牌号等，考查学生对生活中数学问题的领悟与应用意识，体会数字编码在日常生活中的广泛应用；并敢于质疑和反思，发现编码中可能存在的不足，提出建议。

反思

在"解码"和"编码"中体验抽象和建模

"数字编码"作为综合实践活动内容,教师需要处理自主探究与有意义的接受学习的和谐相融,把综合与实践活动的学习充分向课前和课后延伸。课前通过"和生活中的数字合个影"活动,感受数学来源于生活,体会数字编码在日常生活中的广泛应用;课中通过猜测老师身份信息的游戏,了解数字可以用来编码,知道编码可以表示信息;在观察与比较中解码,了解编码的规则,感受编码的统一、简洁和唯一,通过自主探索和合作讨论,尝试动手编码,经历完整的编码过程;课后通过"生活中的数字编码"引导学生运用将所学解码知识分析身边的编码,并尝试运用编码的经验分析生活中编码的合理性,提出改进建议,学以致用。

回顾课堂教学活动,充分运用课前学生探究材料,在课上分享作为导入环节;把整节课分为解码和编码两个环节"先解后编";最后回归生活,引导学生重新审视、自主创造生活中的编码,探索编码的信息、规则和意义。

1. 依据学情分析,调整素材顺序

教材中的解码以邮政编码为主,身份证编码为辅。随着时代的变迁,邮政编码在学生生活中的应用逐步减少,身份证的作用日益凸显,根据学情需调整素材主次,选取学生更为熟悉的身份证编码作为主要解码素材引入对新知的探索,让学生在"熟悉的经验"中有新的发现,建构新知。而在身份证的解码后,再次呈现关键数字"44",通过问题"44 在其他的数字编码中也表示广东省吗?"激发学生的探究欲望,引出邮政编码并给予学生自学邮政编码的机会,让学生在探索发现中感受编码规则不同,同样的数字可能表示不同的信息。

2. 通过三次活动,经历充分解码

身份证虽是学生生活中比较熟悉的素材,但其位数多,解码存在一定的难度,在解码中,通过"分段猜测""整体感知""分段细读"三次活动,让学生经历充分的解码过程。分段猜测中,意在让学生发现数字在表示数量、顺序或编码时读法上的差异,根据生活经验猜测身份证上的数字表示什么,初步感受数字可以代表具体信息;整体感知中,以自己的身份证号码为素材,发现编码中的共同点,初步感受编码需要遵循一定的规则;分段细读中,再次分地址码、生日码、性别码等,逐步发现编码规律的一般原则,根据规则提取若干信息。

3. 解决真实问题,梳理层次编码

编码是从"理解"到"应用"的过程,通过创设"给校内的每名同学编一个学号"的真实任务,引导学生经历"信息删选→信息排序→信息表达"的过程,逐步明晰后尝试自主编码,再组织开展分享交流。分享中分层展示学生编码的成果，针对统一、简洁和唯一层层递进，在数次展示反馈交流中不断完善。最后根据信息表格进行总结，深化理解"编码规则"，培养学生建模求解的能力。

4. 线上线下结合，前后延伸课堂

综合实践要注重课内外结合，让学生走出课堂，到现实生活中去收集信息，培养学生的应用意识和实践能力，积累数学活动的经验。为让教学更有效地向课前延伸，本课采用线上线下相结合的方式，课前学生参与"和生活中的数字合个影吧"活动并将合照发送到群上进行分享，老师选取具有代表性的作品进行展示；课中学生进行充分的解码和有层次的编码活动，感受编码的统一、简洁和唯一；课后学生通过实践作业在群中进行分享，感受编码在生活中的实际应用，在分享交流中进一步体现数学知识来源于生活，运用于生活。

5. 运用数字教材，提高课堂效率

本课主要分为"数字分享→数字解码→数字编码→回归生活"四个环节，教学中需要运用多种工具调用丰富的数字化资源。在技术的应用方面，本课以"人教智慧教学平台"作为主要的教学技术手段，通过平台课件为学生提供动态的身份证编码生成过程和课堂互动小游戏；通过内嵌的小应用程序展示了海量的网页信息；在电子教材中导入补充贴近生活场景的身份证、邮政编码应用情境资源；在展示学生的编码作品时则结合手机端的投屏功能，提高了学生展示环节的效率。

总的来说，让学生充分、自主地参与"综合与实践"活动，体会数学与生活的联系，培养数学抽象和建模素养。解码是充分的，提供了丰富的静态或动态素材、活动供学生探索，而且取材贴近生活，关注学生兴趣。编码是有层次的，呼应了解码的同时，还逐步加深学生对编码一般规则的理解，学生得到充足的展示机会。

案例 16　打电话

（人教版小学数学五年级下册第102－103页）

深研

一、内容解读

（一）知识透视

一组数按1，2，3，…的顺序排列下去就成为数列，即 a_1，a_2，a_3，…a_n，a_{n+1}，……数列中的每一个数都叫作这个数列的项。排在第一位的数称为这个数列的第1项（通常叫作首项），排在第二位的数称为这个数列的第2项，以此类推，排在第 n 位的数称为这个数列的第 n 项（有限数列的最后一项也叫末项），通常用 a_n 表示。数列简记为 $\{a_n\}$，虽然借用了表示集合的符号，但数列与集合有着本质的区别：集合中的元素是互异的，而数列中的项可以是相同的；集合中的元素是无序的，而数列中的项则是有序的，即各项按一定的顺序进行排列。

有些数列有通项公式，有些数列有递推公式，可以利用公式计算出数列中的某一项。例如，根据通项公式 $a_n=1+2(n-1)$ 可以得到从1开始的奇数数列1，3，5，7，…，可以计算出这个数列中的第23项是45，即从1开始的第23个奇数是45。又如，根据递推公式 $a_{n+1}=3a_n$，若公比为3的等比数列第5项是162，可计算第6项是486，也可推算其第1项为2，甚至可推导出它的通项公式 $a_n=2 \cdot 3^{n-1}$。有些数列则没有通项公式或递推公式，如从小到大的素数数列2，3，5，7，11，13，…。

求数列前若干项的和，有一些很经典的故事。

传说，国王提出要奖励发明国际象棋的人，发明家的请求是：在国际象棋盘的第1个格子里放1粒麦子，第2个格子里放2粒，第3个格子里放4粒，以后每个格子里的粒数都是前一个格子的2倍，直到把棋盘上64个格子都放上麦粒。国王愉快地答应了发明家的这个看似谦逊的请求，却没想到，这竟是一个国王即使破产也无法满足的请求。实质上，这就是"求首项为1，公比为2，项数为64的等比数列各项之和"的数学问题，答案是：18446744073709551615粒。

又如，著名的"高斯求和"故事，说的就是高斯在求1，2，3，…，99，100这个数列各项之和时，发现了一种等差数列求和的基本思路：等差数列前若干项之和，等于首末两项之和与项数乘积的一半。

有些古老的数列充满趣味性，引人入胜。

（1）三角形数列：古希腊的数学家研究下图所示的数列，你能尝试推导出这个数列的通项公式或递推公式吗？

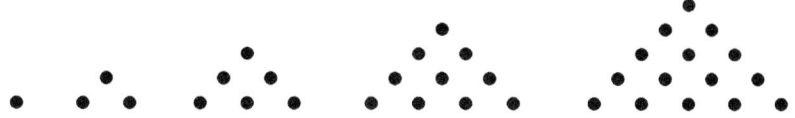

（2）正方形数列：1，4，9，16，25，36，…其中的每个数都可以用正方形表示。观察右图，这个数列中每相邻两项之差，组成一个怎样的数列？由此进一步思考，从1开始的奇数组成数列，如何求若干项的和？如何求从第19项到第30项的和？

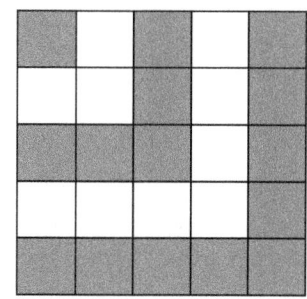

（3）斐波那契数列：1，1，2，3，5，8，13，21，34，…，从第3项开始，每项都等于它前两项之和。这个数列因数学家斐波那契以兔子繁殖为例引入，故又称为"兔子数列"。随着数列项数的增加，前一项与后一项之比越来越逼近黄金分割的数值0.618，所以它又被称为黄金分割数列。以数列中各数为边长的正方形，总是可以依次拼合成一个个长方形，这些长方形的长宽之比同样会逼近0.618。

下面的图形都与斐波那契数列有关，你还能在下面的图中发现哪些奥妙呢？

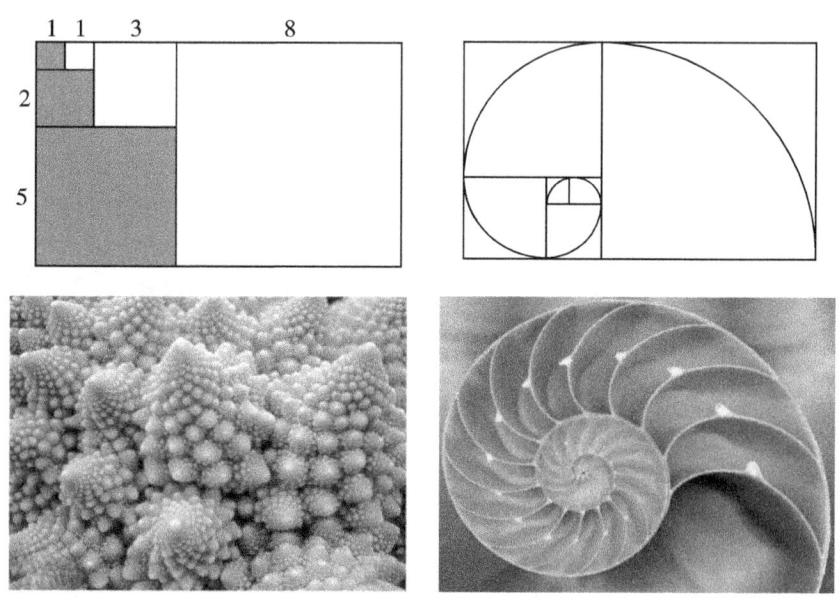

（二）内容精解

1. 知识结构

"打电话问题"是以"数学思想"为结构进行编排的。四年级上册"数学广角——优化"中已经安排了有关优化思想的学习，通过沏茶、烙饼等日常生活中的简单事例，让学生尝试在解决问题的多种方案中寻找最优的方案。五年级下册编排"打电话"综合与实践活动，也是让学生进一步体会优化思想在生活中的应用。同时，在本册的"数学广角——找次品"中，再次渗透了优化的思想方法。

2. 教材编排

人教版小学数学五年级下册的"综合与实践"安排了"打电话"主题活动，参照解决实际问题的一般步骤，教材按三个层次进行编排，指引师生有序开展活动：

（1）阅读与理解。"请你提取这个实际问题的关键信息"提示学生理解问题情境，把握几个关键的信息。

（2）分析与解答。这是活动的重点阶段，再分为三个递进式的环节：①"你打算怎样解决呢"，呈现小学生的对话，结合示意图，展示几种不同的通知方式，并指导学生比较"老师逐个通知"与"分组转告通知"的用时情况，发现优化策略的选择方向。②"还有更快的方法吗"，呈现学生交流讨论的场景，提出优化策略的关键原则"每个队员接到通知后马上通知别人"，用示意图的例子指导学生自主完成解决问题的过程，获得最短时间的正确答案。③"你发现了什么规律"，引导学生走出具体情境，从"每过1分钟之后接到通知的人数"角度探索数的变化规律，形成较为抽象的结论。

（3）回顾与反思。一方面延伸学生的数学思考，回顾解决问题过程中用到的知识和方法，加深理解经过活动所发现的规律和结论；另一方面拓宽学生的问题视野，讨论在现实情境中解决此类问题还应注意哪些事项，增强学生解决现实问题的综合能力。

（4）补充提出了一道人数较多的类似问题，鼓励学生在课后自主巩固相关的知识和方法。

二、目标设定

（一）核心素养讨论

1. 推理意识的主要表现

学生在本次主题活动中主要经历三个阶段的推理思维活动体验。一是在最优策略的发现过程中，推理出"每个人接到通知后立即通知别人"与"总体用时最短"之间的因果关系，从而形成解决此类问题的一般性优化策略。二是结合对示意图的观察与分析，归纳概括出"每过1分钟，接到通知的人数就会翻倍"这个基本规律，并进一步抽象为具有"几何倍增"特点的数学模型。三是在应用模型或规律解决稍复杂的新问题时，学生需要进行适当的类比推理活动。

2. 几何直观的主要表现

画示意图在本次活动中发挥了重要的辅助思考的作用。教材呈现了几种不同的示意图，展示了"逐个通知""分组通知""最快策略"的基本思路，清晰、简洁，不仅有利于学生进行观察和比较，更能让学生充分体会借助画示意图思考和解决问题的直观和便利。

3. 模型意识的主要表现

"打电话问题"体现了"几何倍增"数学模型的主要特征，学生解决相关的实际问题，同时也经历了一种简单数学模型的建构与应用过程。在"分析与解答"阶段的第三个环节，学生对"时间"和"接到通知的人数"两个变量进行分析，发现并概括"翻倍"规律，并用简洁的语言或算式描述规律，然后应用规律解决延伸或变式的新问题，体验了数学模型建构的几个关键步骤。

4. 应用意识和创新意识的主要表现

"打电话问题"来自于学生较熟悉的生活现实，问题虽不复杂，但发现最优策略和提炼一般规律的过程却充满了数学思考，这种学习体验有利于学生感悟数学与生活的联系。优化的思想方法、"翻倍"的有趣现象、问题情境的多样性、解决问题应兼顾多方面的要求等，营造了一种更开放、更灵活的学习空间，有利于激发学生的创造性思维，获得创新学习的体验。

（二）学情分析

1. 学生认知特征分析

五年级小学生的认知处于具体运算向形式运算过渡的阶段，他们的思维方式具备初步的抽象能力，能够体会到一些简单的数学模型，尤其是在生活中常见的数学模型（如，速度×时间=路程），但对于较为抽象的模型仍需要建立清晰的表象为后续的抽象做准备，所以我们必须要根据学生的生活经验，选择常见的生活素材和情境支撑教学。数学"综合与实践"教学内容所创设的情境往往信息量较大，数学模型比较隐蔽或多变，学生不容易发现问题的数量关系，也很难形成深刻理解，在解决问题的过程中遇到的困难较多。

2. 学生生活经验分析

"打电话"是教材为渗透几何倍增数学模型而创设的现实情境，一部分学生不能及时把问题情境数学化，停留于在现实生活中如何具体解决这个问题的思考层面，从而提出一些干扰性的条件。教师应注意引导学生在理解问题情境的基础上，

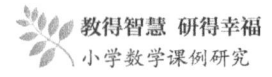

重点从发现最优策略和提炼一般规律两个方向引导学生开展数学思考。

3. 学生知识基础分析

学生在四年级的数学学习中已经接触了"优化"的内容,对"虽然解决问题方法多样,但需要进一步探讨更好方法"的优化思维有一定程度的感悟。学生在以往解决问题的过程中较多运用了画图表达思考过程和结果的方法,有效迁移相关学习经验,有利于他们在解决"打电话"问题的过程中主动运用直观图示辅助思考和表达。

(三)目标设定

1. 教学目标及重、难点

(1)学生能找到打电话的最优方案,运用数形结合分析和解决问题,在多次对比中初步建立打电话问题的模型——几何倍增,培养几何直观、推理意识、模型意识等核心素养。

(2)学生经历解决问题的整个过程,体会解决问题方法的多样性,渗透模型意识和应用意识。

(3)学生能感受数学与生活的密切联系,培养数学应用意识;积极参与数学学习活动,感受数学学习中的成功。

教学重点:经历解决问题的过程,得到打电话的最优方案,感悟优化思想。

教学难点:在画图、列表等方法中建立"打电话问题"的数学模型,体会几何倍增,培养模型意识。

2. 目标达成的行为表现

(1)"能找到打电话的最优方案"行为表现:会画示意图呈现打电话问题中包含的数量信息,感受画示意图的作用;能通过画图和说理,找到具体情境中的最优方案。

(2)"初步建立'打电话问题'的数学模型"行为表现:掌握此类问题的一般解决思路,形成对一般规律的初步认识。

三、评价设计

1. 基础性评价设计

有一棵奇妙的树,原来只有 1 个树枝,第一年长出 1 个树枝,第二年每个树枝分别长出 1 个新枝,第三年每个树枝又都分别长出 1 个新枝,照这样计算,第五年这棵树上一共有几个树枝?

考查能力:打电话问题基础练习,检验学生运用所学习知识解决的打电话的实际问题的能力。

2. 重点内容评价设计

池塘里第一天飘来 1 株浮萍，第二天变成 2 株，第三天变成 4 株……直到 20 天长满整个池塘。在第几天的时候浮萍长满了池塘的一半？为什么？

考查能力：打电话问题变式练习，检验学生运用所学知识解决打电话实际问题的能力。

3. 难点内容评价设计

（1）有人说：将一张足够大的纸连续对折 30 次，高度将远远超过珠穆朗玛峰的高度。这是真的吗？

（2）算一算，一张纸对折几次后就能超过身边你知道物品的高度。

（3）找一找，生活中还有类似打电话的问题吗？记录下来，带到学校一起分享。

考查能力：综合考查学生已有的知识技能，更深层次感受几何倍增的力量，同时让学生用数学的眼光去观察现实世界，尝试找到其他几何倍增的情境。

四、教学思路

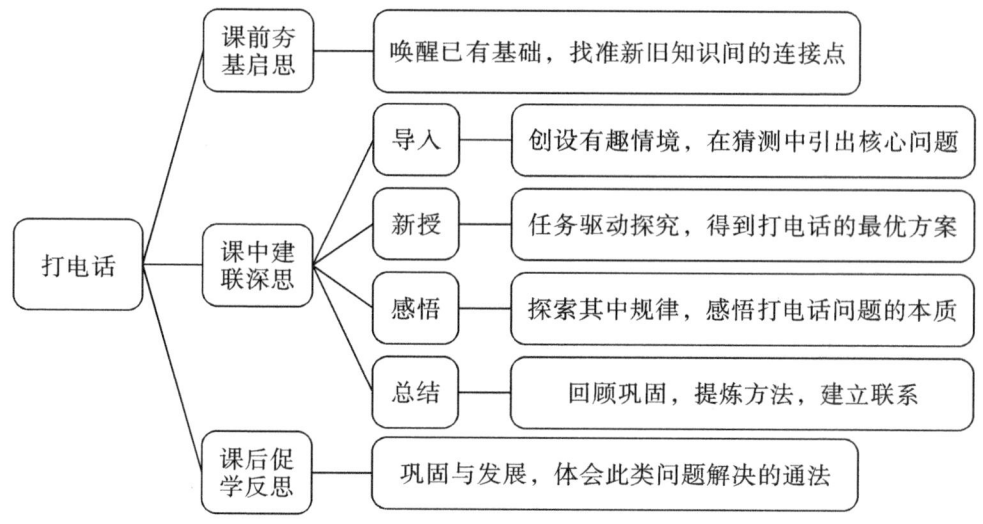

实践

"打电话"教学实录

【课前夯基启思】
唤醒已有数学基础，找准新旧知识间的连接点
课前让学生进行以下的思考：

用你喜欢的方法记录你的思考过程：

（1）妈妈给一家三口烙饼，每次最多只能烙2张，两面都要烙，每面3分钟，要想尽快吃上饼，最少需要几分钟？

（2）学校"小杜鹃"合唱团接到紧急任务，老师需要尽快通知15名队员。如果用打电话的方式，每分钟通知1人，请你帮助老师设计一个打电话的方案。

设计意图：第一题一方面检测学生对于"优化"这一单元的知识基础，另一方面唤醒学生相关的学习经验与解题策略；第二题让学生课前独立思考探索打电话问题。课前两道思考题旨在唤醒学生已有经验，夯实已有学习经验的基础，让学生先独立思考要探究的问题，但更重要的是根据反馈精准把握学生的学情，从而制定合理的学习目标与适当的学习任务。

【课中建联深思】

环节一 导入——创设有趣情境，在猜测中引出核心问题

师：日常生活中，经常有些情况需要紧急通知别人。如果是你，你会选择什么方式来通知？

生：打电话或者发微信。

生：在学校的话可以用广播。

生：如果人数比较多的话可以建个微信群通知。

生：有很多方法，但是打电话的方式最直接。

师：在这个信息时代，通信方式有很多种。但正如这位同学所说的，如果是紧急通知，还是打电话更合适。今天我们就来瞧一瞧"打电话"里有哪些值得我们研究的数学知识？

出示课题：学校"小杜鹃"合唱团接到紧急任务，老师需要尽快通知到15名队员。如果用打电话的方式，每分钟通知1人，请你帮助老师设计一个打电话的方案。

设计意图："几何倍增"的数学模型对学生来说十分抽象，创设一个真实的情境尤为重要，同时根据过往经验，许多学生更愿意选择其他的方式，因此在真实的情境中还要合理地将通知方式聚焦到打电话上，这样才能引发学生共情，真正的带着问题和任务去探究。

环节二 新授——任务驱动探究，得到打电话的最优方案

1. 理解活动要求

师：课前大家已经进行了思考，这个实际问题中有哪些关键信息？

• 通知的人数：
• 通知的方式及用时：
• 通知的要求：

生：要通知15人，通知的方式是打电话，通知1人要1分钟。

生：还要"尽快"。

师：尽快什么意思？怎样才能尽快？

生：尽快就是用最少的时间通知完。要不停地打电话才能尽快。

设计意图：课前的反馈说明学生对于这类问题缺乏结题策略，因此有必要经历完整的探究过程。这一环节相当于解决问题中的"阅读与理解"，旨在引导学生理解活动意图，同时通过提问引导学生聚焦到关键词"尽快"上来，一方面要理解尽快就是要用最短的时间完成任务，另一方面有了课前的夯基启思部分学生已经理解要"同时""不空闲"才能尽快，为后面的深入探究埋下伏笔。

2．分析活动方案

（1）逐个通知，提供支架

师：你打算怎么通知？（许多学生举手）

生：我想一个一个通知，一共需要 15 分钟。（课件展示画图的方法，为后面学生画图提供一定的方法。）

师：真好！这种方法想起来最简单，这种方法你觉得怎么样？（前一位同学说出方案后，已经有很多同学举手想表达不同的想法，但没有形成具体的设计方案）请大家先用合适的方式将自己的想法记录下来，完成后在小组内交流和调整。

设计意图：关于打电话问题，学生往往已经有了很好的想法，但是囿于不能合理地画图，很难展示出来，因而此处在逐个通知的方案中教师给出一个模板，给学生一个支架，便于后面学生更加写意地创造不同的设计方案。

（2）分组通知，两次对比

生：我是分成了 3 组，老师先打给 3 个组长用了 3 分钟，然后 3 个组长再"同时"打给组员要 4 分钟，所以一共只要 7 分钟。（掌声）

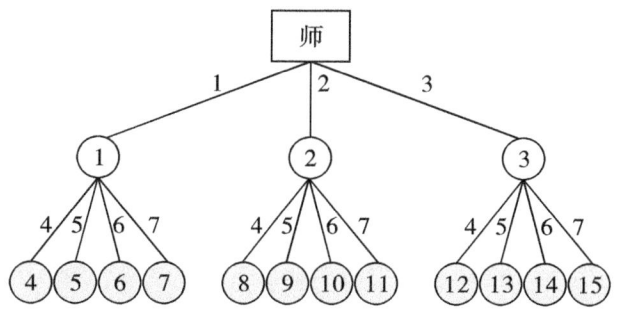

师：大家有什么疑问吗？

生：明明 3 个组长都要 4 分钟，不应该是 12 分钟吗？

生：这 4 分钟里面他们是同时打的，所以只算 4 分钟。

师：比一比这种方案和逐个通知，时间确实少了，少在哪儿了呢？

生：逐个通知只有老师在打电话，分组通知 3 个组长都在打电话，他们是同时打的。

师：也就是"同时"打电话会节省时间。还有其他的方案吗？

生：我也是分组的，不过我是分成了 5 组，老师先打给 5 个组长用了 5 分钟，然后 5 个组长再"同时"打给组员要 2 分钟，也只要 7 分钟。

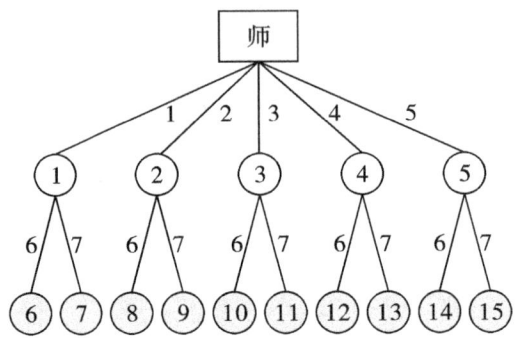

师：比一比这两种分组的方案，你们有什么想说的？

生：不一定分的组越多，时间就越少，如果分成 15 组，每个组 1 个人，那就相当于逐个通知，要 15 分钟了。（掌声）

生：我觉得应该还有更快的方法，我们来看，刚刚我们说要想节省时间就要"同时"，但是这两种分组的方法都有人停在那里，老师后来也停下来了，可以都动起来。

设计意图：优化是在对比中实现的，逐步优化是在逐步对比中实现的。学生在出示分组后进行初次对比，体会"同时"是节省时间的核心要素，在呈现第二种分组方法后再次对比，发现并不是分组越多时间越少，并且发现分组并不是最优的方案。

（3）最优方案，再次对比（配图）

师：你们同意吗？太厉害了！那你们还有更快的方法吗？

生：（指着自己的图解释）我是这样想的，老师先通知 1 个，然后 2 个人一起通知 2 个，现在就有 4 个人知道，然后 4 个人通知 4 个人，现在就有 8 个人知道，然后 8 个人通知 8 个人，所以只需要 4 分钟。（掌声）

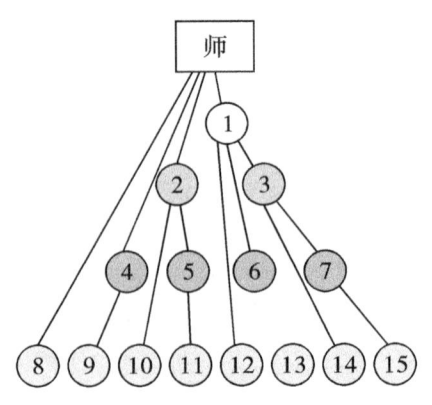

师：有懂他意思的吗？又有什么想法？

生：竟然只需要 4 分钟。

生：有点乱的，我还是有点看不明白。

师：谁上台借助教具有顺序有层次地摆一摆、说一说。

生：（如图）第 1 分钟老师通知 1 号；第 2 分钟老师通知 2 号，1 号通知 3 号；第 3 分钟老师通知 4 号，1 号通知 5 号，2 号通知 6 号，3 号通知 7 号；第 4 分钟老师通知 8 号，1 号通知 9 号，2 号通知 10 号，3 号通知 11 号，4 号通知 12 号，5 号通知 13 号，6 号通知 14 号，7 号通知 15 号。一共只要 4 分钟。

师：和刚刚分组通知的方案进行比较，大家有什么想法？

生：真的好厉害，居然 4 分钟就可以了。

生：还有更快的吗？

生：肯定没有了，因为每一分钟每个人都在打电话，没有人闲着。

师：真好！这种方法我们就叫"无空闲通知"。请结合这个最优方案调整一下你的方案。

设计意图：在得到最优方案后再次进行比较，得到要想"尽快"不仅要"同时"，还得要"无空闲"，在多次汇报整理中体现层次性，在生生评价与提问中明确最优方案。

环节三 感悟——探索其中规律，感悟打电话问题的本质

1. 发现规律

师：其实打电话的知识里面有很深奥的规律，结合黑板上的方案，请大家完成下面的表格。

第几分钟	1	2	3	4	…	
新通知的学生数					…	
知道消息总人数					…	

师：观察表格，对比图形，你发现了什么规律？

生：前一次"知道消息总人数"和"新通知的学生数"。

师：为什么呢？

生：因为就是"知道消息总人数"通知学生，看图也看得出来。

生：新通知的学生数是翻倍的，知道消息的总人数也是翻倍的。

师：真厉害！我们挑其中一个看看，为什么知道消息的总人数也是翻倍的呢？

生：我们来看图，老师 1 个人，只能通知 1 个人，所以总数就翻倍，2 个人通知 2 个人，继续翻倍，所以每次就翻倍。

2. 应用规律

师：根据你们发现的规律，按照这样的方法，5 分钟最多可以通知多少人？

生：32 人，16 人翻倍就是 32 人。

师：50 人同学，最少在几分钟里就能通知完全班？

生：6分钟，因为6分钟一共可以有64个人知道消息，50人还不够64人，所以只需要6分钟。

师：猜猜这样通知下去，5000人需要几分钟？理论上只需要13分钟（学生惊讶），这种规律在数学上我们称之为"几何倍增"，打电话问题就是这类问题的一种类型。

设计意图：将几何直观抽象为表格数据，进而发现规律，在运用几何直观解释规律，在数形结合中感悟"几何倍增"。

环节四 总结——回顾巩固，提炼方法，建立联系

1. 巩固练习

（1）基础性练习

有一棵奇妙的树，原来只有1个树枝，第一年长出1个树枝，第二年每个树枝分别长出1个新枝，第三年每个树枝又都分别长出1个新枝，照这样计算，第五年这棵树上一共有几个树枝？

（2）理解性练习

池塘里第一天飘来1株浮萍，第二天变成2株，第三天变成4株，继续，……，这样的倍增生长，直到20天长满整个池塘。在第几天的时候浮萍长满了池塘的一半？为什么？

设计意图：巩固打电话问题的基础练习与变式练习，进一步与实际生活中的情形相联系，感悟"几何倍增"。

2. 建立联系

师：回顾整个过程，你用到了哪些方法？

生：打电话要同时打，还要不闲着。

生：画图法。

生：列表法。

生：不断地比较。

师：和以前学过的知识有关系吗？

生：学习烙饼问题、沏茶问题的时候也是要画图，步骤要同时、不闲着。

师：是的。无论是烙饼问题、沏茶问题还是打电话问题，虽然他们解决的问题不同，但是都经历了丰富的探究过程，需要我们运用多种方法去探究，并且一步步得到最优的策略和方案，这一过程就是数学中的优化思想，"数学学习的过程就是不断优化的过程"。

设计意图：通过提炼方法引导学生建立优化思想的结构，建立知识之间的联系，深刻感悟优化思想。

3. 全课总结

师：你制定的方案在现实中可行吗？为使它切实可行，还需要做些什么？

【课后促学反思】

巩固与发展，体会此类问题解决的通法

（1）想一想：有人说，将一张足够大的纸连续对折 30 次，高度将远远超过珠穆朗玛峰的高度。这是真的吗？

（2）算一算，一张纸对折几次后能超过你身边什么物品的高度？

（3）找一找，生活中还有类似打电话的问题吗？记录下来，与小组内的同学一起分享。

设计意图：通过开放式问题的设置，延续"打电话"这一主题式活动，在综合运用各学科知识中体会数学模型，并且在寻找类似模型的过程中感受与实际生活的密切联系。

反思

在"综合与实践"活动中促进学生深度学习

在《义务教育数学课程标准（2022 年版）》对综合与实践领域做出比较重大的调整之际，综合与实践的探究显得尤为重要。当前，更多的是在探究跨学科活动，无疑这是方向，但是对于类似"打电话"问题等经典的数学综合性的问题亦不能忽视，只有先做好学科内部的综合与实践，才能更广泛地进行有意义的跨学科活动。

（1）立足精准教学，聚焦模型意识。"打电话"问题旨在运用优化等思想与方法在解决问题的过程中提升学生的综合运用能力，并建立"几何倍增"的数学模型。事实上，一节课的时间是肯定不够的，需要在课前与课后进行相关的拓展学习才能达到效果，尤其是"几何倍增"的模型，学生并不熟悉，教师需要课前适当渗透，课后进行巩固练习、变式练习、综合练习，并且查找资源借助影像直观给予学生感知。因此，课后还需要继续进行相关的交流才能真正完成这个数学学科内部的综合与实践。精准教学的模式很适合综合与实践，课前夯基启思—课中建联深思—课后促学反思，适当灵活的运用将起到意想不到的效果。

（2）注重情境创设，凸显应用意识。在本节课的教学中，为了发展学生的应用意识，教师选取了学生熟悉的生活情境作为问题探究的载体，提供生活的实例作为素材。首先，创设的生活情境是真实的"小杜鹃合唱团"进行交流，要解决的问题是：教师要尽快通知，并设计一个方案。这是一个熟悉的生活情境，也是一个现实的生活问题。所以，问题一提出，学生的兴趣比较浓厚，积极性也很高。学生觉得数学就在身边，数学并不都是枯燥、空洞、抽象的法则、公式、图形等，而是实实在在的生活问题。所以,在解决问题过程中,学生能根据已有的生活经验和可理解的事实,采用数学思维方法和解决问题的策略进行分析、探究,然后,在教师的分析、引导下不断优化问题解决的方法,从而自主建立数学模型:每一个人都同时通知用时最少。为了让学生巩固和理解所获得方法和建立的数学模型,真切地体会探究的方法和建立的数学模型能有效地解决实际生活问题,教师选取了几个典型的生活问题。当学生运用所获得的知识和方法解决问题时,发现那些看似很复杂的问题瞬间变得简单了,让学生体会数学来源于生活,又服务于生活。这样使学生在潜移默化中浸润了数学应用意识,提高了学习数学的兴趣。所以,"综合与实践"课要尽可能地从学生生活实践中提炼学习素材,多解决生活实际问题。

(3) 创设任务驱动,引发深度学习。教学过程中,教师给予了学生充足的学习时间和空间,并营造了宽松、民主的学习氛围,学生可以无拘无束地、大胆地尝试和创新。学生在任务驱动中用自己喜欢的思维方式大胆地思考,最终找到解决问题的方案。从教学过程中可以看出,围绕着"设计一个打电话的方案"这一学习任务学生至少经历了五个层次。①逐步通知。基于学生的生活经验和思维能力,学生都知道"逐一通知"最多需要 15 分钟,教师适时呈现图示,给学生一个支架。②分组通知。一石激起千层浪,绝大部分学生都知道这不是最优方案,但又不能短时间得到一个方案,这样的矛盾既是思维的难点,也是思维的拐点,给学生提出了挑战,也给学生带来了创新的机会。学生自发地设计方案,并汇报分组的方案,在这一层次进行了两次关键的对比,一是通过对比明确了"同时打"更节省时间,二是通过对比知道了不是分组越多越省时间,并且分组也不是最优方案。③无空闲通知。经过充分地交流讨论后,最优方案呼之欲出,通过最后一次关键地对比得出"同时打"可以节省时间,但是要"尽快",还要"无空闲",并且呈现了层次性。④建立模型。通过列表观察、发现规律,再使用几何直观解释规律,做到数形结合,感悟"几何倍增"的模型。⑤建立联系。数学知识内容是有结构的,数学的思想方法也是有结构的,通过回顾反思,总结方法,从而与烙饼问题、沏茶问题建立联系。在大任务驱动中,有层次地探究,从而进入深度学习,感悟优化思想,培养几何直观与模型意识。

后 记

2020年6月，广东省教育科学规划"强师工程"重点课题"小学数学精准教学理论的构建与实践研究"开题，出席开题会的几位专家不约而同地表示，课题组"拣了一块硬骨头"。是啊，课题主持人和成员都是工作在小学数学教学一线的老师，试图开展一项理论研究，能成吗？

面对质疑和挑战，课题组成员冷静思考，不断增强信心。想啃硬骨头，是因为一线老师确实需要不断提升自己的理论水平，建立理论与实践相结合的教师成长模式；敢啃硬骨头，是因为课题组在多项前期研究中坚持开展理论学习，经历了充分的理论消化和吸收过程，具备了较好的研究基础；能啃硬骨头，是因为一线老师在生动的教育实践中形成并积累了大量的实践智慧，这些实践智慧仿佛丰富的矿藏，经过系统而科学的发掘与提炼，一定能彰显出独特的理论创新价值。

经过几年的努力，课题研究形成了一系列成果，先后编写出版了《小学数学精准教学理论的构建与实践》《实践性解读：小学数学教育理论的读与用》《促进理解的小学数学教与学》等专著，基本构建起小学数学精准教学的理论模型与实践模式。在此基础上，为了进一步增强课题成果的应用性，课题组组织了一批青年骨干，精选了小学数学不同领域的16个教学内容，以理导行，以案说理，经过反复研讨、多次试教、精心写作、严格审订，形成了一批典型教学案例。这些案例的形成过程，是精准教学理论模型逐步形成、稳定和发展的过程，也是教师接纳、应用和丰富理论模型的过程，还是教师成长模式变革与转型的过程。

在本书中，罗引娣、潘锦嫦、周尔翔等分工合作，提供了16个教学案例的备课研究和教学实践过程性材料。徐铭侃统整全书内容，撰写和审改全部案例的"知识精解""核心素养分析"部分。"小学数学精准教学理论的构建与实践研究"项目主持人李宇韬老师对本书的编写提供了理论支持和实践指导。

先进的教育理论必须能经受得起实践的检验，也一定是通过实践应用彰显其意义和价值。优秀的实践经验只有经历了理性的思辨与锤炼、接受了理论的解释与论证，才能进一步发挥其示范和指导作用。理论和经验双向奔赴、相互融合，经化合、结晶、升华、提纯形成成果，就是我们所追求的——教育智慧。做一名智慧的老师，让自己的实践更加笃定而自信，或许才是职业幸福的终极来源吧。

作者

2024年8月